JIUDIAN
WENHUA YANJIU

酒店
文化研究

谢春山　胡文静　著

北京·旅游教育出版社

图书在版编目（CIP）数据

酒店文化研究 / 谢春山，胡文静著. -- 北京 : 旅游教育出版社，2022.12
　ISBN 978-7-5637-4501-2

　Ⅰ．①酒… Ⅱ．①谢… ②胡… Ⅲ．①饭店－企业文化－研究 Ⅳ．①F719.3

中国版本图书馆CIP数据核字(2022)第229296号

酒店文化研究

谢春山　胡文静　著

策　　划	李荣强
责任编辑	巨瑛梅
出版单位	旅游教育出版社
地　　址	北京市朝阳区定福庄南里1号
邮　　编	100024
发行电话	（010）65778403　65728372　65767462（传真）
本社网址	www.tepcb.com
E - mail	tepfx@163.com
排版单位	北京旅教文化传播有限公司
印刷单位	唐山玺诚印务有限公司
经销单位	新华书店
开　　本	787毫米×1092毫米　1/16
印　　张	16.75
字　　数	288千字
版　　次	2022年12月第1版
印　　次	2022年12月第1次印刷
定　　价	68.00元

（图书如有装订差错请与发行部联系）

前　言

　　近年来，随着经济和社会的发展，我国酒店业也进入快速发展的新阶段。《2022中国酒店业发展报告》显示，截至2022年1月1日，全国住宿业设施总数为36.1万家（不包括隔离酒店、不在市场供给端、处于不可预订状态的酒店），客房总规模1423.7万间。其中，酒店业设施25.2万家，客房总数1346.9万间，分别占住宿业的70%和95%。就酒店档次而言，经济型（二星级及以下）客房数约为796.7万间，占59.15%；中档（三星级）客房数约为255.3万间，占18.95%；高档（四星级）客房数约为191.2万间，占14.2%；豪华（五星级）客房数为103.7万间，占7.7%。就酒店业整体连锁化率来看，全国共计2147个连锁酒店品牌，全国的连锁客房数是472万间，非连锁客房数是875万间；酒店业连锁化率为35%，非连锁化率占65%。上述数据资料表明，从酒店设施供给总量来看，酒店业占我国住宿业的绝对主导地位；我国绝大部分的酒店设施都是大众化设施，既符合国内经济和社会发展的实际状况，也能较好地满足大众化旅游时代人们对不同档次酒店的需求；与发达国家酒店品牌连锁化率可达60%以上的状况相比，国内酒店品牌化的空间仍较大。随着疫情过后中国和世界经济的迅速和持续发展，中国酒店业也会在现有繁荣的基础上迎来更加广阔的发展前景。

　　伴随着酒店业的迅速发展，文化在酒店发展中的地位越来越高，作用也越来越巨大。酒店文化不但影响着酒店日常经营管理中的质量和水平，也是决定其在激烈的市场竞争中处于不败之地的关键因素。从表面看来，酒店业的经营管理活动是一种营利性的商业活动，但这种有形的商业活动背后的支撑却是企业的文化精神。无论是要维持酒店日常经营与管理的正常运作，还是要培养员工对企业的归属感和忠诚度，抑或是创建酒店品牌和酒店精神，都离不开酒店文化的激励、引导和规范。因此，酒店的经营管理活动本质上是一种文化活动或者说是文化引导下的营利性的商业活动。另一方面，随着酒店业的发展，酒店业始终面临着来自国内外的激烈的市场竞争，这种竞争表面看虽然是价格、产品和服务等有形因素的较量，但根本上却是文化理念、文化供给和文化营销的竞争。从一定意义上来说，酒店文化具有独特性、垄断性、难以模仿性等特点，用文化参与竞争实际上是以己之长参与竞争，使得其他酒店很难同本酒店相比较、相竞争。因此，酒店业之间的竞争本质上也是一种文化竞争或者说是文化引导下的综合性的生存与竞争活动。

虽然酒店文化在酒店的生存和发展中具有极为重要的地位和作用，且多年来酒店业界的经营者和学界研究者也对酒店文化研究给予了高度的关注和一定程度的分析和思考，相关的研究论文和文章的数量也蔚为大观，但总的感觉是目前国内对于酒店文化的研究尚处于感性认知层次和经验层次，许多文章是酒店经营管理过程中的经验总结和对策思考，缺乏坚实的理论支撑和逻辑思考；同时许多文章常常是针对酒店经营管理中的某一现象或某一过程和环节中的具体问题来分析探讨，显得过于零碎和分散，未能形成一个系统完整的酒店文化理论体系。就现有的有关酒店文化方面的教材来看，其内容与酒店管理、酒店服务、酒店营销类教材也存在较大的相似性和雷同度，不少教材热衷于对酒店服务内容、服务层次和服务环节的叙述和描写，过于注重相关酒店知识的传授，而较少从抽象的、理论思考的角度进行分析和论证，从而使"酒店文化研究"始终处于"酒店文化介绍"的层次。因此，无论从目前有关酒店文化研究的相关论文分析的角度来看，还是从有关酒店文化教材分析的角度来看，酒店文化研究亟须在理论分析和学术论证方面予以拓展和深入。

酒店文化作为酒店在为顾客提供服务过程中所产生的一种特殊文化形式，具有综合性的特征，涉及多方面的内容。因此，酒店文化研究应坚持多视角、多层次和辩证分析的原则，既要研究酒店文化形成的历程与发展趋势、酒店文化的意义和作用，也要研究酒店文化的内涵与特征、酒店文化的结构与类型，以促进酒店文化的建设和酒店管理理论的完善，以及酒店业的持续与健康发展，进而推进社会文化的繁荣和进步。目前，虽然研究者们在有关酒店文化本质、内涵与特征的认识和理解方面存在一定的差异，但在结构和类型的认识方面则显示出较为一致的特点。一般意义上来说，酒店文化的结构和类型可以从物与人、有形和无形两个不同的层面来分析和探讨。首先，物和人是酒店文化的重要载体。酒店要正常地运营和发展离不开物和人，酒店所提供的产品和服务首先体现为建筑造型、设施设备、功能配置等物质文化层面，这是首先吸引和招徕酒店顾客的外在感知因素；同时还需要活生生的管理与服务人员。人的管理与服务行为，不但首先表现为酒店的一道亮丽的风景线，也是服务质量的保障；离开人的因素，酒店便无法提供面对面的服务，也无法满足顾客的情感体验需要。其次，要保证物的完好无损和功能完善，必须有制度的保障和支撑，而人的管理与服务质量的保障，离不开制度的规范和约束。因此，酒店文化的制度层面，也在酒店经营运作和酒店文化建设中具有重要的地位和作用。最后，就无形和有形文化的关系而言，无论是酒店的物质文化、行为文化，还是制度文化，从一定意义上来说都是酒店文化精神的外在显现，或者说酒店物质文化、行为文化、制度文化，最终要受酒店精神文化的引导和约束。正是从这个意义上来说，研究和探讨酒店文化通常可以从物质文化、行为文化、制度文化和精神文化四个方面来展开。因此，本书第一部分酒店物质文化研究，探讨了酒店建筑文化、酒店餐饮文化和酒店康乐文化；第二部分酒店行为文化研究，探讨了酒店服务文化和酒店礼仪文化；第三部分酒店制度文化研究，探讨了酒店管理文化和酒店营销文化；第四部分酒店精神文化研究，探讨了酒店品牌文化和酒店名人文化。

就写作思路和研究方法而言，本书对每一种具体的酒店文化类型总体上均按照"文献回顾—理论阐述—对策探讨—案例分析"的思路进行分析和探讨，力求主题突出、思路清晰、逻辑关系明确、文字表述清楚。研究方法方面广泛采用文献分析法、现象描述法、比较研究法、层次分析法、对策分析法、案例分析法等，力求全面、深入地认识和理解酒店文化的理论内涵及其在实践中的具体应用，以促进酒店业的持续和健康发展。

本书在编写过程中参考和引用了国内外的大量相关文献和资料，恕未一一列出，在此一并表示感谢。由于时间仓促，加之水平有限，书中存在许多缺点和疏漏之处，恳请广大读者和学界同仁批评指正。对此，我们不胜感激。

谢春山　胡文静

2022 年 7 月 22 日

目 录

绪 论 ··· 001

第一节 酒店文化的起源与发展 ·· 001

第二节 酒店文化研究的历程回顾 ··· 006

第三节 酒店文化研究的理论概述 ··· 011

第四节 酒店文化研究的作用和意义 ·· 022

第一部分 酒店物质文化研究

第一章 酒店建筑文化 ·· 031

第一节 酒店建筑文化的研究历程 ··· 031

第二节 酒店建筑文化的研究综述 ··· 035

第三节 酒店建筑文化的基本理论 ··· 041

第四节 酒店建筑文化的建设对策 ··· 049

第五节 鸿嘉星城酒店建筑文化案例分析 ··· 053

第二章 酒店餐饮文化 ·· 060

第一节 酒店餐饮文化的发展现状及趋向 ··· 060

第二节 酒店餐饮文化的研究现状 ··· 066

第三节 酒店餐饮文化的理论概述 ··· 068

第四节 酒店餐饮文化建设存在的问题与改进策略 ·· 074

第五节 杭州创意餐饮文化品牌案例分析 ··· 077

第三章　酒店康乐文化 ·· 083
第一节　酒店康乐活动的发展历程 ·································· 083
第二节　酒店康乐文化的研究现状 ·································· 084
第三节　酒店康乐文化的理论概述 ·································· 086
第四节　酒店康乐文化的现存问题与建设对策 ···················· 091
第五节　济南喜来登酒店康乐文化案例分析 ······················· 094

第二部分　酒店行为文化研究

第四章　酒店服务文化 ·· 099
第一节　酒店服务文化研究综述 ······································ 099
第二节　酒店服务文化的基本理论 ·································· 101
第三节　酒店服务文化的建设对策 ·································· 112
第四节　香格里拉酒店服务文化的案例分析 ······················· 116

第五章　酒店礼仪文化 ·· 121
第一节　酒店礼仪文化的发展与构建历程 ·························· 121
第二节　酒店礼仪文化的研究综述 ·································· 124
第三节　酒店礼仪文化的基本理论 ·································· 126
第四节　酒店礼仪文化的作用、问题与建设路径 ·················· 134
第五节　酒店礼仪文化的案例分析 ·································· 138

第三部分　酒店制度文化研究

第六章　酒店管理文化 ·· 149
第一节　酒店管理文化概述 ··· 149
第二节　酒店管理文化的理论基础 ·································· 156
第三节　酒店管理文化的现实困境 ·································· 167
第四节　酒店管理文化建设的对策思考 ····························· 169
第五节　金陵饭店的管理文化案例分析 ····························· 173

第七章　酒店营销文化 ··· 181
第一节　酒店营销文化的发展历程 ································· 181
第二节　酒店营销文化的基本理论 ································· 185
第三节　酒店营销文化的理论评析 ································· 192
第四节　酒店营销文化的建设对策 ································· 195
第五节　桔子酒店集团的营销文化案例分析 ······················ 200

第四部分　酒店精神文化研究

第八章　酒店品牌文化 ··· 207
第一节　酒店品牌文化及其发展趋势 ······························ 207
第二节　酒店品牌文化的研究现状 ································· 215
第三节　酒店品牌文化的理论评析 ································· 218
第四节　酒店品牌文化的建设对策 ································· 225
第五节　希尔顿酒店品牌文化的案例分析 ························· 232

第九章　酒店名人文化 ··· 237
第一节　酒店名人文化的发展与人物贡献 ························· 237
第二节　酒店名人文化的理论研究述评 ···························· 241
第三节　酒店名人文化的特征与作用 ······························ 245
第四节　酒店名人文化的建设对策 ································· 247
第五节　酒店名人文化的案例分析 ································· 250

后　记 ·· 256

绪 论

美国管理学家劳伦斯·米勒（Lawrence Miller）在《美国企业精神》一书中曾提道："未来将是全球竞争的时代，这种时代能成功的公司，将是采用新企业文化的公司。"而酒店文化就是伴随着企业文化的兴起而在酒店经营管理与服务供给过程中形成的一种文化现象，是酒店自成体系的思想观念、文化观念、价值标准、管理模式、经营理念和物质环境的总和。在分析和探讨酒店文化的兴起与发展的基础上，梳理酒店文化的研究历程、回顾酒店文化的研究理论，并阐述酒店文化研究的作用与意义，不但有助于酒店理论的完善，社会文化的进步，也有助于酒店管理专业的发展与酒店文化建设的深入，进而促进酒店业的持续和健康发展。

第一节 酒店文化的起源与发展

酒店文化是酒店员工共同拥有的价值观、酒店精神、经营哲学等，是一种渗透在酒店一切活动之中的东西，是酒店的灵魂所在。酒店的文化定位一般基于酒店本身的自然环境、人文环境、历史渊源、民族文化、时代特征、政治经济背景、艺术色彩、经营特色等。每一个成功的酒店，都具有反映自己特色、个性和精神面貌的酒店文化。酒店作为一个劳动密集型、感情密集型行业，其创造的酒店产品就其本质来说是酒店员工所提供的服务，而影响酒店服务质量的绝不仅仅是高新技术和新式方法。只有利用酒店文化的理念和精髓来管理员工，从整体上提高员工的素质，才是提高酒店服务质量、增强酒店竞争力的重要手段。因此，分析和探讨酒店文化的起源和发展，对促进酒店业的持续和健康发展具有重要的意义。

一、国外酒店文化的起源与发展

国外酒店文化的开端一般可以追溯到古希腊和古罗马时代。这一时期酒店的雏形——客栈已经存在，但直到19世纪，真正大批兴建和进行管理的酒店，即专为富有的、特权阶层服务的大饭店才开始兴起。总体上看，国外酒店文化的发展大致可分为饭店起源时期、古代客栈时期、豪华饭店时期、商业饭店时期、饭店联号时期和饭店集团化发展时期六个阶段，经历了从最早的驿站、客栈、旅店到现代化的大酒店、国际连锁酒店公司的发展和进步的过程。伴随着酒店的进步和发展，酒店文化也逐步发育和完善起来。因此，要了解国外酒店文化的起源和发展，首先必须了解国外酒店的发展历程。

（一）饭店起源时期

公元前6世纪，人们出行、传递信息的主要交通工具为马和畜力车等，大量的军事消息和行政命令都需要骑马来进行异地传递。为保证消息和政令的及时传达，许多国家便在沿途修建了专供士兵、信使和马匹过夜休息的驿站，这些驿站便是客栈的前身。随着经济和社会的进步，人类贸易的对象逐步扩大到了国与国、洲与洲之间，在远东、中东和欧亚相连的大陆上出现了许多以通商为目的的商队。为促进贸易的发展和满足商队的需要，一些沿途国家和地方部落便专门兴建了为这些马队、骆驼队等出行团体提供在途过夜休息的处所。这些处所之间的距离大约是商队一天行走的路程。此后，这些官办的处所不断发展壮大，渐成规模，并形成客栈的雏形。因此，古代驿站时期可视为饭店的起源时期。

（二）古代客栈时期

中世纪后期，随着旅行和贸易的兴起，外出的传教士、信徒、外交官吏、信史和商人等激增，使得客栈的需求量增大。因当时的交通方式主要是步行、骑马或乘坐驿车，因此，大多的客栈都设在古道边或是驿站附近，相当于现在的汽车旅馆。早期的英国客栈是人们聚会并相互交往、交流信息和落脚歇息的地方。12世纪以后，客栈开始流行，并在15~18世纪之间盛行。这一时期英国和法国的客栈业最为发达，许多客栈集中地成为当地社会、政治与商业活动的中心，有些则演变为后来的大城市。从客栈的最初形式和早期的发展阶段来看，客栈多设在乡间或小镇，彼此间的距离一般为马匹一天可以行走的路程，规模小，设施、设备简陋，除满足住宿者吃饭、睡觉与安全等最基本的需求之外，无其他服务可提供，价格也很低廉。尽管如此，客栈作为一种住宿设施，仍被视为现代饭店的雏形。

（三）豪华饭店时期

18世纪末至19世纪末，是饭店发展史上的豪华饭店时期。18世纪后半期，随着欧洲殖民主义的扩张和工业革命的到来，西欧、北美等一些国家相继进入工业化。出于经济贸易发展的需要，饭店发展从客栈时期过渡到了豪华饭店时期。豪华饭店与客栈的根本区别在于：①规模宏大，建筑与设施豪华，装饰讲究，布置最高档的家具摆设，许多豪华饭店成为世界建筑艺术史上的珍品；②供应最精美的食物，价格昂贵，消费高；③饭店内部分工明确，强调协作，对服务工作和服务人员要求严格，讲究服务质量；④饭店内部出现专门的管理机构，促进了饭店管理及其理论的发展。这一时期，凯撒·里兹（César Ritz）建造、经营的饭店及其本人的名字成为最豪华、最高级和最时髦的代名词。

他提出的"The guest is never wrong（客人永远不会错）"成为饭店经营的格言。

（四）商业饭店时期

20 世纪初期，世界经济的发展，促使商务旅游急剧增加。商务旅游者虽没有资格住在大饭店，但又不愿住那些小客栈，从而造就了商业饭店的出现。20 世纪初美国出现的"一个房间一浴室，一个美元零五十"的斯塔特勒饭店就是商业饭店的典型代表。商业饭店的服务对象是从事商业活动的旅游者，因此，它的特点是提供完善的设备和设施，推行优良的服务项目，讲究舒适、方便、清洁、安全与实用，价格便宜合理。此外，商业饭店也格外讲究经营艺术，注意服务水平的提高与改善管理，力求通过降低成本以获得最佳利润，并开始向标准化和连锁化方向迈进。商业饭店时期是世界饭店发展史中最为重要的阶段，它从多个方面奠定了现代饭店业的基础，并在此基础上形成了世界性的国际饭店协会，制定了饭店法规，建立了一些旅游管理、饭店管理高等院校。商业饭店时期，汽车、火车、飞机等给交通带来了很大便利，为此，许多饭店设在城市中心，汽车饭店就设在公路边。这一时期的饭店，虽然服务内容与形式仍较简单，但已日渐健全，经营方向开始转向以客人为中心。

（五）饭店联号时期

从 20 世纪 50 年代开始，随着旅游业的发展，特别是国际旅游业的发展，世界上一些大的饭店公司以出售特许经营权与签订经营合同等形式大力向国外扩展，逐渐形成了众多使用统一名称、统一标识，在饭店建造、设施设备、服务程序、管理方法等方面实行统一标准，共同进行饭店促销、客房预订、物资采购与人才培训的大小不等的饭店联号。此时的饭店已不再是仅仅向客人提供吃、住的安全场所，其功能日益多样化。除满足舒适、卫生、安全的需要外，饭店还要满足客人的消遣、健身、公务等多种特殊需要，不仅为外来的旅游者服务，还是当地社会活动的重要场所。旅游业的发展刺激了饭店业的发展，而饭店业的发展又引起了同行之间的竞争。为此，各饭店开始不断改进经营管理，加强市场营销，以获得最佳的经济和社会效益。这一时期，世界上不仅出现了规模庞大的跨国饭店联号和与之相抗衡的各种饭店联合体，同时也出现了专门从事饭店经营管理或提供管理咨询的专门公司。

（六）饭店集团化发展时期

20 世纪 70 年代至今，虽然早期的国际饭店集团，如希尔顿集团、喜来登集团等，多是通过购买不动产方式达到扩张的目的，但也有一部分饭店集团通过投资饭店、购买不动产等形式来进行品牌培育，进而加快区域性扩张。20 世纪 70 年代前后，越来越多的饭店集团通过特许经营和委托管理模式实行洲际性扩张。到 20 世纪 80 年代中后期，几乎所有的饭店集团均把发展方向锁定在全球，通过交错运用委托管理、特许经营、带资管理、联销经营等手段，实现酒店集团大型化。酒店集团与集团之间的强强联合、资产重组等行为直接使得洲际集团这样的饭店业超级航母出现。近年来，一些新兴的、以强有力的技术资源作为支撑的饭店联盟也以其独特的联销经营方式迅速崛起。

综上所述，国外的酒店发展大致经历了饭店起源时期、古代客栈时期、豪华饭店时期、商业饭店时期、饭店联号时期和饭店集团化发展时期六个时期，并在不同时期呈现出不同的特点。随着酒店业的发展和壮大，酒店文化也开始产生、发展和完善，并成为影响酒店竞争力强弱的关键因素。

二、国内酒店文化的起源与发展

我国饭店设施的最早出现可追溯到春秋战国，甚至更久远的时期，而唐、宋、明、清时期则被认为是饭店业得到较大发展的时期。19世纪末，中国饭店进入近代饭店业阶段，但此后一直发展缓慢。改革开放后，我国饭店业有了较快发展，如今已逐步走向国际化和规模化。随着饭店业的发展，我国的酒店文化也逐渐产生、发展和完善，并同古代旅店业、近代饭店业和现代饭店业的发展阶段相始终。

（一）古代旅店业阶段

我国古代旅店设施主要以官办驿站、迎宾馆和民间客栈为主，它们在我国饭店业的发展史上占有重要的地位。

驿站是我国历史上最古老的官办住宿设施。在古代交通条件不发达的情况下，政府命令的下达、公文的传递、各地之间书信的往来均靠专人骑马、乘车、乘船来传送。驿站就是针对这种驿传制度而设立，专门接待往来信使和公差人员，并为其提供车、马等交通工具的住宿设施。在漫长的发展过程中，古代驿站由于朝代更迭、政令变化、疆域展缩及交通疏塞等原因，不仅名称多有变化，如传舍、驿舍、驿馆、邮亭等均是这种官办住宿设施在不同时期的称谓，而且功能也不断改变。起源于驿传制度的驿站，虽然早期是专门接待信使、邮卒的住宿设施，但后来逐渐扩大接待范围，也为过往客商及民间旅行者提供食宿服务。同时，官办驿站在初始时只接待公务人员的规定，也为沿驿道及在驿站附近大量开设民间旅店提供了机会，进而在一定程度上促进了民间住宿业的产生和发展。

迎宾馆是我国古代另一类官办的住宿设施，主要为外国使节提供食宿接待服务。虽然迎宾馆的称谓在不同朝代有所不同，但都是我国古代官方接待外国使节及随从人员的重要设施。它不仅适应了我国古代对外交往的客观需要，而且在促进中国古代政治、经济和文化的交流过程中也起到了十分重要的作用。

民间客栈早在春秋战国时期就已产生。据记载，商周时期的"逆旅"就是专门为人们提供休息和食宿的场所。秦汉时期，商业贸易活动的兴旺发达，使民间住宿业有了较快的发展，城镇郊区、集市和主要道路口都有各种各样的客栈存在。汉代以后，随着城市的形成和发展，民间客栈广泛分布于城内繁华地带。除了一般的客栈之外，为适应中国封建社会科举制度的要求，在各省城和京城还出现了专门接待各地赶考赴试学子的

"会馆",并成为当时旅店业的重要组成部分。

(二)近代饭店业阶段

我国近代饭店业是随着19世纪初外国资本的侵入而逐渐发展起来的。这一时期,我国的饭店大致可以分为西式饭店、中西结合式饭店、客栈式旅店三种类型。

1840年第一次鸦片战争以后,帝国主义列强纷纷侵入中国,设立租界,划分势力范围,并在租界和势力范围内兴办银行、邮政、铁路和各种工矿企业,西式饭店也随之出现。据有关资料记载,到1939年,在北京、上海、南京、天津、广州、沈阳、汉口等23个城市中,由外国资本家建设并经营的西式饭店有近80家。这些西式饭店将西方国家的饭店模式带入中国,不论在建筑式样、设施设备、装潢装饰,还是在经营方法、服务标准等方面,都与中国传统饭店有很大的区别。因受20世纪初西方国家商业饭店发展的影响,这些西式饭店一般都规模宏大、装饰华丽,拥有客房、餐厅、舞厅、酒吧、会客室等,备有电话、暖气及卫生间,采用标准化服务和规范化管理,以满足接待来华的外国人员及当时的上流社会人物、达官贵人集会的需要。

中西结合式饭店是指受西式饭店影响,由中国民族资本家开办经营的饭店。20世纪初期,西式饭店的大量出现,刺激了中国民族资本家向饭店业投资,各地相继建立了一大批中西结合式饭店。中西结合式饭店不同于中国传统饭店的庭院或园林式建筑风格,在建筑设施上趋于西化,多为高大的楼房建筑,店内设备和装潢则中西结合;在经营项目和经营方法上受西式饭店的影响,不仅实行与交通、银行等行业联营的政策,而且在服务和管理方面也学习国外商业饭店,从而使中国近代饭店业的发展接近西方国家的水平。

在西式饭店和中西结合式饭店迅速发展的同时,我国民间客栈式旅店业也进一步发展壮大。近代交通工具的改善和发展,为中国传统的民间客栈旅店的发展提供了新的机遇。到20世纪30年代末期,全国各地铁路沿线及车站附近的民间客栈已发展到1000多家。这些客栈在规模上有所扩大,客房也开始分不同的等级,并提供餐饮、住宿及其他杂项服务,在设施和装修方面也较过去的旅店有较大的改善。

(三)现代饭店业阶段

我国现代饭店业的发展历程大致可分为萌芽阶段、起步阶段、高速发展阶段、回落阶段和恢复上升阶段。

1949年新中国成立后至1978年实行改革开放前,我国的饭店以事业接待为主,多数饭店提供的是招待所式服务,部分较高档的饭店也只是作为政府外事接待部门的附属单位,没有独立的经济地位。饭店数量稀少,设施陈旧,功能单一,条件简陋。

1978年后,经济建设的蓬勃发展和旅游业的兴起,为饭店业的发展带来了前所未有的机遇。从当时饭店业的市场情况来看,旅游饭店成为当时我国旅游业发展的瓶颈。因此,1979年国务院在北戴河召开会议,决定在各省尽快建设一家主体饭店。1982年北京建国饭店的建成开业，拉开了我国大规模引进外资建造饭店的帷幕。同时，大量的社会资金和各部门的资金也开始投入饭店业中，使饭店业出现了强劲的发展势头。随着旅游业的高速增长，饭店业的体制也发生了重大变革。一些接待型的饭店纷纷从事业单位转为企业，成为经营实体。这些饭店与新建饭店一起成为中国饭店业的主体。饭店业企业化的过程为提高饭店经营管理水平提供了条件。

1983年以后，我国饭店业稳步发展，饭店由经验型管理走向科学性管理。随着北京建国饭店的成功，国内饭店业在全国掀起了"学习建国"的热潮。1984年上海锦江集团公司成立，标志着中国饭店的集团化进入探索阶段。1984年假日集团登陆中国，1985年雅高集团进入中国。1985年中国第一家中外合作的五星级酒店广州白天鹅宾馆开业。与此同时，国家旅游局开始在全行业推行酒店星级评定工作，使中国饭店在软硬件的建设上有了参照标准，并使中国饭店业走过了一个以质的提升为核心内容的高速发展时期。

1993年后，饭店业逐步进入利润平均化阶段，建设高潮开始回落。同时，由于市场经济不景气，经营不善等原因，饭店业上一阶段盲目发展所导致的弊端也开始逐渐显露出来。

1999年后，在国内旅游经济热潮的快速兴起以及来华旅游和进行商业活动的客源数量持续增加的带动下，中国饭店的经济利润缓慢回升。这一时期国内饭店业总的特点是：由高端饭店向中低端转移；充分细分的饭店业形态出现；星级饭店为主流，非星级饭店开始分化，经济型酒店开始酝酿而生。经过多年的发展和壮大，我国饭店业已逐步向专业化、集团化和集约化经营管理方向迈进，并取得了丰硕的成果。

总之，随着我国饭店业历经古代客舍、客栈、客店、旅舍、榻房、旅社，至民国时期出现的饭店、酒店等，再到如今酒店的不断规模化和高质量化的发展，酒店文化的内容也日益丰富和拓展，并逐渐走向系统化和完善化。我国的酒店文化同酒店业的发展和进步相始终，以民族文化为底蕴，以市场需求为导向，以经营管理模式创新为核心，不断地扩充、整合和提升文化的内涵与品质，使酒店文化早已超越原本意义上的"住宿、餐饮"文化范畴，而成为一个反映特定国家和地区的经济、社会和文化特色与品位，以及人们精神追求和生活质量水平的综合性的文化现象。

第二节　酒店文化研究的历程回顾

随着经济和社会的发展，酒店行业之间的竞争日益激烈，在经过价格竞争、质量竞争和服务竞争之后，已进入文化竞争阶段。在酒店业整体提升的过程中，文化的重要性越来越突出，一座酒店若没有独特的酒店文化，就会失去竞争力和生存力。因此，通过丰富酒店文化的底蕴和内涵来参与酒店之间的竞争,已经成为现代酒店发展的重要趋势之一。鉴于酒店是企业的一种特殊类型,酒店文化自然也就是企业文化的重要组成部分。从一定意义上讲,酒店文化实际上就是企业文化,或者说是企业文化在酒店这一特殊领域或行业的表现。因此,要了解酒店文化研究的发展历程,就必须首先了解企业文化理论的形成和发展。

一、企业文化理论的形成和发展

(一)国外企业文化的形成和发展

企业文化的产生是现代企业发展到一定阶段的必然结果。自20世纪70年代末开始,企业文化就已经成为企业管理研究中的一个重要课题。通过对有关企业文化研究的专著和论文的分析梳理,本书将西方企业文化理论的形成和发展分为四个阶段,即企业文化理论萌芽与初始阶段、企业文化理论形成与繁荣阶段、企业文化理论拓展与创新阶段以及企业文化理论成熟与稳定阶段(见表0-1)。

表0-1 国外企业文化研究的兴起和发展

阶 段	时 间	代 表 著 作
理论萌芽与初始阶段	20世纪20年代至20世纪70年代初	沃尔特·斯戈特(Walter Scott,1960)《芝加哥的象征:工业、企业、教育、文化之城》,牛顿·马各里斯(Newton Margoris,1965)《组织文化与自我实现过程》
理论形成与繁荣阶段	20世纪70年代初至20世纪80年代中期	威廉·大内(William Daene,1981)《Z理论》,艾伦·肯尼迪(Alan Kennedy)和特伦斯·迪尔(Terence Deere,1981)《西方企业文化》,特伦斯·迪尔(Terence Deere)和艾伦·肯尼迪(Alan Kennedy,1982)《企业文化:企业生活的规矩和礼仪》,威吉·塞斯(Wedge Seth,1984)《企业文化:概念分析及其管理学意义》,帕斯·卡尔(Pas Carr,1984)《日本企业管理艺术》
理论拓展与创新阶段	20世纪80年代中期至21世纪初	埃德加·沙因(Edgar H. Schine,1985)《企业文化与领导艺术:动态研究》,南希·马丁(Nancy Martin,1988)《企业文化变革中沟通的作用》
理论成熟与稳定阶段	21世纪初至今	埃德加·沙因(Edgar H. Schine,2017)《企业文化生存与变革指南》,约翰·科特(John P. Cotter)和詹姆斯·赫斯克特(James L. Heskett,2019)《企业文化与绩效》,特伦斯·迪尔(Terence Deere)和艾伦·肯尼迪(Alan Kennedy,2020)《企业文化——企业生活中的礼仪与仪式》

从时间界限上来说,20世纪20年代到70年代初是企业文化的理论萌芽与初始阶段。这一阶段人们对企业文化的研究主要是从一般的组织文化的角度进行的,虽然内容涉及企业宗旨、员工激励、价值观、企业氛围和自我价值实现等众多方面,但尚未形成体系完整的企业文化理论,对学界和业界的影响较为有限。尽管如此,沃尔特·斯戈特(Walter Scott,1960)的《芝加哥的象征:工业、企业、教育、文化之城》和牛顿·马各里斯(Newton Margoris,1965)的《组织文化与自我实现过程》等著作对企业文化的

某些方面所进行的研究仍具有重要的意义，在一定程度上为企业文化理论的产生奠定了基础。

20世纪70年代初期到80年代中期是西方企业文化理论形成与繁荣阶段。在这一阶段，威廉·大内（William Daene，1981）的《Z理论》、艾伦·肯尼迪（Alan Kennedy）和特伦斯·迪尔（Terence Deere，1981）的《西方企业文化》、汤姆·彼得斯（Tom Peters）和罗伯特·沃特曼（Robert Waterman，1982）的《追求卓越》、罗伯特·爱伦（Robert Allen）和夏洛特·克拉夫特（Charlotte Craft，1982）的《企业自然的思维和行为：创造理想的企业文化的途径》、特伦斯·迪尔（Terence Deere）和艾伦·肯尼迪（Alan Kennedy，1982）的《企业文化：企业生活的规矩和礼仪》、帕斯·卡尔（Pas Carr，1984）的《日本企业管理艺术》、威吉·塞斯（Wedge Seth，1984）的《企业文化：概念分析及其管理学意义》、劳伦斯·米勒（Lawrence M. Miller，1984）的《美国精神：瞭望新企业文化》等在企业文化研究方面具有开创意义的著作相继出版发行，标志着企业文化以完整的理论形式展现在世人面前。虽然这个阶段的企业文化研究成果还是较为基础性的，主要集中在企业文化的概念、作用、培育和管理方式、企业文化与企业高层管理者的关系等方面，但很快被理论界和业界所接受，并在整个企业管理领域产生重要而深远的影响。

企业文化理论拓展与创新阶段主要集中在20世纪80年代中期到21世纪初。在这一阶段中，企业文化研究的深度和广度都有所拓展，主要表现在研究的领域更为广泛，研究的内容更加深入。代表性著作有埃德加·沙因（Edgar H. Schine，1985）的《企业文化与领导艺术：动态研究》、南希·马丁（Nancy Martin，1988）的《企业文化变革中沟通的作用》等。这一时期的企业文化研究除了基础性问题外，还重点对企业文化的形成和变革问题进行了探讨。此后，随着某些特殊事件的发生，企业文化研究又开始转向一些新的研究论题。如2001年和2002年美国出现大公司欺诈行为后，企业文化研究者便开始关注企业道德和企业诚信问题。此外，随着时代的发展，网络文化、企业文化与企业核心竞争力、多元文化、创新文化、无界限沟通等成为企业文化研究的新视角和内容。

21世纪初至今是国外企业文化的理论成熟与稳定阶段。在这一阶段，埃德加·沙因（Edgar H. Schine，2017）的《企业文化生存与变革指南》、约翰·科特（John P. Cotter）和詹姆斯·赫斯克特（James L. Heskett，2019）的《企业文化与绩效》、特伦斯·迪尔（Terence Deere）和艾伦·肯尼迪（Alan Kennedy，2020）的《企业文化——企业生活中的礼仪与仪式》等企业文化著作相继出版，以更成熟的定量与定性结合的研究方法对企业文化不同层面和不同方向的问题进行了更具针对性的研究。同时，互联网时代的到来也为国际学者们研讨企业文化问题提供了平台，使得相应的研究成果更加国际化、数据化和共享化。

（二）国内企业文化的兴起和发展

相对于国外来说，国内企业文化的研究起步较晚，兴起于20世纪80年代后期，可分为两个阶段，即企业文化的起步阶段与企业文化的发展阶段（见表0-2）。

表0-2　国内企业文化研究的兴起和发展

阶　段	时　间	主　要　表　现
起步阶段	20世纪80年代后	虽然"企业文化"一词频繁出现在报纸杂志上，但研究水平总体上不高，多停留在对企业文化概念的阐释和对原著进行改写或整理的层次上
发展阶段	20世纪90年代后	众多研究成果相继出现，标志着我国学者对企业文化的研究逐渐从企业文化的概念阐述中转向实际应用研究。同时，企业文化的建设成为政府和企业共同关注的热点

我国企业文化研究的起步阶段可追溯到20世纪80年代。由于改革开放时期对国外企业文化的引进和介绍，我国学术界逐渐开始关注企业文化。尤其是当"企业文化"一词频繁出现在报纸杂志上后，全国企业界更是掀起了塑造企业精神的热潮。据不完全统计，到1989年底，报刊登载的企业文化文章就有250余篇，可见当时国内对"企业文化"关注的热情之高。这一时期的研究水平总体上看还不是很高，多停留在对企业文化概念的阐释和对原著进行改写或整理的层次上。如1982年，杨斌在最早介绍企业文化的杂志《世界经济》中，发表了《Z理论——美国企业界如何迎接日本的挑战》和《日本企业管理艺术》两篇关于企业文化名著的评价文章。1984年《管理世界》杂志上最早出现《组织文化》（Wilkins & Ochi）的译文。

20世纪90年代后是我国企业文化研究的发展阶段。在这一阶段中，魏法元（1998）的《面向知识经济的企业管理》、袁宝华（1999）的《知识经济挑战传统企业管理》、陈军（2000）的《知识经济与网络时代企业文化新趋势》、孙孝科（2004）的《信息化对企业文化的影响探析》、李巍和鲍升华（2010）的《企业文化作用机理研究》、张丽娜（2013）的《优秀的企业信息文化对企业信息化建设的作用分析》、许鹏鸿（2015）的《企业文化与企业管理的关系研究》、林静（2016）的《企业文化建设与企业管理战略探讨》、王鑫（2018）的《企业文化管理与建设初探》等众多研究成果相继出现，标志着我国学者对企业文化的研究逐渐从对企业文化的概念阐述转向实际应用研究。此外，国务院国有资产监督管理委员会（2005年3月）下发《关于加强中央企业企业文化建设的指导意见》、中国企业文化促进会（2005年12月）颁布《2006—2020年中国企业文化建设发展规划纲要》、《中央企业发展系列报告》编委会（2010）公布《中央企业企业文化建设报告2010》等，标志着企业文化的建设成为政府和企业共同关注的热点，促进了企业文化研究的稳步发展。

二、酒店文化研究的兴起和发展

（一）国外酒店文化研究的兴起和发展

国外酒店文化研究伴随着企业文化的兴起而逐渐发展起来。继20世纪70年代末到80年代因日本对美国经济的挑战而掀起了企业文化研究的热潮之后，酒店文化作为企业文化的一个重要分支逐渐引起广泛关注。许多学者在企业文化研究的基础之上开始对酒店文化进行了研究。到20世纪90年代后，国外酒店文化研究的内容不断拓展，影响日益扩大。

亚伯拉罕（Abraham，1997）通过民族文化、公司文化和工作价值观对酒店管理行为影响的比较研究之后认为，酒店企业不同文化因素对酒店管理会造成不同的影响。克里斯托弗（Christopher H. Y，2000）在对中国境内国际酒店企业管理进行研究后认为，为了在中国巨大的酒店市场中获得较好的收益，跨国管理者必须学习和借鉴中国的管理风格和管理文化，以适应酒店集团在中国本土的发展。杨振德（Jen-Te Yang，2006）对酒店组织文化中领导类型与文化共享的相互作用及效果进行了研究，认为领导类型与文化共享之间相互影响，具有明显的相关性。斯瑞肯斯和弗朗西（Srikanth & Francis，2007）以公平需求为基础，从个人主义与集体主义文化差异的角度，对酒店产品定价进行了研究，认为个人主义者不会因是否公平而对价格敏感，但集体主义者却会因不公平而对价格反应强烈。珍妮弗·卡森·马尔（Jennifer Carson Marr，2012）将人类学和心理学的研究成果引入企业文化研究中，认为酒店企业文化的建设和作用发挥与人的心理动机之间存在密切联系，基于此，在理论和实践两个不同维度，深入分析了企业文化建设的重要作用，并对文化建设对企业内部管理的具体影响和内在机制进行了解读。

总之，国外酒店文化研究首先肯定了文化在酒店中的意义和作用，指出了酒店文化建设应根据社会、组织、领导、员工等文化背景培育合适的酒店文化，并应充分借鉴当地的文化以形成有效的管理风格。

（二）国内酒店文化研究的兴起和发展

随着世界范围内酒店业的蓬勃发展，酒店文化作为一种全新的管理理论开始深刻地影响着酒店的经营与管理，并在很大程度上影响着酒店服务的质量与声誉。虽然酒店文化早在20世纪80年代初期就传入我国，并受到酒店业的重视，但国内酒店文化研究却在90年代初期才开始兴起和发展起来。

总体看来，国内酒店文化研究主要集中在酒店文化的概念与构成、酒店文化与竞争力、文化特色与创新、酒店文化管理与建设等方面。

在酒店文化内涵与构成方面，周凌洁（2016）等认为，酒店文化是指酒店在长期的经营与管理过程中形成的被全体员工认同的价值理念、企业精神、经营观念以及行为规范的综合体。薛欣艳（2019）在探讨了酒店文化的价值内涵的基础上，认为酒店文化由品牌文化、制度文化和精神文化三个方面组成。于艳杰（2020）认为酒店企业文化主要包括四个方面，即酒店的物质文化、浅层行为文化、制度文化和精神文化。

在酒店文化与竞争力方面，魏玲丽（2016）认为经济型酒店核心的竞争力就是文化力，富有自身特色的文化力是经济型酒店核心竞争力的重要支柱。李红丽（2016）通过分析酒店文化的内涵，指出全面衔接酒店文化与酒店品牌、酒店对客服务、酒店管理、酒店技术服务等要素是提升酒店竞争力的关键，并提出以酒店文化为载体，形成酒店竞争力的相关建议。郑卓（2018）分析和探讨了酒店文化对影响酒店竞争力各要素所起的作用，分别阐述了酒店文化对酒店日常管理、酒店自身品牌打造和酒店客服的影响。

在酒店文化特色与创新方面，唐文闻（2007）认为，酒店文化定位特色化主要表现在酒店的经营理念、建筑设计风格、主题内容、地域传统、人员以及酒店活动六个方面。陈玉囡（2019）等以华住会酒店企业为例，通过实地访谈、问卷调查、网络评价三种方式调查分析了低、中、高档酒店各自的企业文化，并进行整个酒店商业生态的文化创新整合。曾文诗（2019）认为只有构建文化特色，才能提升主题酒店核心竞争力，而文化特色主要体现在环境实体文化、制度建设文化及服务产品文化三方面。

在酒店文化管理与建设方面，李修竹、王秋玉（2016）在分析了跨文化管理的基础上，探讨了酒店跨文化管理的原因及具体的建议。诗颢、黎宏宝（2016）以巴黎戴高乐最佳西方酒店为例，分析了酒店管理文化的差异性问题，进而提出了酒店多元文化管理的策略。王珺（2019）以三亚海棠湾君悦酒店为例，分析了其酒店文化建设存在的问题，并从加深对酒店文化建设的理解、建立健全的文化模式、结合中外文化完善酒店文化等方面提出了加强酒店文化建设的措施。陈曦、朱继磊（2020）分析了酒店文化管理建设的常见问题，并提出了提升我国酒店文化管理建设的效率、质量与水平的相应对策。

上述研究成果从不同层面、不同角度对酒店文化进行了深入细致的研究，不但在理论上丰富了酒店文化的内容，更在实践上推动了酒店文化建设及酒店的经营管理，进而促进了酒店业的持续和健康发展。

第三节　酒店文化研究的理论概述

一、酒店文化的本质研究

目前，国内学者对酒店文化本质的认识和理解主要从经营管理的角度、员工规范的角度和对客服务的角度来展开（见表0-3）。

表 0-3　酒店文化本质的研究维度

研究维度	主　要　内　容
经营管理的角度	酒店文化是在酒店经营管理过程中形成的一种文化现象，是酒店物质文化和精神文化的统一
员工规范的角度	酒店文化是酒店员工共同认可并遵守的经营理念、价值观念和行为准则，是影响员工服务行为和服务质量的重要因素
对客服务的角度	酒店文化是酒店在为客人提供服务的过程中所产生的一种特殊的文化形式，是酒店服务理念和服务要求的外在显现

（一）经营管理角度的酒店文化本质

从经营管理的角度来看，酒店文化是在酒店经营管理过程中形成的一种文化现象，是酒店物质文化和精神文化的统一。王春霞、马归民（2009）认为，酒店文化是指酒店自成体系的思想观念、文化观念、价值标准、管理模式、经营理念和物质文化环境的总和。冯红瑞、孔春艳（2011）认为，酒店文化通常指酒店以组织精神和经营理念为核心，以酒店的特色经营为基础，以酒店标志性的文化载体和超越性的服务产品为形式，在对员工及客人的人文关怀中所形成的共同的价值观、行为准则和思维模式的总和。滕秋丽（2013）在分析文化的内在价值因素后认为，饭店文化是饭店在为社会提供饭店产品与服务的过程中所呈现的物质与精神形态的统一。黄文斌（2016）认为，酒店文化是酒店的经营理念、酒店精神以及酒店全体人员的共同价值观，它渗透在酒店经营的整个过程中，是酒店的灵魂。于霞（2017）认为，酒店文化是酒店在长期的经营与管理过程中形成的，具有本酒店特色的物质、行为、制度以及精神四个层面文化的综合体。在结合前人的研究成果之上，张光伟（2017）从广义和狭义两方面对酒店企业文化进行解读且都立足于经营管理的角度，从广义上来讲酒店企业文化是酒店在经营管理的过程中根据酒店自身打造的特色的物质财富和精神财富的总称，而从狭义上来讲则是酒店在经营发展的过程中形成的价值观念、行为习惯和思想意识。于艳杰（2020）认为，酒店企业文化是酒店内部价值的体现，是酒店经营者在经营酒店的过程中经过长时间的积淀而形成的特色。

（二）员工规范角度的酒店文化本质

从员工规范的角度来看，酒店文化是酒店员工共同认可并遵守的经营理念、价值观念和行为准则，是影响员工服务行为和服务质量的重要因素。赵萍（2014）以酒店文化对员工行为的影响为基础，将酒店文化分为物质文化、行为文化、制度文化和精神文化四个方面并进行了相关阐述。周凌洁和徐向波（2016）、贾婷婷（2020）均认为，酒店文化是酒店在长期的经营管理实践中不断培育形成的占据主导地位的，且为全体员工所共同认可及遵守的企业精神、经营理念、企业价值观及相关的行为规范的总和。王诺斯和张嘉格（2016）认为，酒店文化逐渐形成与完善于一个酒店的长期经营过程中，它是员工所共有的经营哲学和价值观，是影响员工行为的重要因素。它形成了一种影响员工思维的力量，能够约束、引导、激励和凝聚员工的行为。赵芸和岳园（2017）认为，酒店文化是酒店在长期的成长发展中形成的，为多数员工所共同遵循的价值标准、基本信念及行为规范。王珺（2019）认为，酒店文化是指酒店以经营理念为核心，以各种有效形式的管理为手段，以独具特色的文化为内核，以超值的服务为产品，使员工、顾客形成的共同价值观。

（三）对客服务角度的酒店文化本质

从对客服务的角度来看，酒店文化是酒店在为顾客提供服务过程中所产生的一种特殊文化形式，是酒店服务理念和服务要求的外在显现。演克武和李顺（2011）认为，酒店文化是以酒店接待服务为依托，为旅游者提供食、宿、购、娱等服务过程中形成的一种特殊文化形态，是在酒店服务过程中企业、顾客和员工三者之间服务价值理念的提炼。在前人研究的基础上，王诺斯和张嘉格（2016）认为，酒店文化的依据是一般文化的内在价值因素，以酒店的服务为依托，其主要作用是向前来旅游的人员提供食宿、娱乐、购物等服务的一种特殊文化形态，是一个酒店在面向社会提供各种各样的服务与产品的时候所体现的物质和精神状态的统一。李红丽（2016）认为，对客服务是酒店与消费者之间最直接、最关键的服务内容，是构建酒店文化的重要内容，其中培养员工的服务意识和建设酒店服务个性化是提高对客服务水平的两大手段。孙方正（2018）从实践的角度讲，酒店文化是以接待消费者为基础，服务于消费者的饮食、住宿以及娱乐等方面的服务，是酒店员工在具体服务中所表现出来的物质形态以及精神面貌。

总体看来，上述各位学者的观点，无论是从经营管理的角度，还是从员工规范的角度都在一定程度上揭示了酒店文化的本质，也有助于人们对酒店文化内涵的认识和理解，但我们认为，就其本质而言，酒店业的宗旨和目的就是为来店入住的顾客提供安全、舒适、满意和周到的服务，它既不是为了管理而管理，也不是为了规范而规范。因此，在认识和理解酒店文化的本质时必须突出和彰显"对客服务"的内容。正是从这个意义上来说，酒店文化是酒店在为顾客提供服务过程中所产生的一种特殊文化形式，其核心内涵是酒店在提供服务时所形成的价值观念和行为准则。

二、酒店文化的内涵研究

酒店文化作为酒店在为顾客提供服务过程中所产生的一种特殊文化形式，具有丰富的内涵。因此，酒店文化的内涵可以从情感因素、服务宗旨、精神需求、人本内涵和文化渊源等不同的视角和层面来认识和理解（见表0-4）。

表 0-4 酒店文化内涵的研究层面

研究层面	主要内容
情感因素	酒店文化是一种情感文化
服务宗旨	酒店文化是一种服务文化
精神需求	酒店文化是一种精神文化
人本内涵	酒店文化是一种人本文化
文化渊源	酒店文化是一种融合文化

（一）酒店文化是一种情感文化

酒店文化本质上是一种情感文化，它是顾客情感、员工情感及顾客与员工情感在酒店服务中的凝练和升华。一方面，酒店文化的培育既是顾客和员工对酒店文化的认知过程，也是顾客和员工心理交融与情感构建的过程。在这一认知和情感过程中，顾客与员工便在享受和提供服务之间形成了一定程度上的一致性与适合性，进而使酒店文化蒙上一层情感色彩。另一方面，随着双方在心理和情感认知方面的进一步发展，顾客和员工便会在有意与无意间将自己的身份与酒店身份联系在一起。顾客开始将酒店视为"家"，来此酒店就是为了寻找一种"家"的舒适和温馨；而员工也将酒店视为"家"，开始以主人的身份为顾客提供热情和周到的服务。如此一来，无论是顾客，还是员工，都在心理上和精神上产生了一种较为强烈的对酒店的认同感和归属感，从而使酒店文化体现出较为强烈的情感。

（二）酒店文化是一种服务文化

酒店文化在本质上是一种服务文化，其宗旨是通过良好的酒店文化建设为顾客提供热情、满意、周到的酒店服务，使其感受到家的舒适和温馨。同其他企业相比，酒店的整个生产经营活动都以为顾客提供优质的服务为中心。酒店服务既需要有物质层面的服务产品，如菜肴、酒水、娱乐设施等的供给，也需要有行为层面的服务行为，如员工的服务程序、服务规范和服务迅捷程度等的展现。因此，虽然酒店服务质量的高低有赖于建筑的设计装潢与设备设施的先进完好，但更有赖于员工的服务技能、服务技巧、服务流程与服务规范，特别是全体员工的服务意识。行动产生于意识，只有全体员工能够发自内心真诚地为顾客服务，才能在行动上做到微笑服务，优质服务。否则，尽管既鞠躬又点头地满嘴喊"先生（小姐）您好！"，但面无表情，满脸冰冷，总给人一种机械、虚假的感觉，让人觉得很不舒服。正是在这个意义上来说，国内外的饭店界为增强员工的服务意识，纷纷提出了"宾客至上""顾客就是上帝""顾客永远是对的""顾客是衣食父母"等理念。虽然有的理念失之偏颇，但我们仍可看出中外酒店业在将为顾客提供优质服务视为酒店生命线的这一观点上是相同的，自然会使酒店文化体现出服务的本质。

（三）酒店文化是一种精神文化

心理学家认为，商品消费除了具有物质性消费外，还有一种感性消费，这种消费主要是为了获得心理上和精神上的满足。感性消费的存在使得消费者特别看重和利用商品的象征意义和表现能力，试图通过商品的消费表现出消费者的社会地位、经济地位、生活情趣、个人修养等个性特征和品质。从某种意义上来说，酒店消费就是这样一种旨在寻求心理和精神上满足的文化消费活动，从而使酒店文化在本质上呈现一种精神文化性质。虽然在酒店消费过程中，顾客首先必须解决食住娱等物质层面的需求，但随着社会的发展，特别是现代服务业的发展，人们入住酒店消费已不仅仅是简单地吃一顿饭、睡一宿觉，而是追求精神层面的"吃得有品位，睡得有质量"。正是由于有了这种精神方面的需求，顾客才越来越重视在酒店消费过程中的文化蕴含、文化情调、文化氛围，甚至强调"吃不是目的，重要的是交流与惬意"。因此，酒店要为顾客提供满意而周到的服务，就必须为顾客的精神消费创造条件，除了要满足其实用、实惠性需要外，还必须满足他们求新、求美、求知和求奇的精神需求。只有这样，才能吸引和招徕更多的顾客，并实现酒店的持续和健康发展。

（四）酒店文化是一种人本文化

酒店服务的对象是顾客，服务的提供者是员工，顾客和员工的"人"的本质性决定了酒店文化必然是一种人本文化。一般来说，酒店所提供的服务多是所谓面对面服务，因双方都是有思想、有感情的人，顾客需要被友善地对待，员工也需要感情的慰藉。就善待顾客而言，酒店要吸引和招徕更多的顾客来店入住，就必须对顾客予以充分的尊重，提供满意周到的服务。因此，酒店要本着一个善良、诚信的经营者心理，不管在任何情况下，只要顾客的要求是合理的，酒店就要想尽办法尽量满足，只有这样才能真正实现酒店服务的"人本化"。就慰藉员工而言，酒店必须始终坚信"只有一流的员工，才能有一流的服务"的理念，既要重视并尊重酒店员工的需求，为员工营造良好的工作氛围，也要关心员工的生活，减少酒店员工的后顾之忧，还要尽可能给员工足够的授权，发挥员工潜力，给他们以提升的机会。万豪酒店管理者就认为，"员工是第一位的，要关注员工的发展、忠诚、兴趣与团队精神。发掘和培养各方面的经营管理储备人才是酒店长远发展的重要保障"。因此，无论是从要求员工提供优质服务的角度，还是从保障酒店长远发展的角度来看，酒店文化都是一种人本化的文化。

（五）酒店文化是一种融合文化

顾客和酒店员工来源的复杂性，特别是他们在文化背景、文化禀赋、价值取向、审美观念、行为方式和善恶标准上的差异性，自然而然地决定了酒店文化必然是不同层次、不同类型的文化交汇而成的一种融合文化。就对顾客服务而言，酒店要为来自不同国别、不同地区的旅游者提供周到、细致和舒适的酒店服务，就必须强化服务过程中的包容意识、开放意识和国际意识。同时，酒店要对来自不同文化背景和文化层次的顾客提供满意服务，就必须首先考虑到他们的需求特点，提供有针对性的服务，使其在享受服务过程中找到文化的认同感，进而产生亲切感、安全感和舒适感。就员工管理而言，要使这些来自不同国别、不同地区和不同民族的员工能够按照一个相对统一的标准提供优质的对客服务，就必须在充分尊重文化的差异性和特色化的基础上，寻求一种文化包容和文化认同，以充分发挥不同文化在酒店文化建设和发展中的独特作用。

三、酒店文化的结构研究

在酒店文化的内在结构上，我国学者普遍认为最表层的酒店文化是酒店物质文化，而最深层的酒店文化是酒店精神文化；但在对酒店文化中间层次的理解上，却存在着一定的分歧。罗玉环（2011）认为，酒店文化包括实体文化层面、制度文化层面和精神文化层面。苗洪涛（2012）将酒店文化分为物质文化、技术文化和精神文化。尹洪勋（2013）认为，酒店文化包括表层物质文化、浅层行为文化、中层制度文化和深层精神文化。归潇峰（2013）将酒店文化视为一种特殊的企业文化，认为其结构可以按照企业文化划分为酒店物质文化、酒店管理文化和酒店精神文化。张露（2014）认为，酒店文化分为物质、行为、制度及精神四个文化层次。王朝晖、刘岚岚（2015）将酒店文化分为酒店物质文化、酒店制度文化以及酒店精神文化三个层面。杨涛和朱悦（2015）认为，酒店文化是酒店共同遵守的价值观、理念以及行为方式的综合，包含精神、制度、行为、物质文化四个方面。赵芸（2017）、孙方正（2018）也认为，酒店文化包含精神文化、物质文化、行为文化及制度文化四个方面。郑卓（2018）认为，一个较为完整的酒店文化体系是由三个不同层次紧密组成的：第一个层次是最外层的，就是所谓硬件文化；第二个层次是规章与活动文化；第三个层次是最深层次的精神文化。综上所述，酒店文化应该由物质文化、行为文化、制度文化和精神文化四个层面构成。

众所周知，酒店文化广义上属于企业文化的范畴，故对其结构的认识不能脱离企业文化的结构，但考虑到酒店文化的特殊性，酒店文化结构也应该具有自身的个性。因此，本书在综合分析和借鉴相关研究成果的基础上，将酒店文化的结构划分为物质文化、行为文化、制度文化与精神文化四个层面（见表0-5）。只不过酒店文化的行为文化层面更突出地表现为服务文化性质，这是酒店文化有别于企业文化的最为显著的特点。

表0-5　酒店文化的结构划分层面

划分层面	主　要　内　容
物质文化	处于酒店文化的最外层，是通过一切可视的实物所表达和体现出来的文化层面，主要包括酒店的建筑、设施设备、酒店用品及产品等
行为文化	处于酒店文化的中间层面，本质上是酒店员工与顾客的接触中所形成的一种服务文化，分为硬件和软件两个方面

续表

划分层面	主 要 内 容
制度文化	处于酒店文化的中间层面，它是酒店正常运转和实现长远发展目标的重要保障，由组织机构、规章制度和领导体制三方面内容组成
精神文化	处于酒店文化的核心层，它在整个酒店文化系统中起着主导和支撑作用，主要包括酒店的价值观、道德观、宗旨以及酒店精神

（一）酒店物质文化

酒店物质文化就是通过酒店的建筑、设施与产品等一切可视的实物形态所表达和体现出来的文化层面。

具体来说，酒店物质文化主要指体现在酒店的建筑形态、空间结构、功能布局、内外装修装饰、指示和服务标识，以及前厅、客房、餐厅、吧室、厨房、会议、康体等不同区域的设施设备上的文化形态。特别需要强调的是，虽然酒店物质文化是由物质化了的客观实物来体现的，但在本质上却体现着酒店的特定文化内涵，如现代酒店业中越来越多的各种"主题酒店"，其外在的物质文化与表现形式都是为体现酒店的特定主题而设计的。

酒店物质文化在酒店文化中处于最表层，是酒店文化中最为直观、最为生动的要素，在吸引和招徕顾客的过程中具有重要的地位和影响。从某种意义上来说，顾客常常根据自己对酒店物质文化的感知和认识来决定是否入住酒店，并享受相关的酒店服务。

（二）酒店行为文化

酒店不同于一般企业，它除了提供具有物质形态的酒店产品外，还为顾客提供行为层面的酒店服务。在提供服务的过程中，酒店员工要通过某种面对面的形式同顾客接触，并实施具体的服务行为，进而形成一种服务文化，即行为文化。因此，酒店行为文化就是酒店员工在提供服务过程中形成的一种服务文化，既包括无形的服务理念，也包括有形的服务行为。

服务理念是酒店行为文化的内隐层次，包括酒店员工的服务意识、服务态度、服务精神，以及价值观念、审美观念等，它直接决定和影响着员工具体的服务行为。服务行为是酒店行为文化的外显层次，包括员工的仪容仪表、服务语言、服务技能、服务方式和工作效率等，它是酒店员工在服务理念的影响下产生的一种具体的外在的文化行为。

酒店行为文化，特别是酒店员工的服务行为，是顾客在接受酒店服务的过程中首先和直接感受到的文化层次。顾客常常根据亲眼所见的酒店员工具体的服务行为来分析和评判酒店服务的优劣。因此，酒店行为文化在酒店的经营管理中具有重要的地位。它不仅是酒店服务质量和水平的某种标志，更在一定程度上影响着顾客对酒店的认知与评价，进而影响酒店的满意度和美誉度。

（三）酒店制度文化

酒店制度文化是为保证酒店的正常运转和实现发展目标而制定和实施的组织规范体系，包括组织机构、规章制度和领导体制三方面内容。

组织机构是酒店为了有效实现自身目标而建立的内部职能划分及相互关系。一般来说，酒店多采用职能性的组织机构，这种组织机构将从事相同或相似工作的人分配在同一职能部门，使他们能集中起来按照一定的班次和细分工从事特定的工作，以便于管理和提高工作效率。规章制度是酒店制度文化中的核心内容，包括聘任制度、培训制度、奖惩制度、薪酬制度和员工行为准则等，它对酒店员工的服务行为具有引导、规范和约束作用，从而在一定程度上影响着酒店服务的质量和水平。领导体制是酒店的领导方式、领导结构和领导制度的统一。作为酒店制度文化的核心内容，领导体制不仅直接决定着酒店组织结构的设置、规章制度的制定，更直接规范和影响着酒店的日常经营管理与服务供给，进而影响着酒店的生存和发展。

酒店制度文化在酒店经营和管理中具有重要的地位和作用，它通过协调、规范和引导酒店员工之间、员工与酒店之间、员工与顾客之间以及酒店与顾客之间的关系，增强酒店的凝聚力和竞争力，提高酒店的服务质量和服务水平。

（四）酒店精神文化

酒店精神文化是蕴含在酒店物质文化、行为文化和制度文化之中的用以指导酒店经营管理，并提供优质服务的意识形态和文化观念的集合。精神文化是酒店文化的核心层次，包括酒店的价值观、道德观、酒店宗旨和酒店精神。

价值观是酒店全体成员共享的价值标准及价值取向。它在酒店内起着引导和约束的作用，既引导全体员工为实现企业的共同目标而努力，也对员工的日常行为有一定的约束作用，是增强酒店凝聚力和提供优质服务的动力源泉。道德观是酒店与社会交往互动、协调酒店员工之间及酒店与员工之间关系时所遵循的基本准则，包括职业道德和经营道德两个方面。职业道德要求酒店员工形成与酒店文化和企业目标相一致的价值观，经营道德要求酒店树立顾客至上的意识，提供优质的酒店服务，以赢得顾客的青睐和认同。酒店宗旨是酒店价值观的直接反映，规定了酒店员工在实现酒店目标的过程中应该怎样操作执行、遵循什么原则、采用何种方法等，具有引导市场和酒店员工行为的作用。酒店精神是经过精心培养而形成的酒店成员群体的精神风貌，酒店全体或多数员工共同一致，彼此共鸣的内心态度、意志状况和思想境界。酒店精神一旦形成，便会成为一种群体心理定势，既可以通过明确的意识支配服务行为，也可以通过潜意识产生服务行为，进而增强酒店员工服务的自觉性和主动性，保证服务质量。

酒店精神文化在酒店文化中处于核心地位，不但在整个酒店文化系统中起着主导和支撑作用，还影响和决定着酒店物质文化、行为文化与制度文化的发展和变化。

四、酒店文化的特征研究

酒店文化是酒店在长期经营管理和市场营销中形成的具有自身特色，扎根并依附于酒店的一种企业文化。除具有企业文化的共性特征之外，酒店文化也具有自己独特的个性。这是我们在研究和探讨酒店文化特征时必须首先明确和遵循的基本原则。

目前，学者们对酒店文化特征的探讨方面，已经积累了较为丰硕的成果，如罗玉环（2011）认为，酒店文化的特征包括集体性、可继承性和扩布性、稳定性与变异性、独特性、规范性与服务性、地域性与民族性。苗洪涛（2012）认为，个性和共性的统一、无形和有形的统一、稳定和发展的统一是酒店文化的特征。刘佳杰（2013）认为，酒店文化的特征包括教育激励性、凝聚性、导向性、约束性和辐射性。张露（2014）认为，酒店文化具有可塑性、导向性、人本性、规范性和国际性特征。杨涛和朱悦等（2015）认为，发达地区酒店文化具有外在与内在相统一、人性化服务的特点。魏玲丽（2016）认为，经济型酒店文化具有如下特征，即价值性、可持续发展性、不易模仿性和不可替代性等。于霞（2017）认为，酒店文化的外在特征主要表现在无形性和有形性的统一、稳定性和变革性的统一、共性和个性的统一。郑卓（2018）认为，可以从三个方面来认识和理解酒店文化的特征，即建设酒店文化的根本目标是增强企业的竞争力与凝聚力、酒店文化的实质是以人为本、酒店文化是一项完整的体系。孙方正（2018）认为，酒店文化具有兼容性、学习性和战略性三大主要特征。

上述学者有关酒店文化特征的探讨，虽然因各自的研究视角和认识程度的不同致使他们在最终的观点见解和具体文字表述方面存在一定的差异，但都在一定程度上揭示了酒店文化特征的本来面貌，有助于增强人们对酒店文化特征的认识和理解。为此，在吸收和借鉴相关研究成果的基础上，本书主要从引导性与规范性、地域性与民族性、无形性与有形性、综合性与系统性、个性与共性相统一的角度来分析和阐述酒店文化的特征（见表0-6）。

表0-6 酒店文化的特征

特 征	主 要 内 容
引导性与规范性	引导酒店员工自觉地在心理和行为上同酒店的发展目标和价值追求保持一致，对员工的服务行为和服务方式具有一定程度的约束作用
地域性与民族性	酒店文化的形成和发展需要吸收和借鉴不同地域文化的精髓，同时也需要同民族文化之间形成某种程度的融合
无形性与有形性	酒店文化中的物质文化层面和部分行为文化层面都以直观的、可感知的物质形态的形式呈现在顾客的面前，而酒店文化中的精神文化与制度文化层面以及部分行为文化则具有无形性

续表

特　征	主　要　内　容
综合性与系统性	酒店文化由物质、行为、制度和精神等不同层面的文化因素构成，体现出一种综合性；酒店文化不仅要求物质文化、行为文化、制度文化和精神文化之间的相互补充、相互协调，更体现在各文化层内容构成要素之间的协调一致，具有系统性特征
个性与共性	酒店文化同其他制造企业文化、商业企业文化一样，具有企业文化的共性特征，同时具有情感性、服务性、部门性和氛围性等个性特征

（一）引导性与规范性

从一定意义上来说，酒店文化是引导性文化和规范性文化相统一的文化。就酒店文化的引导性特征而言，酒店文化，特别是其中的精神文化是酒店的发展目标、价值观念、道德观念、酒店宗旨和酒店精神的高度集聚与凝练，在酒店的经营发展和向顾客提供酒店服务的过程中具有引导作用。这种引导作用主要表现在它协调酒店全体员工自觉地在心理和行为上同酒店的发展目标和价值追求保持一致，同心协力，勇于奉献，共创酒店美好的未来。同时，酒店文化作为酒店在长期经营过程中精心培育，并得到全体员工广泛认同的价值观念和酒店精神，对员工的服务行为和服务方式具有一定程度的约束作用。它会以潜移默化的方式时刻提醒和告诫员工在对客服务的过程中应遵循的服务程序、服务范围、服务要求与职业道德，从而对酒店员工的服务行为具有一定的规范性。

（二）地域性与民族性

酒店文化是酒店在长期经营和发展中不断吸收借鉴不同地区、不同民族优秀传统文化而形成和发展起来的一种特殊的文化现象，具有鲜明的地域性与民族性特征。就地域性特征而言，酒店文化的形成是酒店的经营目标与价值追求与不同地域文化相互作用、相互融合的结果；而酒店文化建设也必须及时吸收和借鉴不同地域文化的精髓，从而使酒店文化能在遵循基本的文化发展规律的基础上，又体现出地域色彩，实现酒店文化的创新与发展。就民族性而言，酒店所提供的服务是一种人与人之间的面对面的服务形式，其中人的因素，特别是人的情感因素常常是影响酒店服务质量的最为关键的因素之一。因此，酒店文化作为酒店在为顾客提供服务过程中产生和发展起来的文化形式，必须同民族文化之间形成某种程度的融合。只有这样，酒店文化才能走向人、走向大众、走向市场，并通过广泛的民族认同，最终实现酒店的持续和健康发展。

（三）无形性与有形性

酒店文化的重要特征之一是无形性与有形性的统一。就有形性特征而言，酒店文化中的全部物质文化层面和部分行为文化层面都以直观的、可感知的物质形态的形式呈现在顾客的面前，如酒店的建筑形态、设施设备、客房配置、餐饮菜肴，以及服务人员的仪容仪表、服务行为和服务规范等。酒店文化中的这些有形部分，是顾客不需经过推理和判断便可直接通过感觉器官感受到的文化要素，因而在一定程度上影响着顾客对酒店服务质量和服务水平的直接感知和心理预期。就无形性特征而言，酒店文化中的全部精神文化与制度文化以及部分行为文化，如酒店的发展目标、价值观念、道德观念、服务宗旨、酒店精神、规章制度以及酒店员工的服务理念、服务态度等均具有无形性。酒店文化的上述无形内涵，虽然难以被顾客凭感觉器官直接感受和认知，却在酒店的经营管理和服务供给中具有极为重要的作用。酒店文化中的无形性内涵不但决定和影响着酒店文化中有形内涵的展示和呈现，更在根本上决定着酒店服务的质量。

（四）综合性与系统性

综合性和系统性也是酒店文化重要的特征。就综合性而言，酒店文化本身就是由物质、行为、制度和精神等不同层面的文化要素构成，既包括有形文化部分，也包括无形文化部分，体现出一种综合性。同时，酒店本身就是一个"小社会"，对外接触面大，交流广，对内层次多，沟通体系十分复杂，进而形成酒店文化的丰富性和综合性。就系统性而言，酒店的经营管理本身就是一个系统工程，不仅体现在酒店的经营、管理、服务和营销之间要紧密衔接，交流顺畅，更要求酒店各部门之间、各部门员工之间的紧密协作，相互配合，以保证对顾客提供周到、顺畅而舒适的服务。受此影响，酒店文化也体现出较强的系统性。它不仅表现为酒店的物质文化、行为文化、制度文化和精神文化之间的相互补充、相互协调，更体现在各文化层内容构成要素之间的协调一致。否则，无论酒店建筑风格多么高雅，酒店硬件设施设备多么先进，酒店产品与服务多么精致，如果酒店制度跟不上，且缺少充满活力的酒店精神，不但难以为顾客提供满意的服务，也难以在激烈的市场竞争中生存和发展。

（五）个性与共性

个性与共性也是酒店文化的重要特征之一。就酒店文化的共性而言，酒店文化本质上是企业文化的一种特殊形式，是企业文化在酒店领域的呈现和展示。因此，酒店文化同其他制造企业文化、商业企业文化一样，具有企业文化的共性特征，如人文性、集体性、社区性、时代性、继承性、相融性和创新性等。上述企业文化的共性特征是由企业的发展目标、经营特色、企业传统、企业员工素质以及内外环境等因素共同决定的。就酒店文化的个性而言，酒店文化毕竟是在酒店特殊的环境氛围、经营方式与理念、服务意识与服务行为以及酒店宗旨和酒店精神等多种因素的共同作用下，由酒店经过长期有意识地培养和造就的一种文化形式，自然会呈现出自己独有的个性特征。总体看来，酒店文化的个性特征主要表现在情感性、服务性、部门性和氛围性等方面。即从一定意义上来说，酒店文化是一种情感文化、一种服务文化、一种部门文化和一种氛围文化，这是酒店文化同其他企业文化最为显著的区别。

第四节 酒店文化研究的作用和意义

一、酒店文化的作用

由于酒店文化是一种特殊的企业文化形式,故多数学者在研究和探讨酒店文化的作用时,常常将企业文化的导向功能、凝聚功能、激励功能、约束功能和辐射功能视为酒店文化的作用。如认为酒店文化具有明确的价值观,清晰表明哪些是酒店所倡导和遵循的,可以指导和牵引员工的行为;酒店文化通过理念、制度和行为层面的文化传播,特别是优秀员工的示范作用可调动员工工作的积极性,增强员工的归属感,具有凝聚作用;酒店文化可成为员工内在激励因素,在一定程度上增强员工的归属感和目标感;酒店文化作为酒店的核心价值观,可指导、规范和约束员工的行为;酒店文化通过不同媒介传播能起到品牌营销作用,具有辐射功能。上述关于对酒店文化作用的认识,实际上是对企业文化作用的直接借鉴和翻版,虽然在理论和逻辑上没有大的问题,但对于酒店文化这一特殊的企业文化形式来说,还是显得有些过于宏观和宽泛。因此,从较为具体的酒店文化的视角来看,酒店文化的作用主要体现在提升酒店员工素质、提高酒店服务质量、强化酒店品牌形象和增强酒店核心竞争力等方面(见表0-7)。这一认识,不但有助于人们准确认识和理解酒店文化的本质、特征与功能,也有助于有针对性地做好酒店文化建设,以充分发挥酒店文化在酒店经营管理和服务供给中的积极作用。

表0-7 酒店文化的作用

酒店文化的作用	主 要 内 容
提升酒店员工素质	酒店文化有助于从服务态度、服务流程、服务规范、服务技能与服务效率等方面提高员工素质,从而为顾客提供更优质的酒店服务
提高酒店服务质量	酒店文化的物质层面、行为层面、制度层面建设,不但体现了酒店的价值观、服务宗旨和酒店精神,更在提升酒店服务质量方面具有重要的作用和价值
强化酒店品牌形象	酒店文化中人性化的理念与实践,不但有助于实现员工与顾客双赢的目标,更能实现酒店品牌形象的强化
增强酒店核心竞争力	酒店文化建设,特别是酒店精神文化建设,不但难以被竞争对手所模仿和超越,更在增强酒店核心竞争力方面发挥独特的作用

(一)酒店文化有助于提升酒店员工素质

就服务的特殊性而言,酒店服务是一种需要员工与顾客之间面对面接触的特殊的服务方式。顾客在享受酒店员工提供服务的过程中,固然在意最终的服务结果,但也会对员工的素质进行评判,并最终判断酒店的服务质量。因此,酒店员工素质的高低与否对酒店服务质量具有重要的影响。一般说来，员工素质的高低优劣与酒店文化建设有着极为密切的关系。毕竟，素质的养成不是员工放任自流的自我发展的过程，而是酒店长期培养训练和酒店文化规范引导的结果。酒店文化作为酒店员工共同认可的价值观念、理想追求、服务宗旨和酒店精神，能够强化员工对企业的归属感和忠诚度。酒店员工一旦自觉地将自己的未来同酒店的发展紧密地联系在一起，便会积极主动地投入酒店服务的过程中，并努力从服务态度、服务流程、服务规范、服务技能与服务效率等方面提高自身素质，从而为顾客提供更好、更优质的酒店服务。因此，酒店文化在提升酒店员工素质方面具有重要的作用。

（二）酒店文化有助于提高酒店服务质量

根据《旅游饭店星级的划分与评定》（GB/T 14308—2010）国家标准的要求，酒店服务质量实际上是一个综合性的评价指标，既包括必备硬件条件、设施设备、运营质量，也包括服务质量总体要求、管理要求和安全要求等。如果按照——对应的关系，必备硬件条件和设施设备大致可以划分在酒店物质文化层面，运营质量和服务质量大致可以划分在酒店行为文化层面，管理和安全要求可划分在酒店制度文化层面，而上述物质文化、行为文化和制度文化都受酒店精神文化的影响和制约。酒店文化建设是一项系统工程，它既强调物质层面酒店建筑物空间布局的规范合理、设施设备的完好，也强调行为层面酒店服务的热情、耐心、周到、迅捷，还强调制度层面酒店运营服务与安全管理的规范化、标准化和程序化，以体现酒店的价值观、服务宗旨和酒店精神。因此，酒店文化自然在提升酒店服务质量方面体现出重要的作用和价值。

（三）酒店文化有助于强化酒店品牌形象

酒店服务中主客双方的互动性，决定了酒店文化必然是一种人本文化，既强调友善对待顾客，也强调慰藉员工的情感。酒店文化中这一人性化的理念与实践，不但有助于实现"只有一流的员工，才有一流的服务"的员工与顾客双赢的目标，更能实现酒店品牌形象的强化。就顾客层面而言，一旦顾客对酒店的服务较为满意便会自觉地向亲戚朋友们宣传和推荐酒店的产品与服务。顾客的这种"现身说法"的口碑宣传方式对酒店潜在顾客的影响非常大，往往能比酒店通过第三方宣传营销和酒店"自说自话"的营销方式起到更好的效果。实践证明，不少顾客在预订酒店之前通常会先找住过这个酒店的人或通过在线的酒店评价了解酒店情况，以决定是否最终入住该酒店。就员工层面而言，一旦员工感觉自己得到酒店的情感慰藉与尊重，便会产生归属感和自豪感，进而积极主动地为酒店进行营销宣传活动。酒店员工的营销宣传，不但有助于增强顾客对酒店的信任感和亲切感，更有助于酒店形象的强化和传播。此外，酒店品牌形象本身就是酒店文化的重要组成部分，酒店的物质、行为、制度和精神文化都在一定层面、一定视角展示和彰显酒店品牌形象。因此，酒店文化建设有助于强化酒店品牌形象。

（四）酒店文化有助于增强酒店核心竞争力

酒店核心竞争力是酒店在经营过程中形成的、竞争对手无法模仿、无法超越，且能为酒店带来超额利润的竞争能力。它是酒店在激烈的市场竞争中生存、发展和保持不败之地的最为根本的因素。众所周知，随着经济和社会的发展，酒店之间的竞争早已摆脱了有形的价格竞争、产品竞争、市场竞争，转向无形的形象竞争、人才竞争和文化竞争，特别是文化竞争已经成为酒店竞争中的一种至为关键且具有常态性的竞争形式。就酒店文化的构成要素而言，物质文化层、行为文化层和制度文化层，虽然在酒店生存和竞争中均具有重要的作用，但它们毕竟不是酒店文化的核心部分，不但受精神文化层的制约，而且也容易被竞争对手所模仿和超越。因此，酒店要增强核心竞争力，在强调酒店文化建设的同时，必须重点突出酒店的精神文化建设，要从酒店的经营目标和自身条件出发，根据酒店的价值观、道德观，结合文化的地域与民族特色，精心培育并凝练酒店的服务宗旨与酒店精神，并将其拓展和彰显在酒店文化的物质层面、行为层面和制度层面，以充分发挥酒店文化在增强酒店核心竞争力方面的独特作用。

二、酒店文化研究的意义

研究和探讨酒店文化对于促进酒店管理理论的完善、酒店管理专业的发展、酒店文化的建设以及社会文化的进步均具有重要的意义（见表0-8）。

表0-8 酒店文化研究的意义

酒店文化研究的意义	主 要 内 容
有助于酒店管理理论的完善	研究和探讨酒店文化在一定程度上实际上也是在研究和探讨酒店管理理论，有助于酒店管理理论的发展和完善
有助于酒店管理专业的发展	研究和探讨酒店文化，有助于将酒店文化的理念和精神贯穿到整个酒店管理专业建设的内容和环节之中，进而实现酒店管理专业的健康发展
有助于酒店文化的建设	酒店文化研究能为酒店文化建设提供一种借鉴、参考和"文化优势"，并通过对酒店文化理论与实践的分析，促进酒店文化建设
有助于社会文化的进步	酒店文化研究不但通过丰富和完善文化理论有助于社会文化的发展和进步，还通过促进酒店员工文化底蕴的增强和住店客人文化素质的提升，促进社会文化的进步

（一）有助于酒店管理理论的完善

众所周知，酒店文化是酒店在为顾客提供服务过程中所产生的一种特殊文化形式，包括物质、制度、行为和精神四个文化层次，其核心内涵是酒店在提供服务时所形成的价值观念和行为准则。酒店文化在酒店的经营管理和服务供给过程中具有重要的地位和作用，不仅表现在它引导和影响着服务员的具体服务行为、主管人员的督导行为，还在一定程度上规范和影响着部门经理的经营管理行为和总经理的决策行为，而上述具体服务层、主管督导层、部门经理管理层和总经理决策层,通常是一般意义上酒店管理的基本层次结构。因此,研究和探讨酒店文化在一定程度上实际上也是在研究和探讨酒店管理理论,有助于酒店管理理论的发展和完善。

(二)有助于酒店管理专业的发展

酒店管理专业作为培养酒店人才的重要途径,其专业建设和发展的优劣不但直接影响着所培养人才的质量,也在一定程度上影响着酒店行业的发展。从整个酒店管理专业建设和发展的角度来看,研究和探讨酒店文化,不但有助于具体的酒店文化课程本身的建设和发展,更在一定意义上有助于将酒店文化的理念和精神贯穿到整个酒店管理专业建设的内容和环节之中,进而在专业建设和人才培养过程中彰显文化的内涵,提高人才培养的质量和水平,实现酒店管理专业的健康发展。

(三)有助于酒店文化的建设

酒店文化是酒店在自身发展过程中逐步培养和形成的一种特殊的文化形态,在酒店的生存和发展中具有重要的地位和作用。酒店文化研究对于酒店文化建设的重要意义在于,首先,酒店文化研究能为酒店文化建设提供一种借鉴与参考,使酒店文化建设有章可循,有路可依。其次,酒店文化研究能为酒店提供"文化优势",并通过将其与自身实际状况融合形成具有自身特色的酒店文化,促进酒店文化建设。此外,酒店文化研究既包含对酒店文化理论的分析,也包含对酒店文化实践的探讨,有助于酒店文化建设。

(四)有助于社会文化的进步

社会文化的进步离不开文化理论的完善与发展。酒店文化是酒店管理的重要组成部分,同时也是社会文化的重要内容之一。因此,研究和探讨酒店文化对于促进社会文化的进步方面具有重要的作用和意义。首先,酒店文化研究有助于丰富和完善文化理论,进而有助于社会文化的发展和进步。其次,酒店文化研究不仅有助于促进酒店员工文化底蕴的增强,也有助于住店顾客在酒店文化氛围的熏陶下实现自身文化素质的提升,进而促进整个社会文化的进步。

参考文献

[1] 解尚明. 东方雅高主题酒店及其文化构建 [D]. 重庆:西南交通大学,2012.

[2] 罗玉环. 论如何完善酒店文化建设——以泰安市御座宾馆为例 [D]. 青岛:青岛大学,2011.

[3] 彭小枚. 论酒店文化的构建 [D]. 长沙:湖南师范大学,2008.

[4] 李莉. 中西旅游酒店业管理文化的差异 [J]. 海南大学学报:社会科学版,1999(6).

[5] 黄光辉. 民族酒店文化建设研究 [D]. 湘潭:湘潭大学,2009.

[6] 谢朝武,陈岩英. 我国酒店文化研究的理论结构——对我国酒店文化十年研究

历程的透视与述评［J］．乐山师范学院学报，2007（9）．

［7］吴萍，舒勤．酒店文化的构成特征及其管理功效［J］．中山大学学报论丛，2005（4）．

［8］彭红霞，达庆利．企业文化、组织学习、创新管理对组织创新能力影响的实证研究［J］．管理学报，2008（1）．

［9］李艳丽．酒店文化基因识别及其实证研究［D］．西安：西安外国语大学，2011．

［10］刘宁．延边地区酒店行业企业文化建设研究［D］．延吉：延边大学，2010．

［11］苗洪涛．河北TH酒店文化建设研究［D］．天津：天津大学，2012．

［12］田野．中国酒店行业企业文化建设［D］．哈尔滨：哈尔滨工程大学，2007．

［13］周凌洁，徐向波．浅谈酒店文化对员工行为的影响［J］．商场现代化，2016（18）：107-108．

［14］薛欣艳．论酒店文化的价值构建及提升路径［J］．清远职业技术学院学报，2019（5）：43-46．

［15］于艳杰．酒店企业管理中企业文化建设的重要性［J］．花炮科技与市场，2020（2）：56．

［16］魏玲丽．基于核心竞争力的经济型酒店文化力培育研究［J］．西南科技大学学报：哲学社会科学版，2016（3）：68-71．

［17］李红丽．酒店文化在构建酒店竞争力中的作用［J］．开封教育学院学报，2016（1）：236-237．

［18］郑卓．试析酒店文化在构建酒店竞争力中的作用［J］．度假旅游，2018（1）：73-75．

［19］陈玉囡，邓天玉，陶泓羽，陈一宁．华住会酒店文化创新探究［J］．教育现代化，2019（57）：254-257．

［20］曾文诗．论特色文化主题酒店的核心竞争力［J］．中外企业家，2019（20）：144．

［21］李修竹，王秋玉．论酒店的跨文化管理［J］．西部皮革，2016（24）：169．

［22］诗颢，黎宏宝．酒店多元文化管理问题分析及其对策研究——以巴黎戴高乐最佳西方酒店为例［J］．镇江高专学报，2016（4）：30-34．

［23］王珺．浅谈酒店文化建设存在的问题及措施——以三亚海棠湾君悦酒店为例［J］．传播力研究，2019（2）：8-9．

［24］陈曦，朱继磊．酒店文化管理建设的常见问题及对策［J］．现代营销：经营版，2020（3）：141．

［25］黄文斌．打造独具魅力的酒店文化［J］．企业文明，2016（2）：58-59．

［26］于霞．酒店文化对基层员工忠诚度影响研究［D］．大连：辽宁师范大学，

2017.

[27] 张光伟.浅谈如何建设酒店企业文化[J].经济研究导刊,2017(12):168+184.

[28] 贾婷婷.皇朝万鑫酒店企业文化对员工行为影响的扎根分析[J].现代商业,2020(25):62-63.

[29] 赵芸,岳园.酒店文化对员工行为的影响分析——基于对上海虹桥宾馆的实证分析[J].科技经济导刊,2017(9):12-13.

[30] 孙方正.浅谈酒店文化对员工行为的影响[J].度假旅游,2018(2):32-35.

[31] 杨涛,朱悦.欠发达地区酒店文化发展[J].环球市场信息导报,2015(27):16.

[32] 杨涛,朱悦,周娜娜.发达地区酒店文化对欠发达地区酒店影响研究[J].企业导报,2015(14):159+158.

第一部分
酒店物质文化研究

1

第一章 酒店建筑文化

美国心理学家洛钦斯（A. S. Lochins）曾提出"首因效应"理论，强调事物留给人第一印象的重要性。一个成功且富有文化魅力的酒店建筑自然也会给人留下最美好的第一印象。酒店建筑作为一类特殊的建筑群，承载了一个地域的历史记忆并传承了该地域的特殊文脉，是一部发展史、外交史、建筑史及艺术史的集萃。梁思成先生曾说，"建筑是有双重性和两面性的：它既是一种技术科学，同时往往也是一种艺术，而两者是统一的、分不开的"。由此可见，酒店建筑在表达地域文化、传统文化与历史文化方面扮演着重要的角色。为此，研究酒店建筑文化对酒店的经营管理与持续发展具有十分重要的意义。

第一节 酒店建筑文化的研究历程

随着酒店业的高端化、个性化和精致化发展，学界关于酒店的研究逐渐增多，酒店建筑文化研究也逐渐受到国内外学者的广泛关注。本节主要梳理和回顾国内外酒店建筑文化的研究历程，并分析和探讨其目前的研究现状，旨在完善酒店文化理论体系的同时，为酒店经营与管理提供一定启示。

一、国外酒店建筑文化的研究历程

一般认为，国外酒店建筑起源于欧洲，成型于美国，并在酒店建筑设计的过程中逐渐渗透文化理念。伴随着工业革命的开始，国外酒店建筑文化的相关研究崭露头角。从严格意义上来说，国外酒店建筑文化的研究起步于19世纪初，大致经历了起步阶段、发展阶段和成熟阶段。

（一）酒店建筑文化研究的起步阶段

工业革命期间，国外酒店正处于继简单提供住宿功能的客栈之后的大饭店时期，随之而来的是酒店规模不断扩大、功能日益完善、装修装饰渐趋多元化、酒店品牌意识不断加强。这一阶段有关酒店建筑文化的相关文献几乎空白，涉及酒店建筑的文献多集中于建筑设计规模与建筑成本等方面。19世纪初,国外的建筑师们逐渐意识到酒店建筑必须融入特色文化才能使其充满地域魅力,为酒店创造更好的收益,并开始呈现出一批具有文化特色的酒店建筑成果,这些实践成果标志着国外酒店建筑文化的研究进入起步阶段。19世纪20年代末,美国波士顿的特里蒙特饭店的落成标志着世界上第一座具有现代意义的奢华型酒店诞生——从酒店建筑的外观、装饰风格、功能布局与景观设计等方面浸染文化特色,这座具有世界影响力的酒店建筑无疑为其他酒店建筑的设计提供了参考和模范。

(二)酒店建筑文化研究的发展阶段

"二战"结束之后(1945年之后),即国外正处于新型饭店时期,国外酒店建筑文化相关研究的理论成果还未系统出现,大多注重实践成果。20世纪50年代,在美国酒店业与酒店文化的引领和带动下,人们越来越追求酒店建筑的文化艺术风格,为此涌现出了不同类型的酒店和多样化的酒店建筑风格,酒店建筑的表现手法与内部装饰也呈现多元化,国外酒店业迎来了一次快速发展的高潮。最具有代表性的酒店建筑当数这一阶段的主题酒店。主题酒店最早出现在美国,其标志性建筑是1958年建于加利福尼亚州圣路易斯-奥比斯波(San Luis Obispo)的麦当娜汽车旅馆。

(三)酒店建筑文化研究的成熟阶段

20世纪90年代至今,国外酒店建筑设计逐渐走向成熟,呈现了大量成功的酒店建筑设计案例和有关酒店建筑设计的文章与著作。一些学者开始从实践转向理论的探索,并开始在学术期刊上发表相关文章并撰写酒店建筑设计相关的专著,不断丰富酒店建筑文化的理论研究。在学术期刊方面,卡兰·费伦(Callan Fearon,1997)认为,酒店的个性化体现在建筑设计和入住体验的独特性两个方面;范·哈特斯维尔特(Van Hartesvelt,2006)认为,一些别出心裁的酒店足以吸引消费者选择入住而不将酒店区位因素放在首位考虑。其中,个性化、别出心裁的酒店建筑设计往往是文化理念渗透的结果,进一步体现了国外学者对于酒店建筑文化的重视。在专著方面,有英国学者弗雷德·劳森(Fred Lawson,2003)的《酒店与度假村——规划、设计和重建》、德国学者佩凡·戈豪特(Pevan Gohout,2005)的《主题酒店》、美国学者布赖恩·麦克多诺(Brian McDonough,2007)的《酒店建筑》和德国学者福瑞德里克·普林兹(Frederick Prinz,2009)的《NEW主题酒店》等,都强调了酒店建筑设计的文化和个性表达,为酒店建筑文化的研究提供参考。

国外酒店建筑文化研究的发展历程基本与其酒店业的发展历程一致,经历了从实践到理论的过程,并在现阶段形成了比较完善的实践与理论体系。到目前为止,国外酒店经营者和酒店建筑师凭借着更加先进的建筑设计理念,在不同类型的酒店中进行了酒店建筑特色化设计的实践。在众多丰富且具有特色的成功实践中,可以发现国外酒店建筑设计正朝文化多元化、设计个性化方向发展,酒店建筑在世界范围内产生了显著的影响,并为我国酒店建筑设计提供了参考和借鉴。

二、国内酒店建筑文化的研究历程

国内学术界对于酒店建筑文化的研究,起始于20世纪80年代末,起步较国外晚,距今大约30年之久,经历了初步萌芽阶段、缓慢起步阶段与繁荣发展阶段,并在现阶段持续摸索和前进。其中以2012年为界,2012年之前的相关文献研究每年不超过10篇,2012年至今(包含2012年)的相关文献研究每年均保持在10篇以上。

(一)初步萌芽阶段

1989年开始至2003年,是国内酒店建筑文化研究的初步萌芽阶段。国内关于酒店建筑文化的相关研究仅有一篇,即张国献(1989)首次从酒店企业文化构成的角度指出酒店建筑风格属于酒店企业文化最外层的硬文化层,并指出酒店建筑风格讲究环境的和谐和氛围的创造,要求景观环境、空间环境、室内色彩环境与气氛的统一。该学者虽未直接指出酒店建筑文化,但从酒店环境与氛围的统一中可以看出酒店建筑所呈现出来的文化气息,且酒店建筑风格本身也是一种文化表现,由此将酒店建筑风格当成酒店建筑文化的一部分是不为过的。这一阶段我国酒店建筑文化初露头角,为后续的研究奠定了理论基础。此外,该阶段还涌现了一些建筑领域学者的著作,如刘振亚、林川和滕小平编著的《旅馆建筑设计》,吕兴宁、徐怡静编著的《旅馆建筑》,唐玉恩、张皆正主编的《旅馆建筑设计》以及李艾芳编著的《国外当代旅馆建筑设计精品集》等。虽然这些著作与酒店建筑文化没有直接的联系,但都涉及对酒店建筑设计文化融入方面的探讨,对酒店建筑文化的研究具有一定的参考价值。

(二)缓慢起步阶段

随着时间的推移,从2004年开始直到2011年,国内酒店建筑文化的研究进入缓慢起步阶段。其特点表现为:研究数量逐渐增多,多集中于理论层面的探讨,且相关的硕士论文只有一篇。孙韬(2005)在其硕士论文中指出,文化因素是度假酒店的构成因素之一,且文化因素包括当地的建筑风格、民族风俗习惯、装饰和绘画艺术等。该学者明确指出建筑风格是一种文化,无形之中也证实了酒店建筑风格是酒店建筑文化的构成要素。紧接着李文浩(2006)以坐落于乌鲁木齐市的君邦天山大酒店为实例,指出新疆建筑及其室内设计是新疆地域文化最直接的体现,为酒店建筑赋予地域文化特色,暗含了酒店建筑的文化属性。费寅(2006)首次提到"酒店建筑文化"一词,指出酒店建筑文化是构建酒店文化氛围的策略之一,通过酒店建筑形式让旅客感知形成酒店建筑的文化背景、历史传统、民族思想感情和人文风貌。在此基础上,宋蓓和刁艳华(2010)指出酒店建筑形式是酒店物质文化建设的一部分,与费寅(2006)关于酒店建筑形式的文化内涵的理解保持一致。在这一阶段,有关学者第一次提到"酒店建筑文化"一词,虽然仅是作为酒店文化的一部分,对其进行粗略探讨,但也为接下来围绕酒店建筑文化的相关研究提供了想象空间。从整体来看，该阶段虽未能明确指出酒店建筑文化的概念内涵与特征，但种种迹象均表明，无论是酒店建筑风格还是酒店建筑形式，都是酒店建筑文化的组成部分。

（三）繁荣发展阶段

自2012年开始，国内关于酒店建筑文化的相关研究进入繁荣发展阶段，并涌现出许多研究成果。学者们似乎找到了研究酒店建筑文化的出发点，但仍未直接对酒店建筑文化展开探讨，而是从酒店建筑设计入手间接地表达酒店建筑文化的各个元素。学者们纷纷认识到酒店建筑文化属性的重要性，开始将关注点聚焦于文化在酒店建筑外观设计、空间设计、氛围营造与装饰设计等方面的表达，且多以实际案例为支撑进行相关研究，具有一定的实际指导意义。陈昌勇（2012）认为，精品酒店是对当地地域建筑文化的融合、保护和发扬，其建筑设计多吸收当地的建筑文化元素和建造技术，以此呈现一个具有地域文化特色的酒店建筑。王智杰和王明飞（2013）以泰国清迈塔玛琳乡村度假酒店为实例，指出酒店建筑的地域性文化表达在酒店建筑的各个方面，包括建筑总体规划、色调、材料和空间形态，都承载着建筑的文化精神和气息。还有许多学者从不同的酒店类型出发，研究其酒店建筑设计的文化表达。张春阳和范凌云（2019）进一步指出，建筑的另一种境界还存在着一种纯粹的精神，即"建筑精神"。这是继"酒店建筑文化"一词之后又一次明确指出酒店建筑文化的重要性。从这一阶段可以看出，国内学者热衷于酒店建筑设计的研究，且从不同的角度和层面指出了酒店建筑设计的具体文化表达，这些丰富多彩的文化表达在一定程度上彰显了酒店建筑文化元素的多元性，显然是酒店建筑文化研究的一大飞跃。

到目前为止，国内关于酒店建筑文化的研究仍侧重于酒店建筑文化的构成要素方面。从一开始关注到的酒店建筑风格到酒店建筑形式，再到酒店建筑空间布局、酒店建筑色彩与材料等多元化元素，内容丰富，文化表达各异，是酒店建筑文化的构成要素研究逐渐走向繁荣的过程。从酒店建筑文化的理论研究来看，尽管国内对于酒店建筑文化的相关研究成果众多，但酒店建筑文化本身的研究较为稀少，尤其关于酒店建筑文化的定义始终没有统一的定论。由此看来，酒店建筑文化这一主题的系统研究还有很长的路要走。从酒店建筑文化的实践设计来看，在信息全球化与文化多元化的时代，我国开始借鉴国外酒店建筑设计的理念和模式，在装饰、布局、建筑技术、文化特色方面逐渐融合国外酒店建筑风格，有利于我国酒店建筑设计与国际接轨。但就目前酒店建筑文化的发展现状来看，在激烈的竞争环境中，我国酒店在利益驱动下，开始模仿照搬国内其他或者国外的酒店建筑设计，出现了酒店建筑风格或形式趋于同质化、酒店建筑设计过度中式化与复古化抑或是过度西式化与现代化、与当地地域环境氛围相背离、生态环保理念缺乏等问题，这些问题导致酒店建筑难以突出地域特色，严重制约着我国酒店的持续发展。未来只有解决好这些现存的棘手问题，我国的酒店建筑才能具有鲜明的文化特色和地域风貌,进而吸引和留住更多的顾客。

第二节 酒店建筑文化的研究综述

随着酒店行业的不断发展,酒店建筑文化的重要性逐渐被行业和酒店经营者所认知,自然而然也吸引了众多学者和研究者的关注,相关研究成果日渐增多。以"酒店建筑文化"为主题进行文献检索发现,大多数文献都集中探讨了某一特定文化与酒店建筑设计融合的问题。酒店建筑设计是伴随酒店的诞生而出现的,国外由于建立酒店的时间较早,19世纪初就开始注重酒店建筑的内在功能,并强调酒店建筑设计的文化内涵,对酒店建筑设计的理论研究和实践探索在深度和广度上都较为深入,形成了比较成熟的理论和实践体系。而我国对于酒店建筑设计的关注则在20世纪80年代后,对于酒店建筑设计与文化的融合研究主要分布在酒店文化与酒店建筑研究、地域文化与酒店建筑设计的融合研究、传统文化与酒店建筑设计的融合研究、历史文化与酒店建筑设计的融合研究四个方面,其中尤以地域文化与酒店建筑设计的融合研究这一板块的研究数量居多。

一、酒店文化与酒店建筑研究

建筑是最直观、最真实的文化表达,往往通过建筑风格、建筑形式、建筑空间、建筑材质等方面进行表达。酒店建筑总是存在于一定的人文环境之中,是实物体与虚文化的有机统一。

张国献(1989)首次提出酒店企业文化由三大部分构成,是一个有着三个层次的同心圆,其中最外层的是硬文化层,其首先表现为酒店的建筑风格。

费寅(2006)从构建酒店文化氛围的角度,提出酒店建筑文化是整个酒店文化氛围的重要组成部分。

宋蓓和刁艳华(2010)则与前两位学者不同,将酒店企业文化分为物质文化、精神文化、制度文化、行为文化、服务文化以及绿色文化六方面,并指出酒店建筑形式是酒店物质文化建设的一部分,通过酒店建筑形式让人们感知和欣赏它们背后的文化背景、历史传统、民族思想感情及人文风貌等。

朱金英和曹强元(2011)以酒店物质文化为题,指出酒店建筑形式是酒店给人最直观的印象,将其与地方历史传统文化联系起来,形成一种更高层次的审美感受与美学追求。

于霞和谢春山(2014)从酒店物质文化、行为文化、制度文化与精神文化四方面重点分析了酒店文化建设的对策,指出酒店物质文化中的酒店建筑文化是酒店文化最具特色、最具魅力的外在物质要素之一，酒店建筑的外观设计既要注重地域性又要体现文化品位和审美价值。

林和彬（2019）则指出理性主义赋予酒店建筑躯壳，文化植入赋予酒店建筑灵魂。

综上可以发现，早在20世纪80年代末，我国学者就已经认识到酒店建筑风格是酒店文化的重要组成部分，酒店文化与酒店建筑存在着密切的联系。此后，学者们出于各自研究目的与角度的不同，对酒店文化进行分类，并将酒店建筑形式归类于酒店物质文化，指出酒店建筑形式是酒店物质文化的构成元素。众位学者向我们展现了酒店建筑形式或风格、酒店物质文化与酒店文化之间的相互联系，层层递进，无不说明酒店建筑本身也是一种文化，这为我们进一步深入地理解酒店建筑文化提供了理论依据。然而，尽管多位学者均指出酒店文化与酒店建筑之间的相互联系，并在一定程度上预示了二者的结合即酒店建筑文化的发展趋势，但仅仅侧重于酒店建筑形式或风格是酒店物质文化与酒店文化的组成部分，并未对酒店建筑文化本身的发展历程、概念内涵、基本特征、文化属性等理论性的知识进行系统深入的分析。除此之外，在探讨酒店文化与酒店建筑时，很明显将酒店建筑与酒店文化作为两个独立的概念进行展开，二者之间缺少内在的联系；而酒店建筑文化作为一个整体，要想对其进行深入研究，就必须把握好酒店建筑与酒店文化之间的内在联系。

二、地域文化与酒店建筑设计的融合研究

地域性，相对于全国性，指受地理位置、气候条件等因素的影响不同于其他地区的特征。地域文化基于地域性应运而生，突出表现某一区域的文化风貌、文化特点与文化价值。依托于地域文化进行酒店建筑设计，一方面使得酒店建筑的整体外观尽显独特，进而提升酒店建筑的美感；另一方面通过酒店建筑向大众传达特有的地域文化，起着文化传播的媒介作用。酒店建筑设计中地域文化的凸显是以独特的地域元素为基础的。李文浩（2006）立足于新疆传统地域文化要素，选材和用色凸显地域特色，对君邦天山大酒店外观建筑进行设计，形成了伊斯兰建筑的总体形象，使得外观陈旧的建筑焕发新的生机活力。黄燕鹏和李振华（2008）通过分析岭南建筑风格，总结得出岭南酒店建筑设计的纳景造园与融入自然、通透空间与光洁材质、灵活布局与以人为本、重自然光与亲水文化、洋为中用与中西结合五大理念，极大地呈现出具有独特地域文化的岭南酒店建筑。以罗文兵和李跃虹等为代表的学者（2009）着手于丽江悦榕酒店建筑的设计，探讨了丽江自然环境与传统纳西族文化的有效结合所呈现的地域文化在酒店建筑上的体现。此外，在地域文化与酒店建筑设计相结合的过程中，也涌现了不同类型的酒店建筑设计与地域文化的融合，主要有精品酒店、主题酒店、度假酒店与星级酒店四大主要类型。

1. 精品酒店建筑设计与地域文化的融合研究

精品酒店具有追求精致化、精细化、小众化建筑风格的特征，是最强调文化特色，

特别是与地域文化融合的酒店类型。陈昌勇（2012）从传统地方建筑文化元素、地方材料与营造方法、景观园林的地域特色三方面分析了当代精品酒店的地域文化表达。以富春山居度假村为例，该精品酒店建筑的构思来源于《富春山居图》，并充分糅合了徽派建筑特色与东南亚的建筑风格，通过传统地域风格与异域风格的兼收并蓄，实现了酒店建筑的精致化、地域化与异域化。三亚悦榕庄也是一个成功案例，该酒店凭借其靠海的地理位置，采用酒店建筑架空的方式，用当地热带植物与水体进行装饰布局，与建筑架空空间完美结合，使得建筑与环境融为一体，体现出"天人合一"的自然和谐思想。任洋（2014）提到建筑文化亦是地域文化，从实践的角度探析了基于当代地域文化的重庆十八梯·大巷子精品酒店建筑设计。吴昕（2015）指出，精品酒店文化特色塑造的核心在于人们的"文化体验"，酒店的建筑语言与空间设计要与酒店所在地的特定环境和人们的生活意识形态紧密相连。王佳（2015）在此基础上以大理喜洲海心亭酒店与大理喜洲杨家登精品酒店为案例，解析了少数民族地区精品酒店建筑设计的地域文化表达。

2. 度假酒店建筑设计与地域文化的融合研究

关于度假酒店建筑设计与地域文化融合研究的文献较多，主要集中在酒店景观设计、室内空间设计以及酒店整体设计等方面。在酒店景观设计方面，李海珠（2012）探讨了海南度假酒店的地域文化设计，即通过提取本土文化中生动且有代表性的文化符号，将其巧妙运用到酒店建筑外观、园林分布、景观小品与植物配置四方面，从而赋予酒店景观设计以文化内涵。在酒店室内空间设计方面，张殿（2013）研究了度假酒店地域文化的表现，将地域文化在酒店中的表达分为固定特征因素（平面布局、尺度与体量、建筑材料）、半固定特征因素（色彩装饰、景观小品）与非固定特征因素（服饰、活动、特色服务等）。在酒店整体设计方面，徐建博（2015）提到云南度假酒店的地域性创作本质是营造场所精神，总结了云南度假酒店建筑设计的地域特色需着眼于平面布局、功能空间、主题色彩三方面，并在安宁玉龙湾度假酒店项目中得以运用。此外，还有一些学者提出了其他的想法，如徐士福（2015）总结出地域环境特征、当地建筑传统和文化特色、当地传统材料是构成旅游度假酒店地域文化性设计的三大表达形式；张微平（2019）指出地域文化与度假酒店建筑设计的有效融合，通过提取地域文化中合适的元素，将其融入度假酒店的建筑外形、空间结构与园林景观之中，使得度假酒店建筑设计达到形神兼备的效果。而随着度假酒店的多样化发展，更多有关度假酒店建筑设计的地域文化研究也逐渐呈现，如乡村度假酒店、温泉度假酒店、休闲度假酒店、小型度假酒店、生态度假酒店等个性化、主题化的度假酒店建筑设计的地域文化表达研究。

3. 星级酒店建筑设计与地域文化的融合研究

星级酒店是酒店形式中的又一大类型，尤以高级性、高档性为显著特征。赵国华（2012）通过汲取山西民居的传统元素从建筑设计、交通布局、景观设计与室内设计等方面分析了山西吕梁千年旅游景区五星级酒店建筑设计与地域文化的融合方式。而王毅

（2013）则在探讨星级酒店建筑设计与地域文化融合时，引入了更为抽象的概念——"地域建筑"，认为地域建筑是地域文化在物质环境和空间形态上的体现，并从地景（具有地域标志性的景点）、原型（建筑背后所蕴含的地域文化）、建构（现代材料与地域材料的有机结合）三方面解读了星级酒店——黄龙瑟尔措国际大酒店的建筑设计。除此之外，城市文化归根结底也是一种地域文化，刘一润（2019）从酒店建筑外部设计与建筑材料的应用、酒店建筑内部空间设计两方面分析了城市文化在星级酒店——扬州香格里拉大酒店建筑设计中的具体表现。

4. 主题酒店建筑设计与地域文化的融合研究

2001年10月，中国第一家主题酒店威尼斯皇冠假日酒店在深圳挂牌正式成立，该酒店建筑设计融合了中世纪意大利威尼斯城市的文化理念，具有异域文化风貌。巫翔等（2010）认为主题酒店建筑设计应该具有一定的地域特色和代表性的文化主题，将地域文化融于建筑设计之中，进而彰显主题酒店建筑的地域性与文化性。尹洪弟等（2011）指出主题酒店的地域文化特色与魅力表现在建筑设计理念与建筑外形上，文化特色与主题酒店建筑设计具有紧密的联系。李阳和李欣叶（2020）则从对当前特色地域文化酒店建筑设计方案的层次分析法的比较研究入手，介绍了特色地域文化主题酒店按照层次分析法制定的发展目标，以及特色地域文化酒店建筑设计方案的实际措施建议。

综上文献研究可以发现，地域文化在酒店建筑设计上的表达既可以是酒店所在地的本土文化，也可以是非酒店所在地的外来文化。

从地域文化的角度来看，众多学者通过地域文化特色元素、传统建筑元素的提取以及对当地自然环境理念的尊重两大着力点，进行酒店建筑设计，以此达到地域文化与酒店建筑设计的充分融合。这些地域特色文化元素集中体现在建筑材料、色彩、空间布局理念以及标志性文化产品等方面。对于这些文化元素的运用，各位学者都能认识到传统文化元素与现代文化元素的结合理念，而不是一味地将传统文化元素原封不动地粘到酒店建筑设计中，这显然是学术界和建筑界在酒店建筑设计中对于文化元素灵活性运用的进步。

从酒店类型来看，总结得出各位学者对于地域文化与酒店建筑设计融合的研究主要涉及精品酒店、主题酒店、度假酒店与星级酒店等，通过把握地域文化特色与不同类型的酒店特点，来打造具有文化特色的不同类型酒店建筑。

无论是地域文化元素的运用还是不同类型酒店的选取，学者们都能够巧妙地将二者结合起来，为读者呈现一个具有地域文化性质的酒店建筑设计，后者不仅能从整体上认识到地域文化融于酒店建筑设计中的方式，还能从部分上把握地域文化在不同类型酒店建筑设计中的表现。在时代的发展浪潮中，许多学者都能将地域传统文化与现代文化相结合，并用于具有时代气息的不同类型的酒店建筑设计中，为酒店建筑文化这一主题的研究奠定了基础。但仍存在一定的不足之处，各位学者仅仅围绕地域文化是如何应用到酒店建筑设计中的，重在阐述酒店建筑设计的过程，缺少二者合二为一时对于酒店建筑文化本身的深入分析，也就是从物质形态上赋予酒店建筑以文化气息，却未能从整体角度进一步探究成型之后的某一酒店建筑文化的精神内涵与表现特征。

三、传统文化与酒店建筑设计的融合研究

传统文化与酒店建筑设计的融合主要体现在宏观的传统文化元素和微观的传统建筑文化元素在酒店空间设计、装饰设计以及景观设计的运用上。

1. 宏观的传统文化元素

目前，学者针对酒店建筑设计的研究所融合的传统文化包括儒家文化、邹鲁文化、纳西族文化、晋商文化、妈祖文化、唐宫廷文化、红色文化、茶文化、武夷文化以及剪纸文化等，其中尤以儒家文化的运用居多。吴雪飞（2013）以儒家文化为母体，总结儒家文化在中国传统建筑与当代建筑中的表达元素，主张基于儒家文化理念下的建筑形式、色彩与材料等来设计主题酒店。张力强（2012）以唐代宫廷文化为原型，总结出唐代宫廷建筑的线条美、结构美、色彩美以及纹样美，并提取其文化元素与传统园林风格相结合，将其运用到主题酒店建筑设计当中，力求向大众呈现具有传统文化气息的酒店建筑。

2. 微观的传统建筑文化元素

目前来看，相关学者对传统建筑文化元素的引用，主要有徽派建筑文化元素、满族民居建筑文化元素、晋南民居建筑文化元素、紫禁城建筑文化元素以及琼北汉居建筑文化元素等，其中尤以徽派建筑文化元素的运用居多。何顺平（2016）以奇墅湖中坤国际大酒店景观设计为例，将徽州建筑文化元素运用到该酒店的景观规划中，营造独具特色的体验感受。王思锴（2020）在总结琼北汉居传统建筑特点的基础上，提取其文化元素将其运用到文昌八门港主题民宿空间内部的营造与潭牛镇大庙村鹿饮溪民宿建筑造型的设计上，达到传统琼北汉居文化与当代主题民俗建筑设计的有效融合。

通过以上文献综述可以发现，学者们对我国传统文化的应用是丰富多彩的。不管是宏观上的传统文化还是微观上的传统建筑文化，学者们都是基于先细致分析传统文化和传统建筑文化的特点，再根据酒店建筑情况进行文化融合设计，这是学者对于传统文化与酒店建筑设计融合研究中的显著特征，值得未来的研究人员学习。在传统文化元素的提取方面，学者们大多是以某一传统文化为原型，深入分析该传统文化在传统建筑或当代建筑上的运用，这样的步骤既具有实用性又减少了学者从万千文化元素中筛选的时间，在此基础上选取合适的元素应用到现有的酒店建筑设计当中。同理，在传统建筑文化元素的提取方面，学者们先分析总结当地特有的传统建筑特点，再将提取的元素糅合到酒店建筑设计中。

纵观学者们在传统文化与酒店建筑设计融合方面的研究，一方面为酒店建筑设计提

供了更多的文化源泉，另一方面为酒店建筑文化的形成奠定了坚实基础。当然，二者的融合研究也存在一定的局限性，对此进行研究的学者们同样是将传统文化与酒店建筑设计割裂开来，只是单一地将传统文化元素应用到酒店建筑设计之中，并未深入讨论二者融合之后的整体形态所呈现的特征与影响，难以让读者从整体上识别和理解酒店建筑文化的相关理论。

四、历史文化与酒店建筑设计的融合研究

相较于地域文化与传统文化，学者们在历史文化与酒店建筑设计融合方面的研究偏少，主要集中于酒店建筑与景观设计、对旧建筑的改造再利用等方面。

从酒店建筑与景观设计方面来看，我国少数民族地区历史文化资源的丰富性，为建立民族博物馆文化主题酒店提供了多样的文化元素。张斯齐（2013）从建筑主题外观、园林设计、室内装修及实物展陈等方面分析了民族博物馆文化主题酒店设计的可行性。侯秀如（2018）总结了地域历史文化在酒店建筑及景观设计上的具体表现手法，以桂林孔明台酒店为例，从建筑形式、色彩、材料与元素符号等方面提取桂林孔明台历史文化元素，并将其运用到孔明台酒店的建筑设计及景观设计当中。

从旧建筑改造再利用方面来看，黄荣荣和夏海山（2009）曾指出，旧建筑往往是在不同历史环境的背景下形成的，反映出特定的历史社会风貌及工程艺术成就。旧建筑在一定程度上是文化历史演进的产物，具有一定的历史文化价值，旧建筑再利用也就是历史文化的再现抑或是对于历史文化的进一步传承与弘扬。樊淳飞等学者（2016）将历史文化视为一种设计资源，将工业历史文化融入主题酒店设计的旧建筑改造中。旧建筑改造与历史文化的融合设计具体体现在整体规划、历史场景再现、文化活动场所营造以及工业标志物再利用等方面。通过旧建筑再利用来打造文化精品酒店是历史文化与酒店建筑设计相互融合的表现。邹煜凯（2017）立足于建筑历史文脉、地域文化特色、原创设计语言以及绿色生态技术的理念，提出旧建筑在空间布局、空间功能、交通流线、室内细节设计等方面的设计策略，进而实现建筑体量、立面与结构技术的设计，打造富有文化底蕴的精品酒店。

通过上述文献研究可以发现，学者们较多地关注民族与地域历史文化在酒店建筑设计中的融合以及旧建筑再利用的酒店设计。无论是民族历史文化还是地域历史文化，学者们都立足于历史文化的特色元素，选取合适的元素融入酒店建筑设计与旧建筑再利用的设计之中。这些研究成果为酒店建筑文化研究的开展提供了一个时间上的特征维度，即酒店建筑文化具有历史性。当然，尽管相关研究成果为酒店建筑文化的研究提供了参考，但就目前而言，该方面的研究成果仍旧偏少，要想进一步深入研究酒店建筑文化，仍需要更加全面而翔实的资料。

综上所述，学者们不同视角、不同层次的研究都在一定程度上为酒店建筑文化研究

做出了努力与贡献。首先，从酒店文化的视角指出，酒店建筑风格与形式是酒店文化与酒店物质文化的构成要素，初步表明了酒店建筑与酒店文化之间存在紧密关系。其次，依据文化的类型与酒店的类型，系统论述了空间维度上的地域文化、时间维度上的传统文化与历史文化融入酒店建筑设计中的方式，不仅为酒店建筑文化的研究奠定了理论基础，更为其提供了丰富的实践指导。但学者们的相关研究还存在一个共性问题，即只是重点分析了地域文化、传统文化、历史文化与酒店建筑设计的融合，初步地从酒店建筑设计的文化表达上彰显了酒店建筑文化的构成要素，研究较为浅显，并未从整体的角度把握酒店建筑文化本体的其他相关内容，这一现象造成了酒店建筑文化这一主题方面的研究稀缺，需要再做进一步的研究。另外，上述研究也使得酒店建筑文化的地域性、传统性与历史性特征的研究成为可能，为未来的酒店建筑文化研究提供了方向。

第三节 酒店建筑文化的基本理论

酒店建筑作为外在实体与内蕴空间的统一体，既要满足顾客对其使用功能的要求，又是酒店文化的载体。酒店建筑不仅以其实体的造型、结构、风格与装饰，向人们传达酒店的某种文化信息，建筑空间也同样具有十分广泛的文化内容。而酒店建筑文化的本质与内涵是决定酒店建筑文化的根本属性，是与酒店文化的其他方面相区别的内在根据。因此，要深入认识和理解酒店建筑文化，必须把握其内在的本质及其文化内涵，同时掌握其发展的理念与趋势，以期为酒店建筑文化的构建奠定良好的理论基础。

一、酒店建筑文化的本质与内涵

（一）酒店建筑文化的本质

酒店建筑含有社会文化意义，而社会文化借由酒店建筑及装饰得以具体化。海德格尔（Martin Heidegger）曾说，"建筑本身并不代表任何事物，而在表达什么，它使某些事物呈现出来"，酒店建筑亦是如此。酒店建筑除了具有丰富多彩的外在形体表现外，更具有极为丰富的历史内涵和深刻的文化寓意，它是酒店文化的外在表现形式之一，更是酒店文化的重要组成部分。

1. 酒店建筑文化的本质概述

酒店建筑是酒店可见的物质实体，是酒店给人最直观的印象。酒店建筑也总是存在于一定的人文环境中。不同类型的酒店建筑风格差异较大，高星级酒店外观建筑豪华壮观，内部装饰富丽堂皇，以映衬高星级的格调和档次；经济型酒店建筑规模不大，造型较为统一，但能较好地提高品牌辨识度和宣传效应；主题酒店以某一特定的主题来体现酒店建筑风格和装饰艺术，历史、文化、城市、自然、神话、童话、故事等都可成为酒店借以发挥的主题。面对如此造型迥异、形式多样的酒店建筑风格，想透过现象直接探索酒店建筑文化的本质，显然不是易事。加之，我国旅游产业以异常迅猛的速度发展，学者们对建筑文化的研究起步已然较晚，从相关文献检索中可以看出，学者关于酒店建筑文化的成果或观点相对较少，更多的是从酒店建筑设计的角度来分析和探讨酒店建筑文化的本质，研究结论也各不相同。

谢浩、朱雪梅（2008）认为，优秀的酒店建筑设计必须充分体现五个理念，即人性化、实用性、超前性、经济性和艺术性。胡海英（2013）认为，旅游酒店空间的文化性设计主要通过承袭性、地域性、民族性等来体现，以使游客在旅游酒店空间中对当地的建筑特色、民俗风情等都有所感悟，来满足人们对物质和精神生活方面的需要。王文博、李强（2020）认为，酒店建筑设计要遵循地域化场所的文化要求，在建筑设计中体现出独特的地域内涵与文脉。李松（2021）认为，将数字媒体艺术注入建筑文化遗产非常必要而且可行，对于传承和保护建筑文化遗产将起到重要作用。综上来看，学者们更多地关注于酒店的外部形态、设计理念、酒店功能、技术及文化氛围营造等方面，或者地域文化和生态环境的单方面研究。尽管没有大篇幅论述酒店建筑文化的本质表述，但多数学者研究酒店建筑设计理念始终离不开对酒店建筑文化性的探讨，也在一定层面上对酒店建筑文化的本质有所反映。

鉴于以上认识，我们认为，酒店建筑文化是酒店文化体系中的物质环境所体现出来的精神意识形态，即用建筑设计的理论与方法，按照酒店使用功能和精神需要建立的与大自然分隔开来的无形与有形空间，是酒店建筑所体现的文化。

2. 酒店建筑文化的本质特征

酒店建筑文化属于建筑文化范畴，地域性、民族性、时代性、人文关怀均可以作为酒店建筑文化共同的抽象属性。地域性是指吸收本地的、民族的、民俗的风格以及本区域历史所遗留的种种文化痕迹。地域性是酒店建筑文化最基本的特点。民族性是指不同国度、不同民族的酒店建筑文化给人带来不同的住宿体验。时代性是指一个时代有一个时代的文化，现代酒店建筑与近代酒店建筑不同，近代酒店建筑与古代酒店建筑不同。人文关怀可以起到阐释说明酒店理念的效果，好的酒店设计离不开蕴含人文思想精神的装饰和阐述。除此之外，酒店建筑文化还具有功能的限定性和意义的双重性两种关键特征。

（1）功能的限定性

建筑是利用自然界的材料，经过规划、设计、施工修建而造成的供人类物质生产、生活使用和精神文化享用的具有一定形体的地上物。我们知道，建筑文化是由建筑形态所表达的，观者通过视觉活动直接注意到建筑形体，建筑设计者的意图也是通过形态的建筑语言展示给人们，酒店建筑文化则通过酒店的空间来体现。酒店建筑首先要满足顾客的住宿需求，因此，酒店建筑的形态既取决于建筑设计者的主观构想，又受制于功能、材料、技术、自然状况、艺术等诸多因素的影响，没有一间间客房的固定形态作为构思基础，设想再好也没有实际意义。所以，酒店建筑较之其他建筑来说随意性要小很多，不能有较大的自由度，它必须在一定程度上受其功能的约束。

此外，酒店建筑文化是酒店文化的重要组成部分，其本质内涵从属于酒店文化。酒店文化的内容是多而复杂的，其涉及管理学、文化学、经济学、建筑学等多个学科，物质与非物质文化的综合。因不同等级、不同类型、不同地域的酒店文化不同，形成了各自的酒店建筑及其文化。如世界著名的酒店公司希尔顿、凯悦、喜来登、假日酒店等酒店集团都有各自一套酒店标准和酒店文化模式，但建筑文化方面不一定一样。尽管酒店的住宿功能以及酒店文化的前提限定了酒店建筑文化的发展，但由于这两者具有相对稳定性，也造成了酒店建筑文化的相对稳定性。

（2）意义的双重性

建筑文化是人类创造建筑这一社会现象，是非自然的，是对其人化本质的肯定。建筑文化并非指称那些可感的、有形的、实际的建设文明成果，而是指称那些文明成果中历经沧桑巨变而经久不衰的、稳定的、深层的、无形的东西。建筑文化的复杂性和综合性，使得建筑文化同时具有物质与精神双重意义。酒店建筑文化在这一点上体现得尤为明显。酒店建筑文化一方面是物质表现，由物质材料组成，重在体现酒店的使用功能；另一方面是精神内涵，通过酒店建筑形式可以让人们感知形成它们的文化背景、历史传统、民族思想感情和人文风貌。酒店建筑文化的双重性将酒店建筑形式与地方历史文化传统联系起来，这是一种更高层次的美学追求，它能给旅客在心灵上带来深深的震撼，如我国酒店的园林庭院、小桥流水、宫阙楼阁、雕梁画栋，往往会给人以耳目一新的感觉。酒店文化的物质形式和精神表现是相辅相成、密不可分的。酒店建筑文化不能离开其建筑形式，酒店建筑的外在形式先于含义直接呈现在人们眼前，被人感受、欣赏，尽管人们可能尚不理解这座酒店建筑的深刻内涵，但其物质形态就可使人们产生审美快感，内心感到愉悦。

（二）酒店建筑文化的内涵

通过分析与解读酒店建筑文化的定义及其本质特征，我们认为，酒店建筑文化是酒店文化体系中的物质环境所体现出来的精神意识形态，即用建筑设计的理论与方法，按照酒店使用功能和精神需要建立的与大自然分隔开来的无形与有形空间，是酒店建筑所体现的文化。本书尝试对酒店建筑文化的内涵做出如下解读。

1. 酒店建筑文化是酒店物质文化的重要内容

酒店文化是酒店硬件与软件相结合的一个系统，由表及里、由浅入深可以分为四个层次：物质文化、行为文化、制度文化和精神文化。酒店建筑文化属于表层物质文化的范畴。酒店物质文化是酒店文化的重要组成要素，并不是简单地指酒店本身的物质构成，而是指酒店内外物质环境与产品的文化特色以及顾客对它们的审美体验与文化感受，是酒店通过可视的一切客观实体所表达和折射出来的文化特点与内涵。酒店建筑文化最先被顾客所感知，顾客在很短的时间内可以从酒店的建筑、装饰、摆设等形成对酒店的初步印象，初步印象的好坏成为消费者选择酒店的第一关。酒店建筑风格、庭院环境的布置和客房格调等决定了酒店的基调，让顾客就算不了解该酒店的历史意蕴或酒店文化，也能从精心设计的任意细节体验到酒店的文化内涵。因此，酒店建筑文化首先应属于酒店物质文化范畴。

2. 酒店建筑文化是功能和精神相统一的文化

大型酒店建筑物常处于城市的重要位置或著名风景区内，因此酒店建筑的造型及风格，总能充分地反映自然环境的美学特征、人文历史的深厚积淀、民族传统文化和现代艺术元素的融合和统一，特别强调意境、格调和气氛的渲染。酒店从大堂到客房、到餐厅，从地板到墙壁、到天花板，无论是外在的有形装饰，还是酒店的功能布局、环境烘托、灯饰等氛围营造都能体现文化主题和内涵。如广州白天鹅宾馆凭临风光旖旎的白鹅潭，面向天光水色的三江口，主楼采用折线形的造型及微微弯曲向上的形象，犹如展翅腾飞的美丽天鹅，充分体现了酒店建筑文化的功能和精神的融合统一，给人以美的视觉享受和无穷的遐想。

3. 酒店建筑文化服务于酒店经营

酒店建筑围绕酒店经营而展开设计，无论是酒店的空间文化营造还是功能布局，都必须服务于酒店经营。如果说酒店功能布局是酒店建筑文化的躯体，那么空间文化则是酒店建筑的灵魂。酒店建筑文化应与酒店的经营特点、名称、所处位置的环境及区域文化和谐统一，以更好地服务于酒店经营。具体来说，酒店的功能布局是否合理直接影响酒店的运作效率和方便程度，将酒店功能区域进行明确划分，员工与顾客的流动、人与物的流动、后台与前台的流动必须通畅，不能交叉，有助于酒店经营管理。总之，酒店建筑设计规划是围绕酒店经营进行的，酒店建筑文化自然也是服务于酒店经营的，只有将如何才能满足顾客的需求，提高顾客的满意率，怎样能给顾客留下深刻印象，更多地吸引顾客，怎样能多节约费用等都考虑进去了，酒店才有生命力，才会成功，酒店建筑文化的价值才能体现出来。

4. 酒店建筑文化是一种综合性文化

酒店建筑文化本身所处的历史环境受到地理自然环境、政治经济状况及建筑设计者与酒店经营者的思想意识等因素的影响。酒店建筑文化已不再是单一的建筑实体，而是各种因素影响下的综合体。酒店建筑除了物质要素之外，还渗入了各种精神与文化意识，反映着物质、精神、文化三方面的内容。此外，酒店建筑文化通过酒店的空间来体现。空间的创造受到材料、技术、艺术、功能、自然状况等诸多因素的影响，因各个地域这些因素的不同，形成了各自的酒店建筑及其文化。再者，酒店建筑文化的内涵还需通过历史的延续性、时代的延展性、文化的关联性、民族的习惯性、地域的环境性等方面反映出来。因此，酒店建筑文化是一种综合性文化。

二、酒店建筑文化的理念与趋势

酒店建筑文化随着经济的发展、社会的进步、行为方式的改变、审美情趣的变化，反映着时代的气息，在满足酒店经营和发展需要等方面具有重要的意义。具有鲜明特色的酒店建筑文化不是简单的建筑空间再冠以"××风格"就可以得出的，应该是建立在地域文化、民族文化和历史文脉之上，平衡功能化和地域化，实现现实与理想的结合。近年来，酒店建筑纷纷改头换面，以一种全新的面貌展示在世人面前，而酒店建筑文化的理念正渐渐呈现出更加多样和时尚的理念和趋势。

（一）酒店建筑文化的理念

酒店建筑文化的理念不仅体现酒店建筑设计者的思路，还代表着酒店经营者的思想，甚至反映着所在城市的经济发展程度，同时也标志着经营和发展的综合实力。酒店建筑文化的理念具体体现在实用功能、人文关怀、生态环保、经济合理和艺术风格等方面。

1. 以实用功能为基本原则

酒店的市场定位不同，服务的顾客群体也会不同，对实用功能要求的适用性也不同。酒店建筑文化的实用性理念就是要求酒店建筑的功能必须考虑不同顾客的需求特点，同时要方便酒店的经营管理。一方面，酒店建筑的选址应该与当地的城市规划要求相符合，尽可能与车站、码头、航空港等各种交通路线联系方便。无论酒店是何种级别，必须具备齐全的设备，保证基本的供水、供电、供冷、供暖、供饮、供食和消防安全。随着科技的进步，其他配套设施也在不断增多和升级，带工作间的套房越来越多，智能化服务也越来越到位，功能也越来越综合。另一方面，酒店建筑设置应科学合理。首先，门厅的空间应足够大，能满足功能的要求，并合理组织各种人流路线，缩短主要人流路线，避免人流相互交叉和干扰。其次，客房、套房的内部面积设计也应符合标准。在餐饮方面，顾客入座路线与服务员工作路线没有重叠。各大型多功能厅、宴会厅都配有备餐间，大空间的分隔灵活轻便，隔音性能良好，随时满足顾客的各种需求。另外，酒店的配套康乐设施集中布置，便于管理和使用，避免噪声干扰客房区。最后，各种设备用房、机房等都严格设置防火安全措施，并置于人流较少的地方，如地下室等。

2. 以人文关怀为价值取向

酒店作为服务场所，不仅外表要豪华气派，而且更应该注重人性化关怀，酒店建筑空间的各个环节都应充分体现"以人为本"和人性化服务。首先是功能布局的人性化。一个酒店的功能布局如果给顾客使用带来不便，给管理增加成本，不能产生良好的经济效益，那么即使再"先进"，也算不上优秀的建筑。其次是内部配置的人性化。酒店建筑设计要根据酒店的规模，科学合理地进行空间配置，营造优美的内部环境，以及开阔的空间感。如无障碍设计越来越受到关注，现已列入强制性规范中，在一些新的酒店设计中，大堂、餐厅等公共部分的无障碍通道、无障碍厕所等已经得到实现，无疑体现了酒店建筑文化的人文关怀。总之，酒店建筑文化的完美呈现既要满足使用功能的需要和设计的新颖，更重要的是以人文关怀为价值取向。酒店设计在功能上要具有相应的规范和标准，以满足不同国度及不同民族的消费者使用，而酒店的精神取向及文化品位则要考虑人文关怀与情感传递，这是一个酒店建筑文化的精髓所在。

3. 以生态环保为技术标准

"人类只有一个地球"，保护环境、减少污染，是人类生存之道。酒店建筑自然也需统筹考虑，既要绿色、环保，又要时尚、美观。一是原材料方面，既要考虑材料的绿色环保性，同时也尽可能减少能源消耗。酒店在为顾客提供舒适食宿条件的同时，不能以牺牲环境为代价。二是从酒店本身来讲，要提高效益，就要节约能耗、减少投入，应根据预测做出超前的设计，避免未来的重复投入。当今社会是一个低碳型经济社会，进入21世纪以来，我国大力发展节能建筑，建筑装饰材料的节约性与环保性也得到了很大的提高。目前，在我国星级酒店设计中，绿色环保型装饰材料已得到广泛使用，如保温隔热的墙体建材、无毒无污染的室内装饰涂料与材料等。但仍有许多星级酒店设计为了追求奢华与气派，大量地使用天然石材与木材，虽然在视觉上得到了美的享受，却使我国的自然资源遭到了破坏。有资料显示，建筑是资源消耗最大的行业之一，世界平均建筑能源消耗占总能耗的37%。因此，酒店作为能源消耗大户，若想不被自然规律淘汰，就要在经营和设计理念中坚持走可持续发展道路，在酒店设计以及对装饰材料的选择和运用方面体现环保理念和生态价值观。以生态环保为技术标准是对酒店建筑发展提出的新要求，也是酒店业坚持可持续发展的必由之路。

4. 以经济合理为主要前提

酒店是企业，要以尽可能少的投入产生最大的效益，这是市场经济的规律。因此，在酒店建筑文化上也要体现这一理念，重装饰、轻装修，既要考虑合理性，又要体现经济性。过去的酒店服务项目主要以住客为主，而今则呈现大众化、社会化的趋势。酒店餐饮、健康休闲、娱乐购物等普通市民都可参与，市民的婚庆、高考、会友等光顾酒店客房也是常事。然而，随着我国酒店业的迅速发展，浪费现象却逐渐增多，片面追求豪华、忽视投资回报等问题较为严重。因此，酒店应该根据实际需要自主地选择服务功能类别和项目，避免资源的浪费和闲置，使之更好地生存和发展。值得学习的是，澳大利亚、新西兰酒店大堂的装饰、布局，虽然与国内同档次酒店的豪华无法相比，但它们的大堂设计讲究实用，以人为本，就算四、五星级，大堂面积也不会太大。在材料上，常选用较环保的仿石材、木材，讲究色调和谐、协调。通常它们喜欢把大堂自然形成几个区域：摆放沙发的休闲区域，陈列报刊的阅览区域，供上网的商务区域，供饮食的餐务区域等。这些酒店管理的做法值得学习，这样既能最大限度地降低酒店的成本，减少易耗物品的重复投入所造成的浪费，同时减少环境污染。

5. 以艺术风格为吸引要素

酒店建筑文化是一门艺术，与绘画和雕塑一样，需要创造出一种能引起共鸣的形象，但与绘画和雕塑又有区别，因为它需要顾客有另外的反应：决定在这里住下来并且准备再次光临。这就是酒店建筑文化独特而富有魅力的原因所在。具体说来，艺术性就是要使广大顾客从视觉上、心理上产生赏心悦目的感觉。顾客入住酒店，印象最深的往往是酒店建筑的艺术性。如果设计独特、创意新颖、造型别具一格，还可以成为酒店的标志性代表，无形中强化了酒店在顾客心中的形象，增加酒店的品牌优势，给酒店带来可观的社会效益和经济效益。如果酒店建筑的外形艺术表现出色，且加以现代手法进行装饰，就有可能成为城市地标，为城市发展做出贡献。例如，在意大利罗马、佛罗伦萨，酒店客房内一幅幅装饰画、一尊大理石雕塑，油然使你感受到这个国家悠长文化渊源的强烈震撼，使人想起意大利的艺术佳品，想起米开朗琪罗，使人感觉仿佛就置身于文艺复兴时期的意大利，从而产生愿意在这里多住几天的冲动。

（二）酒店建筑文化的趋势

酒店建筑经历了从单纯住宿功能到现在具有各式各样功能的过程，它的装饰设计与社会和顾客需求同步，不同国度、地域和民族的取向各异，不同时代的社会观念致使思维的方式不同，每个酒店的经营目标和价值理念也有所不同，酒店具有了更强的人情味和文化意识。因此，未来酒店建筑文化更是酒店业主对精神的追求和审美的取向，将会呈现更加多样化的趋势。

1. 地域特征表现明显

地域特征是外来的品牌酒店与当地环境和人文相结合的一种形式或手段。对于酒店来说，地域特征也是同一品牌的酒店在自身系统内创造差异性，让自己的固定客户群体在享受标准化服务的同时，还能体会到新鲜感的一个途径。因此，未来酒店建筑文化的地域特征将越来越鲜明，主要表现在以下几个方面：

①酒店建筑体现环境特征，使酒店和环境和谐融合，展现环境地域面貌。

②酒店的主题与地域文化达成一致，进而表达出深层次的文化内涵，能给酒店空间创造意境和品位。

③酒店在色彩选择上符合当地民俗的传统色彩。色彩具有强烈的视觉吸引力，而一些地域色彩则代表着一种特殊的意义，有效运用当地特有色彩，地域性的表达起到事半功倍的效果。材料应充分利用地方材料，材料是反映酒店区域特色的重要因素。

④应根据当地的条件选取材料，体现材料的合理性和经济性，充分利用乡土材料在艺术表现中发挥的作用，给人一种归属感和情感的认同。

⑤重视陈设在环境中的地位与作用。总体来看，为了争取客源，越来越多的酒店建筑开始在保留自己独有的传统模式、设施特点之外，表现出了对所在地区的风土人情、

历史文化的尊重，酒店建筑的地域化趋势已经成了一种主动的、必然的趋势。

2. 更加包容多元文化

全球化意识表现在酒店建筑文化上，就是要综合世界建筑与地区建筑之长，吸取古今中外有利于此时此地建筑的经验，根据实际情况进行酒店建筑的文化交流。自建筑步入多元化发展的境地，几千年来的传统建筑观念遭到了空前严峻的挑战，新的建筑风格和流派在不断地涌现，又不断地更迭，往往一种新的建筑风格或思想还未站稳，又被更新的建筑流派取代。酒店建筑的多元化格局使当代建筑师失去了共同的遵循路线，这种方向性和共同性的缺乏在给建筑创作和理论带来似乎更大自由的同时，也给它的发展带来了一系列挑战。酒店建筑文化面对全球化和多元化，一方面要有开放、包容的心态和批判的精神，顺应时代的发展，将世界先进的技术运用到建筑创作当中去；另一方面要有文化自觉的意识、文化自强的态度，求同存异，因地制宜，面对强势文化的挑战，努力保护自己的建筑文化。只有把握好多元化的程度，酒店建筑文化才能得到更好的发展。

3. 主题特色愈加鲜明

如今主题酒店正成为我国酒店业新的发展方向，酒店建筑的主题化趋势亦愈加鲜明。主题酒店建筑外观更能充分体现酒店的战略目标、经营方针和文化，比较容易表达建筑风格和文化内涵。酒店建筑的主题化主要表现为以下五种：

①中式主题酒店建筑造型展示中国传统文化。屋顶、梁柱、斗拱是中国木构架单体建筑三大构成，国内外华人聚居区的许多酒店都用传统的飞檐翘角大屋顶来体现民族风格。

②乡村主题酒店风格造型展示主题酒店乡土纯朴文化。它们或采取乡土建筑之形式、色彩，或采取其材质、结构，目的是体现独具魅力的乡土特色。

③欧式主题酒店建筑外观展示酒店欧陆文化。欧式古典风格酒店建筑采用文艺复兴、巴洛克风格及拜占庭风格等主题，表现浓浓的欧洲主题文化。

④民族特色主题酒店根据不同民族的建筑风格来展示酒店的文化，采用具有代表性、独特性、进步性和渊源性的建筑符号来展示其主题酒店的民族文化，体现该民族文化精髓。

⑤现代主题酒店建筑外观造型展示酒店豪华摩登文化，以简洁的手法，利用钢筋混凝土、钢材的可塑性及玻璃幕墙的轻巧转折等特别的外观造型，来展示与众不同的酒店文化，在视觉上给顾客很强的冲击力，使顾客产生迫切希望一探究竟的愿望。

未来的酒店建筑将更加强化对主题文化氛围的营造，更加注重主题文化的深度挖掘，更加重视顾客对主题文化的体验，也更加重视主题文化的细节把握。需要强调的是，酒店建筑的主题选择应与区域文化相适应。从硬件上看，酒店建筑应是其所在地域的一部分；从文化上看，酒店建筑文化在一定程度上代表其所在地域文化。未来主题酒店必须把对主题选择和文化氛围设计融入酒店建筑与装潢的每一个细节,才能满足顾客对酒店建筑的主题文化更高层次的要求。

4. 传统与时尚兼容发展

现代酒店建筑应该是时尚的、环保的,并能与传统文化相融合。时尚不仅仅是豪华,环保不纯粹是用绿色表达,而是需要在原有传统文化的基础上,对时尚元素进行吸取和整合,让传统文化注入新的活力,更好地适应酒店的发展。一个成功的酒店建筑应当研究当地传统的文化、地理环境,让建筑与传统文化自由对话、与大自然互相呼应。此外,酒店作为一个城市或地区展示风貌的窗口,主要展示的对象是外地旅游者。因此,尽可能地表现出该城市或地区建筑地方特色成为酒店建筑风格的首选,即使是国际性酒店集团进入也是力求做到将国际潮流时尚元素最大限度地融合到地方传统风情中予以体现。

未来的酒店在不断拓展和延伸传统文化的同时,将不断注入某些代表时代发展方向的时尚元素。例如,当前整个国际社会所提倡的低碳理念、环保理念、健康养身理念等,都会被未来酒店建筑文化所接受。中国是一个多民族的国家,每一个少数民族都有它特有的建筑风格,民族特色建筑也是吸引游客的重要资源。如果能够合理而巧妙地运用这些风格元素,就会给酒店带来很多与众不同的特色。传统文化要想得以继续传承和发扬,酒店要想得到长足的发展,求变和包容是必不可少的,正是因为有了不断融入创新元素的思想,酒店建筑文化才能得以提高和升华。

第四节　酒店建筑文化的建设对策

酒店建筑是酒店建筑文化表达的客观实体,只有正确认识和读懂酒店建筑,才能领会酒店建筑文化。随着全球化和信息化的发展,有关酒店建筑的信息在全国乃至全世界实现了共享,这为酒店经营者和酒店建筑师们提供了可以借鉴的资源。但随着酒店业的蓬勃发展,酒店企业之间的竞争更加激烈,竞争的背后是各酒店建筑的形式与风格的逐渐趋同化,对国外或传统酒店建筑的单一且盲目的复制与模仿,对地域、传统与历史文化元素的提取过于粗浅化等,这一系列问题导致了酒店面貌纷纷呈现"千店一面"的局面,酒店建筑文化逐渐同质化,使其失去了所具有的文化内涵和地域特色。为此,要想促进酒店建筑文化的特色化发展,就必须从彰显酒店建筑的地域性、注重自然环境的适宜性、强化古今文化的融合性、提高中外文化的互动性以及增强绿色环保的持续性五个方面着手。

一、彰显酒店建筑的地域性

地域性是酒店建筑最基本的特征,同时也是酒店建筑文化的本质特征。酒店建筑的地域性不仅通过地域文化来彰显,还通过当地的传统文化与历史文化来体现。酒店建筑本身是一种实体文化,承载着地域文化、传统文化与历史文化特色。一个成功且高级的酒店建筑设计必须融入地域风情与文化风貌,特别是当地保留至今的风土人情、民间风俗、传统文化、历史文化、地方信仰等,将酒店建筑形式与地方、传统、历史文化联系起来,形成一种更高层次的审美感受和美学追求,不仅能给人以耳目一新的感觉,还能给人以心灵上的震撼。基于地域性的文化积淀,往往在于合理地提取建筑形态、建筑色彩、建筑材料、空间布局等元素符号来彰显酒店建筑的地域性。

1. 建筑形态

酒店的建筑形态尽量与当地的建筑形态、周边景观和地域文化保持一致,这是遵循地域性的首要标准。对于建筑形态文化元素的提取可以是整体形态也可以是部分构件。不同的地域孕育出不同的建筑形态,风格迥异的建筑形态承载着不同的建筑文化。比如巴厘岛的安缦努沙(Amanusa)酒店的屋顶采用的就是当地传统的四坡茅草顶形式,使得酒店建筑充满传统气息与文化韵味。我国的建筑形态也是丰富多样的,比如有纳西族的"三坊一照壁""四合五天井",徽派"马头墙"式建筑,北京四合院,傣族的竹楼,土家族的吊脚楼,福建地区的土楼以及四川地区的碉楼等。

2. 建筑色彩

选取当地有代表性的颜色,进行合理的色彩搭配,以强化酒店建筑的文化定位。色彩具有强烈的视觉冲击力,往往在酒店建筑的地域性表达方面扮演着重要的角色。在我国历史演进与人民生活的实践中,产生了许多有代表性的当地建筑色彩。我国著名的传统建筑之徽派建筑,其以黑、白、灰为主色调;北京故宫建筑以红、黄为主色调。比如桂林孔明藏院酒店建筑外观就沿用了徽派建筑的黑白灰色;皇城度假酒店的主楼建筑采用故宫里太和殿的单体色彩,其色彩运用以黄色为主体色、红色为辅助色、蓝色为点缀色等。

3. 建筑材料

选取当地特有的建筑材料,将其运用到酒店建筑中,以展现酒店建筑的地域风格。这种充分利用乡土材料彰显酒店建筑地域性的做法,能给人带来一种情感认同和归属感。我国云南等地区凭借其优越的自然和气候条件盛产竹子,同时竹子又有高雅气节、顶天立地的文化意蕴,成为当地特有的建筑材料,常见于云南的竹楼。还有广东省南昆山十字水生态度假村的建筑材料取用于当地的传统客家夯土墙和竹子,九寨天堂国际会议度假中心以当地的片岩为建筑材料等。

4. 空间布局

注重空间秩序，合理进行布局。受不同地域、历史与传统文化的影响，酒店建筑的空间布局也各具特色。比如在徽商文化的影响下，安徽宏村的奇墅湖中坤国际大酒店建筑的空间布局是各单体建筑之间呈组团式分布，形成多个核心庭院空间；在晋商文化的影响下，平遥云锦成酒店建筑以高墙深宅为特点，呈四合院式布局。

通过以上四个方面来彰显酒店建筑的地域性，能进一步丰富酒店建筑文化，从而赋予酒店建筑以精神内涵和生命活力。只有合理地提取并运用代表地域性的地域文化、传统文化与历史文化元素，酒店建筑文化才能保持其独特地域性的本质。

二、注重自然环境的适宜性

自然环境的适宜性指的是酒店建筑必须尊重当地的自然环境，要根植于和服从于自然环境，与大自然融为一体。不同地区拥有不同的自然环境，融入自然环境的酒店建筑所呈现出来的酒店建筑文化才具有独特的异质性。比如阿联酋迪拜的帆船酒店——一个帆船状的宏伟建筑，共有56层，高321米，最大亮点在于建筑与周围的自然环境、地形地貌相适宜，具体表现为该建筑与美丽的波斯湾海滩相容，外观以白色和蓝色系作为主色，三根基柱构成帆船酒店的外形，矗立于海滨之上，高大却不突兀，与自然环境浑然一体。再如三亚半山半岛洲际度假酒店，其建筑与周边的海洋自然环境相容，酒店内外遍布水帘景观与水上花园，营造出了一种独特的海洋风情。

尊重自然、顺应自然、与自然和谐相处，是酒店建筑设计成功的重要依据，也是酒店建筑文化中环境适宜性理念的具体表现。与自然环境相违背的酒店建筑难以在激烈的竞争环境中凸显，以至于其所传达的建筑文化陷入不出色、无神韵的尴尬境地。为此，酒店建筑必须要融入自然环境，与自然环境的要求相适宜，同样也需要从酒店建筑的外观形态、色彩、材质以及布局等方面入手，尽量提取与周边环境相适宜的元素为酒店建筑增质增色，让整个酒店建筑植根于自然环境中，就好似经过自然环境的孕育所拔地而起的自然之物。只有这样，酒店建筑文化才能更加有意义、有魅力。

三、强化古今文化的融合性

古今文化的融合性指中国古代传统文化与当今现代文化的相互交融。古今文化的融合是中国文化不断整合以创造新文化的过程。酒店建筑在吸收古代传统文化元素时要与现代文化或技术相结合，才能创造出兼具传统性与时代性的酒店建筑文化。一味地复古与故步自封只会让酒店建筑脱离时代的脚步，甚至作为向外界传达文化信息的重要窗口，也将处于不利的地位。随着人们生活质量与水平的提高，人们对于酒店建筑的新奇或新颖程度也不断提高，单一传统式或现代式的酒店建筑风格难以满足人们的需要。因此，走古今文化融合的道路成为现阶段酒店建筑发展的关键。比如杭州西溪湿地悦榕庄酒店以传统湿地村落为原型，通过将江南传统的建筑式样与现代的设计手法巧妙融合，实现了东方古典与现代简约的协调，构筑出一种新中式的建筑体系；北京三里屯太古里的瑜舍，采用与太古里传统建筑相一致的建筑表皮为建筑外观，再辅以现代绿色系色彩的玻璃幕墙，这一融合使得整体建筑形象多了一份与商业氛围、景观环境的和谐，既有传统韵味又有时代感。

加强古今文化的融合，是顺应时代发展的必然要求。中华文化博大精深，只有将古代文化与现代文化充分融合并运用到酒店建筑中，酒店建筑文化才能得以提高和升华。古今文化的融合不是孤立地将二者放在一起，而是要灵活地提取二者中具有典型性的文化元素，各元素之间形成"你中有我、我中有你"的和谐画面。除此之外，古今文化要想达到完美的契合，还需要建筑设计师具备丰富的文化积淀与超前的想象力。通过古今文化的有效融合，酒店建筑将不再是冷冰冰的实物体，而是一处充满朝气、活力以及人文情怀的文化景观。

四、提高中外文化的互动性

中外文化的互动性即中国文化与外来文化的相互融合、相互借鉴、相互交流，但不相互替代。在信息全球化和文化多元化的浪潮中，中外文化的互动与融合成为必然，当然其中不乏存在盲目模仿国外酒店建筑的案例。因此，面对外来文化的涌入，我们首先应该采取的态度是热情包容、取其精华、去其糟粕。我们应以发展的眼光主动去借鉴和吸纳国外先进的酒店建筑设计理念，在立足本国酒店实际情况的基础上进行合理的运用，为人们创造一种具有异国风情的酒店建筑文化氛围。坐落于新疆乌鲁木齐市的君邦天山大酒店，诠释了新疆传统的民族文化与中亚文化的相互融合，整体建筑外观采用伊斯兰建筑符号中的半圆拱、圆穹顶和平尖拱造型，建筑外墙砖砌选用中亚和新疆传统建筑中的菱形格图案，建筑的选材用色以及内部构造凸显伊斯兰风格和新疆民族风格。该酒店建筑在彰显当地民族特色的同时，强调中亚建筑文化的渗透，实现了中国传统文化与外来中亚文化的完美互动，使原本老旧的建筑焕发出新的生机与活力。

中外文化的碰撞与交流，铸就了具有地域与异域文化相融合且富有特色的酒店建筑，既为酒店建筑焕发新颜，又赋予酒店建筑以丰富的文化内涵，其中最为重要的是体现了酒店建筑文化的包容性。在中外文化的互动中，还应该注意的是要选取具有代表性的文化元素，且二者能形成完美的呼应，统一而不失个性，精致而不失高雅。只有通过中外文化的良好互动，酒店建筑文化的特色化表达才能更加自信地呈现出来，这当然也是在文化多元化背景下酒店建筑进行特色化发展的必由之路。

五、增强绿色环保的持续性

绿色环保的持续性指酒店建筑中所运用的各种元素通过整合以达到有效的循环和转

换,从而使得整个酒店建筑体现绿色环保的文化氛围。传统的酒店通常关注建筑的地理位置、基本功能与空间布局,而忽视了酒店建筑过程中资源和能源的过度消耗、对自然环境的破坏以及废弃物的排放问题。这些问题的存在制约着酒店建筑的可持续性发展。为此,坚持绿色环保的理念,选择绿色环保的建筑元素,设计绿色环保的酒店建筑,才能彰显酒店建筑生态性、绿色性、环保性与持续性的文化魅力。在增强酒店建筑绿色环保的持续性方面,最为突出的是建筑材料的灵活运用。例如,丽江悦榕酒店在建筑选材方面,采用钢结构、轻质墙材、节能玻璃等现代材料和当地特有的石材,来代替易遭受破坏的天然木材、黏土砖等材料,充分体现了节材、节能、可持续发展的绿色设计理念。除此之外,建筑形式也是酒店建筑绿色环保可持续性的一种表达。例如,位于莫忧岛上的自然保护区中的安缦瓦纳酒店,出于既要保护原始环境又要让顾客享受自然之美的考虑,采用帐篷的形式构筑酒店客房,在没有建筑动工和树木砍伐的情况下,实现了当地自然生态环境的保护与休闲度假活动相结合,这一做法符合绿色、环保、节能、安全的酒店建筑发展的时代需求。

从以上的两个案例中可以看出,无论是建筑材料还是建筑形式,都承载着绿色生态环保理念。然而在具体实践中,建筑材料与建筑形式相比更容易实现生态环保与持续性应用。在建设"美丽中国"的时代背景下,生态、绿色、环保、可持续成为人们关注的焦点,在全社会蔚然成风。也正是由于绿色环保理念的不断普及使得更多的现有建筑材料朝环保健康型方向发展。因此,要想打造酒店建筑绿色环保的文化理念,离不开酒店经营者与酒店建筑师的通力合作。酒店经营者需在酒店的主题定位上下足功夫,强调酒店建筑材料的绿色环保性;建筑设计师要加强对新型环保性建筑材料的了解,提高建筑材料的利用率,构建一个既舒适又环保的居住环境,让酒店建筑的绿色环保理念走上可持续性发展道路。

一个成功的酒店建筑应当研究地域传统与历史文化、地理自然环境、中外文化、古今文化与绿色环保文化,它能让建筑与地域文化自由对话、与大自然互相呼应,让建筑在中外与古今文化的碰撞交流中产生具有包容性、异域性、新颖性和特色性的文化韵味,还能顺应时代发展要求,走绿色可持续性的发展道路。作为文化的承载体,酒店建筑必须立足地域历史积淀,融合先进的外来文化与现代文化,这是时代发展的必然要求和趋势,更是人们对酒店建筑文化的希冀。在日趋激烈的竞争环境中,丰富酒店建筑文化将是我们现在乃至未来不断探讨的一个研究命题。

第五节 鸿嘉星城酒店建筑文化案例分析

建筑文化是人类文明史中不可或缺的组成部分,建筑本身不仅是当时建造技术水平的完美体现，也是文化意识形态的表现形式。建筑的文化内涵包括了建筑材料、建筑风格、地域特点，同时也包含了一定的精神信仰和历史传承。因此，中国现代酒店建筑不应是西方酒店建筑的再现，而应该是融入能代表中国特色的文化元素，向世界展现出一种既有中国传统文化内涵，又有符合当今世界时尚元素的新型酒店建筑样式。这就需要酒店建筑师们在进行酒店建筑设计的过程中充分体现地域风貌，展现当地文化特色，使得来自五湖四海的顾客能够体验到地域传统文化特色。山东省淄博市鸿嘉星城酒店正是本着传统文化元素与现代文化元素相结合的理念，清晰地诠释了文化包容之下酒店建筑的文化形象。

一、鸿嘉星城酒店建筑概况与设计理念

（一）建筑概况

鸿嘉星城酒店位于山东省淄博市桓台开发区，建筑坐北朝南，南侧有大型广场，北临开阔的人造湖面。酒店定位为高级休闲商务酒店，地下1层，地上6层，总建筑面积为56 266平方米，包含会议、餐饮、娱乐、休闲、住宿等多种功能。主入口设在二层，高大气派的酒店大堂贯通建筑南北，优美的湖面风光触目可及。建筑屋顶高低错落，中国传统建筑风格融入当地的历史元素，塑造出区域特色鲜明的建筑形象。

（二）设计理念

淄博是中国历史名城，是齐文化的发祥地，东部齐国都城文物浩繁，有"地下博物馆"之称。最具代表性的有著名的东周殉马坑、田齐王陵、孔子闻韶处等。在这样一个历史文化传承厚重的位置建设一个重要的建筑物，建筑的精神需要尤为重要。在建筑创作中以下几个方面需要深思熟虑：首先，考虑历史的传承。现代城市充斥着越来越多为了解决功能需求而建设起来的建筑，建筑的文化传承在当今社会几近被完全割裂。伴随广大人民观念的转变，呼唤传统建筑文化的声音越来越强烈，这座建筑要承担起这一任务。其次，时代已经不同了，建筑的材料、技术当然已不再是几百年、几千年前的状况，如何把传统建筑文化融合进现代建造技术和建筑材料中，也是建筑师的课题。再次，古今人们的审美观大相径庭，对传统建筑文化一成不变地继承也跟不上时代的步伐。最后，建筑功能不像古代那么单一，建筑的体量随着功能的复杂越来越庞大。这些古今差异带来的变化，值得建筑师在创作中深入地思考。

二、传统建筑元素在鸿嘉星城酒店建筑中的表达

轴线对称布局是中外很多优秀建筑的布局方式，同时也是中国传统建筑常用的空间组织形式，鸿嘉星城酒店建筑在整体空间布局上运用了轴线对称的布局手法。首先，在总图设计中采用了集中式对称的布局方式。以主入口往北穿过主体至北侧景观花园，形成了南北向的对称轴。东侧为酒店餐饮部分、西侧为会议部分、南侧为公共空间、北侧

为客房区域。其次，建筑主立面设计也采用轴线对称的形式。中间部分是酒店的主入口和大堂部分，五开间，四层高，屋面采用正歇山顶。主入口布置在二层，传"高台建筑"之神韵，两侧设置汽车坡道，解决主入口机动车流线的问题。东西两侧的建筑，每个部分分别为五开间，三层高，侧歇山屋顶正对主立面。整个主立面，中间部分略高，通过前后位置错落，屋顶歇山端面的变化来丰富建筑立面效果和天际线。通过中轴对称的平面布局和立面设计，促成建筑的韵律感、威仪感。具体来看，传统建筑元素在鸿嘉星城酒店建筑设计中的具体表达主要体现在院落、山水景观、建筑风格与造型以及装饰细部等方面。

（一）院落

院落是中国传统城市和建筑中最重要的形态元素之一。以院落作为空间环境设计的出发点，通过不同尺度和形态的院落来组织空间，内外庭院相互呼应，交织出浓郁的中式风情，现代生活与中国传统空间意境在此相遇、结合，满足了人们对于院落情怀的念想，实现建筑空间与景观环境的交融。鸿嘉星城酒店设有内庭院和外庭院。内庭院有两个，位于大厅两侧，均为 16 米 × 16 米的内院。通过这两个内院，把室外景观引入室内，使人在占地较大的室内空间中，仍有自然明亮、生机盎然的视觉体验。外庭院包括前庭、后院和东西两侧院。前庭是指建筑南侧主入口前的喷泉水池和花园；后院位于建筑北侧，设计了花园和大片水面；东西两侧庭院利用坡形绿地和树木营造景观。公共入口和动区面向前庭，后面的客房区则大部分面向后花园的水面。庭院自然纯朴、尺度怡人，客居他乡的游子放眼窗外或漫步其中会得到宁静与舒展的感官体验，亲切、温暖又不乏新鲜。通过内院和外院，使建筑和景观内外交融，努力追求移步异景、共处共生的境地。

（二）山水景观

子曰："智者乐水，仁者乐山。智者动，仁者静。智者乐，仁者寿。"中国文化认为人和自然是一体的，以山和水的特点来形容人的品性。因为对山与水的眷恋，以山和水作为自己人生的楷模，是中国古代士人文化的最高追求。对此，建筑环境通过人造景观的形，模拟自然山水的神，情景交融形成"山""水"的主题。在酒店的公共部分和客房部分分别设计了以"水"和"山"为主题的景观，突出山水园林式酒店的风格。以"山景"和"水景"为核心，加之一系列不同尺度、不同形状的绿化，形成园林式的景观效果。用地南侧建筑主体适度退后形成道路，结合种植、喷泉等造景手法，形成较大面积的景观广场。客房区面对的是北侧大片湖面，形成以水为主题的园林风景。主入口前水面的设计与区域整体水系的组织相结合，同时融入中国传统风水的要素，共同打造建筑与环境的和谐关系。用地内的建筑与环境营造，或精细或粗犷，精雕细琢得毫不做作，粗犷豪放得不失典雅幽静。"相地合宜，构园得体"，以适宜尺度与山水对话，塑造出比自然景观更易亲近的景观环境，努力追求"天人合一"的观感效果。"天人合一"

是道家思想的精髓，是中国古人追求的一种精神境界，也是当代建筑景观设计师应该追求的境界。

（三）建筑风格与造型

由于山东地区的齐国高台建筑文化盛行，鸿嘉星城酒店建筑的主入口设置于地上二层，中间大台阶和两侧的坡道烘托出中间的主入口形象，使人仿佛看到久远的齐国建筑依稀的影子。通过研究"齐"字的发展变化，发现"齐"字早期在形体上类似三个高低错落的屋顶，由此延伸而得出主立面高低错落的"齐"字屋顶轮廓线。而许多出土的春秋时期齐国的建筑模型和绘画，都体现出一种小坡屋顶的形式。因此，建筑屋面造型采用以坡屋顶为主、平坡结合的屋顶形式，典雅、简洁，形态优美，体现了建筑特有的历史感与地域特征。酒店公共部分结合酒店大堂采光天窗的设计，采用较大尺度的双坡屋面的形式，从尺度及气势上形成了整个区域的视觉焦点，同时也形成了五星级酒店的整体形象。客房部分采用更为简洁的单坡屋面，结合建筑层数的变化，形成错落有致的滨水建筑景观。

（四）装饰细部

"大音希声，大象无形。"在立面细部处理手法上，面对城市悠久的历史文脉和安静优美的景观环境，建筑采取了尊重、谦逊的态度，不追求刻意的外加装饰，而是致力于建筑空间及材料本身美的表达。公共部分的外立面设计了较大面积的开窗，自然颜色的玻璃，强调建筑的通透感，以达到建筑空间与景观环境最大限度的交融。同时利用木质百叶的开启与闭合调节建筑室内光线，不同百叶角度不同的开合变化，形成动态的、丰富的建筑表情。百叶、挑檐和墙面的木色的运用，表现了中国建筑对"木"元素的情有独钟，最大限度地把中国建筑的木文化用于酒店建筑之中。外墙的主立面主要使用石材，石材主要分两种颜色：一种是接近木色的剖光面的红色花岗岩，另外一种是火烧面的樱花红花岗岩。两种材料的搭配，使建筑立面既利落统一，又丰富了细部造型。客房部分立面处理尊重酒店建筑的性格特点，透明玻璃和樱花红色石材墙面交错设置，建筑材料质感鲜明对比，建筑立面丰富且具有明快的韵律。整个建筑色彩以透明玻璃、石材颜色或木色百叶为基调，沉着稳重，典雅隐逸。整个建筑造型自然淳朴，含而不露，建筑空间形式丰富，建筑材料质感变化，体现了齐文化的务实性、开放性、多元性。

建筑设计不仅仅只是满足功能的需求，也不是以追求华丽时尚的外表来迎合潮流，更重要的是传达一种精神，这种精神是通过人们的认知去感受到的，可以是地域性的、历史的、民族的。建筑与人是互动的，不仅是使用功能的互动，还有精神的互动。当我们去使用一个建筑，感受一个建筑，建筑的精神就已经深入人的心灵，这也可以理解为人对建筑的解读。鸿嘉星城酒店建筑设计就是在寻求一种两千年文化在这片土地上的历史传承，让这些历史精神重新焕发生机，唤醒这片古老大地沉寂已久的记忆。最后的作品因其实用性、功能性、建设的可实施性，风格可能不是那么纯粹，既不是单纯的现代主义,也不完全是古典中式,而是两种风格或几种风格糅合在一起。其设计过程中建筑师积极学习中国传统建筑文化,研究地域历史文脉,并运用到建筑设计实践中,努力表达新时代对传统建筑文化延续的一种纪念和追求。

三、鸿嘉星城酒店建筑文化案例的启示

该案例呈现的是一个具有典型意义和文化内涵的酒店建筑设计。通过解读建筑精神与中国传统建筑文化元素,赋予酒店建筑以鲜明的文化内涵,使得酒店建筑焕发新的生机与活力。正如案例中所提到的,建筑的另一个境界是一种纯粹的精神,是能被人们所感知和认同的。因此,酒店建筑文化的彰显对于吸引顾客的到来就显得格外重要。鸿嘉星城酒店建筑设计就做到了这一点。建筑设计师提出了古今文化相融合的设计理念,将传统建筑文化元素与现代设计手法相结合,设计出了既不泥古也不复古的酒店建筑。该酒店通过汲取齐文化的精髓,以高台建筑为主要设计造型,从院落、山水景观、建筑风格与造型、装饰细部四方面进行文化元素的表达,彰显了酒店建筑的院落文化、山水景观文化、建筑风格与造型文化、装饰文化,这些文化构成了酒店建筑文化的重要元素。总之,此案例通过提取传统建筑文化元素实现了一个比较成功的酒店建筑设计,为酒店建筑文化的实践应用提供了一定参考。

参考文献

[1] 梁思成.梁思成文集(四)[M].北京:中国建筑工业出版社,1986:252.

[2] Callan R J, Fearon R. Town house hotels-an emerging sector [J]. International Journal of Contemporary Hospitality Management, 1997, (4): 168-75.

[3] Van Hartesvelt M. Building a better boutique hotel [J]. Lodging Hospitality, 2006 (9): 32-44.

[4] 张国献.酒店企业文化的结构、特征和原则[J].广州市财贸管理干部学院学报,1989(2):43-45+60.

[5] 孙韬.度假酒店建筑公共空间设计研究[D].长沙:湖南大学,2005.

[6] 李文浩.从君邦天山大酒店看地域文化设计[J].装饰,2006(2):127.

[7] 费寅.对酒店文化氛围构建的研究[J].商场现代化,2006(13):215.

[8] 宋蓓,刁艳华.酒店企业文化的构建[J].现代企业文化,2010(10):78-79.

[9] 陈昌勇.浅析当代"精品酒店"建筑设计的地域文化特色[J].旅游规划与设计,2012(2):94-103.

[10] 王智杰,王明非.建筑地域性的表达——以泰国清迈塔玛琳乡村度假酒店为例[J].福建建筑,2013(10):21-24.

［11］张春阳，范凌云.建筑的"精神"元素与传统继承——以鸿嘉星城酒店设计为例［J］.华中建筑，2019（8）：44-48.

［12］朱金英，曹强元.浅谈酒店物质文化建设［J］.中国证券期货，2011（8）：167.

［13］于霞，谢春山.酒店文化建设的对策研究［J］.饭店现代化，2014（7）：59-62.

［14］林和杉.基于理性主义与文化植入的现代酒店建筑创作［J］.城市建筑，2019（14）：57-59+65.

［15］黄燕鹏，李振华.岭南地区酒店空间设计探析［J］.建筑学报，2008（10）：90-93.

［16］罗文兵，李跃虹，艾茗，陈文斌.探索地域文化的现代建筑表现手段——丽江悦榕酒店设计随想［J］.建筑学报，2009（11）：43.

［17］任洋.国内精品酒店建筑设计初探［D］.重庆：重庆大学，2014.

［18］吴昕.国内精品酒店文化特色塑造的设计研究［D］.广州：华南理工大学，2015.

［19］王佳.论少数民族地区精品酒店建筑及景观设计策略与实践研究——以云南大理喜洲精品酒店设计为例［J］.经济研究导刊，2015（20）：318-320.

［20］巫翔，年江，周波.主题文化酒店设计的探索——以青城山鹤翔山庄建筑设计为例［J］.四川建筑，2010（2）：29-31.

［21］尹洪弟，胡亮.中国主题酒店的设计与经营理念探析［J］.江苏商论，2011（3）：37-39+49.

［22］李海珠.基于海南地域文化的度假酒店景观设计研究［D］.海口：海南大学，2012.

［23］张殿.度假酒店室内设计中地域文化应用的意义和表现方法［D］.广州：广州大学，2013.

［24］徐建博.基于地域特色的云南度假酒店设计研究［D］.昆明：昆明理工大学，2015.

［25］徐士福.旅游度假酒店设计中地域文化的表达［J］.美术教育研究，2015（3）：81-83.

［26］张微平.地域文化与度假酒店建筑设计［J］.建材与装饰，2019（12）：123-124.

［27］赵国华.依势筑院 借水造景——山西吕梁千年旅游景区五星级酒店设计［J］.中外建筑，2012（7）：120-122.

［28］王毅.从被动到主动的地域建筑——黄龙瑟尔措国际大酒店设计［J］.建筑

学报，2013（5）：23-25.

［29］刘一润．城市文化在星级酒店建筑设计的体现——以扬州香格里拉大酒店为例［J］．美与时代：城市版，2019（4）：26-27.

［30］吴雪飞．儒家文化在主题酒店设计中的应用研究［D］．济南：山东建筑大学，2013.

［31］张力强．以唐宫廷文化为主题的酒店设计研究［D］．沈阳：沈阳航空航天大学，2013.

［32］何顺平．徽派建筑元素在主题酒店景观设计中的应用研究［D］．秦皇岛：燕山大学，2016.

［33］王思锴．琼北汉居建筑文化在当代琼北乡村民宿设计中的应用研究［D］．海口：海南大学，2020.

［34］张斯齐．跨界融合——民族博物馆文化主题酒店可行性分析［D］．北京：中央民族大学，2013.

［35］侯秀如．地域性历史文化在桂林孔明台酒店建筑及景观设计中的应用研究［D］．桂林：广西师范大学，2018.

［36］黄荣荣，夏海山．生态语境下旧建筑改造的美学价值［J］．建筑历史，2009（8）：200-203.

［37］樊淳飞，李曙婷，周崐．将历史文化融于设计的旧建筑改造研究——以西安老钢厂设计产业园内主题酒店设计为例［J］．建筑与文化，2016（9）：134-135.

［38］邹煜凯．基于旧建筑改造的精品酒店设计策略研究［D］．广州：华南理工大学，2017.

［39］王文博，李强．酒店建筑设计的地域性研究［J］．艺术品鉴，2020（12）：164-165.

［40］李松．建筑文化遗产运用数字媒体技术的传承与保护——以梧州新西酒店骑楼建筑为例［J］．梧州学院学报，2021（3）：51-59.

第二章　酒店餐饮文化

改革开放以来，我国旅游业三大支柱产业之一的酒店业获得了蓬勃发展，成为率先与国际接轨的行业之一。随着市场竞争的日益激烈，我国酒店业面临的压力越来越大，既面临着新兴酒店产业的挑战，如社会餐饮、社会娱乐、疗养机构等，又面临国外酒店集团的进一步挑战。从根本上来说，酒店之间的竞争最终体现为酒店文化之间的竞争。酒店餐饮文化作为酒店文化的重要组成部分之一，在酒店的生存和发展中具有重要的地位。研究和探讨酒店餐饮文化不但有助于酒店餐饮文化和酒店文化理论研究的深入，还有助于提高酒店餐饮品牌的知名度和酒店餐饮经营的效益，进而促进酒店餐饮活动的持续和健康发展。

第一节　酒店餐饮文化的发展现状及趋向

餐饮是人类赖以生存的物质基础，是社会发展的前提条件。酒店餐饮文化是酒店文化的重要组成部分，是一种复杂而广泛的文化现象。酒店餐饮文化通过餐食特色、餐厅环境、服务能力、管理水平等展示酒店的形象，是酒店重要的"名片"。虽然从收益管理上看，餐饮收入不是酒店营业收入的最大来源，但特色餐饮却是现代酒店吸引客源的重要因素，在提升酒店知名度、美誉度等方面有着举足轻重的作用。因此，有必要首先了解我国酒店餐饮文化的发展现状与趋势，这对于酒店文化以及酒店的可持续发展至关重要。

一、酒店餐饮文化的发展现状

（一）中国餐饮的文化内涵

中华饮食文化博大精深、源远流长。中国人的餐饮不仅仅是为了解渴充饥，满足生理需求，还蕴含着深刻的文化底蕴，如特别讲究餐饮制品的色、香、味、形和营养，既追求感官的满足，也注重心灵的体验。因此，中国餐饮体验是一个由感动到心动，再到精神享受和升华的综合体验活动，这也是中国餐饮在多种饮食文化的竞争过程中得到完善和发展，始终保持长盛不衰生命力的根本原因。

1. 饮食品质

孔子说"食不厌精，脍不厌细"，这反映了古人对于饮食的精品意识。虽然这种意识在当时可能仅局限于某些统治阶层，但作为一种传统文化精神，它在现代社会却广泛、深入地渗透和贯彻到中国整个饮食活动过程中。中国餐饮从选料、烹调、配伍、器具，乃至饮食环境，无不体现着一个"精"字，蕴含"精致、精巧、精工、精细、精心"等多方面的内涵，充分体现了中国餐饮中的人文关怀和人文精神。

2. 审美体验

我国饮食之所以能够征服世界、备受赞誉，其重要原因之一就在于它的美。中国餐饮的美，是形式与内容的统一，是它带给人们的独特的审美愉悦和精神享受。仅以味道美为例，孙中山将对"味"的审美视作烹调的第一要义，认为"辨味不精，则烹调之术不妙"。《左传·昭公二十年》也认为，"和如羹焉，水火醯醢盐梅以烹鱼肉，燀之以薪，宰夫和之，齐之以味"。此外，中国餐饮制品的材质美、工艺美、造型美、器具美、内涵美等也都在不同层次、不同环节体现和强化着审美体验。因此，美作为中国餐饮文化的基本内涵之一贯穿在饮食活动过程的每一个环节之中，是我国饮食的魅力之所在。

3. 情感活动

餐饮聚会作为一种社交活动形式，在增强人与人之间情感交流方面有着极为重要的作用。古往今来，但凡商业交往、信息采集、消遣娱乐、朋友离合、送往迎来，中国人都特别愿意在酒桌上表达情感和心意。哪怕是个人感情上的风波，人们也常常习惯于借酒菜平息。这就是中国餐饮活动对于社会心理的独特的调节功能。除了酒以外，茶馆也在中国餐饮活动中扮演着重要的角色。三三两两的朋友，哪怕是一众人等，去到茶馆，坐下来喝茶、听书、讲奇闻逸事、聊娱乐八卦，都是一种极好的心理按摩，不但增进了友谊，也共度了美好的时光。当然，中国餐饮所具有的"抒情"功能，除了受"饮德食和、万邦同乐"的哲学思想的影响之外，还和中华民族独特的饮食方式密切相关。

4. 社会功能

讲究"礼"是中国餐饮活动的重要文化内涵之一，之所以如此，这与中国传统文化有着极为重要的关系。在中国传统文化观念中，生老病死、送往迎来、祭神敬祖都是注重"礼"。《礼记·礼运》中说，"夫礼之初，始诸饮食"。《仪礼》《周礼》《礼记》三礼中几乎没有一页不曾提到祭祀中的酒和食物。礼作为一种秩序和规范，具体体现在餐饮活动中就特别强调座席的方向、箸匙的排列、上菜的次序等。当然，我们不能将餐饮活动中的"礼"简单地看成仅是一种礼仪，而应该将它理解为一种内在的伦理要求和文化精神。这种"礼"的精神，贯穿在饮食活动过程中，从而构成我国饮食文明的核心内涵。

总之，中国餐饮唯其"精"，才能有完整的"美"；唯其"美"才能激发"情"；

唯有"情",才能有合乎时代风尚的"礼"。四者相互依存、互为因果、环环相生、完美统一,形成我国饮食文化的最高境界。

(二)中国酒店餐饮文化的创新

改革开放以来,随着经济的发展和文化交流的畅通,中国的餐饮文化也开始走出国门,走向世界。中国传统食品以其特有的美味和低廉的价格风靡世界各地,深受各国人民的喜爱。然而,随着洋食品、洋食店、洋饮食的传入,中国的餐饮文化也受到了前所未有的冲击。在激烈的市场竞争中,中国餐饮业通过产品、文化、管理、培训、环境等方面的创新,不但实现了餐饮产业的快速和可持续发展,更使中国的餐饮文化焕发了勃勃生机。

1. 餐饮产品的创新

餐饮产品的创新就是传统餐饮产品在形式和内容上的新变化。随着人们生活水平和生活质量的提高,现代餐饮活动早已不再是传统意义上仅仅为填饱肚子的吃饭行为,而是一种极其重要的餐饮文化。为了更好地满足人们的餐饮需要和文化追求,中国的酒店餐饮文化也在不断地进行和实践着餐饮产品的创新。餐饮产品创新的基本准则是"人无我有,人有我优,人优我特,人特我新,人新我变",具体包括客源、菜谱、原料、味、形、色、烹调方法、盛器、点缀、餐具、就餐环境、视觉中心、服饰、桌布口布等多方面的内容,涉及顾客、材料、加工、成品、环境、服务等多个层面。中国酒店餐饮产品的创新将传统餐饮文化内涵与现代餐饮需求和现代工艺与科技紧密地结合起来,深受顾客的欢迎。

2. 餐饮文化的创新

从一定意义上来说,现代餐饮活动就是一种文化活动。文化需要继承,更需要创新。改革开放以来,中国餐饮文化的创新取得了较为辉煌的成就,进而受到顾客的青睐和欢迎。现代中国餐饮文化的创新主要体现在巧妙命名、艺术点缀和文化传承等方面。巧妙命名方面,中国餐饮产品为了吸引和招徕顾客,常常将当地的故事传说、奇闻趣事、风物特产,以及一些寓意吉祥的文化内涵等运用到菜品的命名中,如"诗礼银杏""霸王别姬""蝴蝶飘海""佛跳墙""东坡肘子""麻婆豆腐""金华火腿""北京烤鸭""梅开二度""四喜丸子""龙凤呈祥"等都深受顾客的欢迎。有资料显示,这种以文化命名的菜品比一般菜品点选率要高出 45.6% 左右。艺术点缀方面,为提高餐饮菜品的艺术价值和文化内涵,中国餐饮产品特别注重从原料、造型、色泽、器皿、环境等不同的层面对菜品进行艺术点缀。有研究表明,在同一标准下经过艺术点缀的菜品比没有点缀的菜品在售价上可提高 15%~20% 的毛利率。文化传承方面,中国饮食文化博大精深,能够传承至今的传统菜、特色菜,都渗透着中华文化的精髓。因此,中国现代餐饮产品只有充分继承和弘扬传统饮食文化,才能在适应现代市场需要的基础上,实现餐饮文化的繁荣和发展。实践表明,中国酒店餐饮文化之所以历久弥新,深受中外顾客的欢迎，并被视为中国传统文化的缩影，其根本原因就在于它具有深厚的民族文化底蕴。

3. 餐饮管理的创新

餐饮管理的创新在餐饮生存与发展中具有重要的作用。只有建立一套适合本酒店特色和经营需要的科学管理体系，并不断实现管理创新，才能使酒店在激烈的市场竞争中立于不败之地。餐饮管理的创新主要体现在产品创新、市场营销、品牌塑造和标准化建设等方面。餐饮产品的创新需要吸收和借鉴外来经验和先进技术，并充分考虑市场需求的特点。因此，餐饮厨师不能只在厨房里闭门造车，而应该走出去了解同业状况、顾客意见与建议、新的理念与技艺，为我所用，厉行创新，方能赢得市场，满足顾客需求。餐饮市场营销的创新，要求酒店及时转变营销理念，不断地与同行进行交流，通过营销渠道、营销手段、营销方式的变革，吸引和招徕更多的消费者，打破行业内讧的窠臼，实现开放式的酒店餐饮营销。品牌塑造方面，餐饮品牌是酒店的无形资产，是餐饮产品质量和服务品质的保证，在酒店的经营管理中具有重要的作用。酒店餐饮的品牌塑造涉及餐饮员工、餐饮产品和餐饮酒店三方面要素，其内在的逻辑关系是餐饮人品决定餐饮产品质量，餐饮产品质量决定酒店品牌形象。因此，要塑造良好的酒店餐饮品牌，必须从提高厨师和服务员的人品，即员工素质入手，建立科学合理的培训机制，使每位厨师和服务员意识到维护餐饮品牌的重要性，将自己的服务素养和服务行为融合在餐饮服务品牌的内涵中，通过可视化的行为和举止，提高酒店餐饮服务品牌的知名度和美誉度。科学的酒店餐饮管理与创新离不开餐饮标准化建设。酒店餐饮只有进行标准化经营和运作才能解决菜肴质量不稳定、操作不规范等问题，保证餐饮产品质量，以吸引和招徕更多的顾客。

4. 餐饮环境的创新

餐饮环境在提高餐饮品质、服务水平和餐饮体验质量方面具有极为重要的意义。整洁、美观、优雅、舒适的餐饮环境，不但体现为一种独特的文化氛围，更能提高顾客的满意度和忠诚度。因此，要实现餐饮管理的创新，就必须强化餐饮环境氛围的营造。餐饮环境的创新首先在餐饮功能分区上，要将不同的餐饮就餐区域设计成不同的风格与氛围，以满足不同地域、不同层次客人的消费需求。如二楼包房区，可采用中式古典文化格调，彰显富贵、华丽、吉祥的氛围，以满足顾客的喜庆、生日、升迁、朋友聚会等需要；三楼包房区，可采用欧式风格，彰显明快、清丽、优雅的环境氛围，以满足 VIP 客人的需要。其次，在装饰装潢上，为渲染餐饮环境的地域特色和文化内涵，可在每个餐厅包房及包房外走廊挂放体现本地风情的系列风光照片，宣传当地的特色旅游资源，让客人在就餐的同时还能领略当地的自然风光和文化特色。最后，要强化餐饮环境的创新，还应以文化主题的形式集中彰显和展示酒店的特色和文化内涵。如浙江诸暨暨耀江开元名都大酒店就以"西子"为主题，进行了精心的环境氛围的营造。不但酒店一楼的零点餐厅以西子命名，其他各豪华包房的名称也都以历史上著名的美女典故，如

"沉鱼、落雁、闭月、羞花"等命名。同时，酒店还在包房内配备数字电视播放有关诸暨文化的宣传片，使宾客享受餐饮美食的同时，享受时尚生活，领略诸暨餐饮文化的精髓。

5. 餐饮培训的创新

餐饮培训在餐饮活动中具有极为重要的作用，菜肴做得再精美可口，如果没有服务员热情、规范和专业的服务，也难以激起顾客的消费兴趣和欲望。因此，在餐饮服务过程中，加强对餐饮服务员的专业培训，以充分发挥他们在酒店内部餐饮服务中的积极作用就显得特别重要。餐饮培训的内容因各酒店的经营宗旨和酒店特色的不同，可能会存在一定的差异，但有关菜品知识、烹饪知识、文化内涵及营销技巧等多为核心内容。以浙江诸暨耀江开元名都大酒店的员工培训为例，其经常开展的培训内容包括：①菜肴烹饪专业基础知识；②特色品牌菜肴讲解，如选料科学、制作精细、色形典雅、口味醇正、营养价值等；③特色菜肴文化内涵介绍，如命名文化、地方特色、人文典故、风物传说等；④促销意识、推销技巧、介绍方法等。实践证明，通过对酒店服务员进行餐饮服务方面的专业培训，让服务员充分掌握菜肴知识，能使客人在品尝美味佳肴的同时得到文化和艺术的享受，进而为酒店发展营造一个和谐的宏观环境，大大提升酒店的知名度和美誉度。

二、酒店餐饮文化的发展趋向

随着国内外文化交流的日益频繁和人们生活水平的日益提高，国内酒店餐饮文化在消费观念、产品需求等方面呈现出一种新的发展趋向。

（一）到酒店或餐馆就餐将逐渐成为一种生活常态

受经济条件的约束和节俭观念的影响，过去国内日常生活就餐或朋友聚餐，多在家中举行。随着人们经济收入的增加和生活观念的改变，现如今国内人越来越青睐于到酒店或餐馆中去就餐。即使是纯粹意义上的家庭聚会或团圆就餐也不会在家中举行。人们也不再把就餐仅仅看成是填饱肚子、解决温饱问题的生理过程，而将其视为一种集日常生活需要、信息交流、往来交际、情感表达、休闲娱乐、商务活动等众多内容于一体的综合性社会文化活动。在此背景之下，功能较为单一、场所较为狭小的"家"显然不能满足人们的多样化消费需要，于是，集餐饮、信息、交谈、娱乐于一体的，具有"多功能厅"性质的酒店必然成为人们餐饮消费的首选场地。加之社会分工的日益细化，人们越来越希望从忙碌的餐饮准备、餐饮加工和餐后清洗等活动中解脱出来，而追求一种轻松、舒适、自由的生活方式，使得人们到酒店或餐馆就餐逐渐成为一种生活常态，进而使酒店餐饮文化发生某种新的变化。

（二）餐饮文化的交流与创新趋势将进一步增强

在经济全球化的背景之下，随着国内外文化交流的日益频繁，餐饮文化也呈现出一种多元化的互动交流趋势。以中国餐饮文化的交流为例,这其中既有因国内各地交流的加强而引起的国内餐饮文化之间的交流,也有因国内与国外交流的加强而引起的中外餐饮文化的交流。餐饮文化的国内各地之间以及国内与国外之间的交流,不但促使不同种类和不同区域餐饮文化的博采众长或取长补短,也自然推动了餐饮文化发展的改革与创新。因此,随着国际经济一体化日趋成为未来社会的重要特征,以及由此而来的国际交往的频繁、移民政策的开放与旅游事业的发展,使世界范围内的饮食文化已经开始走出往昔的既定轨迹,全球饮食文化交流与融合将是一个不可阻挡的大趋势。国内酒店餐饮文化必须顺应这个急剧变化的社会潮流,根据人们的饮食观念的改变而厉行创新,要在保留优秀传统文化的基础上,积极吸纳国外餐饮文化的精华,增加顺应时代潮流和人们价值观念的文化内容,以更好地满足消费者的需要。

(三)餐饮消费中的身心愉悦性追求将进一步强化

俗话说"民以食为天",虽然饮食对于人类的最为重要的作用在于维持人的生理需要,没有饮食,人们的生命便难以延续,但饮食在满足人们的精神性需要方面的作用同样也是巨大的。在人们的基本饮食生活需要得到满足之后,高级的身心愉悦性的精神需要常常成为人们的终极需要和诉求。食之乐是我国饮食文化的优良传统,也是我国饮食审美的一种境界。虽说在现代快节奏生活方式的影响之下,特别是各种快餐的逼迫之下,中国餐饮文化中的"食之乐"传统受到一定的压抑,但以慢餐为表现形式之一的另类"食之乐",正在逐渐成为国人的餐饮追求之一。因此,未来的餐饮消费,虽然以营养和快捷为主要目的的快餐仍将长期存在,但以追求身心愉悦为主要目的的慢餐消费,将会成为人们一种长期存在并逐渐强化的另类追求。餐饮活动中身心愉悦性追求的逐渐强化,不仅要求通过烹制美味的食品,来满足人们由感官而至内心的愉悦外,还要求餐厅环境氛围与装饰装潢的净洁、舒适、温馨。

(四)快捷方便、营养均衡的大众化餐饮仍将保持强劲发展势头

在竞争激烈的现代社会中,随着生活节奏的加快,人们多生活在紧张之中,难有闲暇时间。因此,快捷、方便的餐饮制品常常成为人们就餐的首选。在此背景之下,酒店餐饮越来越向着易于制作、易于食用和易于保存的方向发展。与此同时,随着生活和消费水平的提高,人们不仅仅关注饮食在满足人类生存和发展方面的基本功能,更希望通过食物的营养适度与平衡,实现健康长寿、颐养天年的人生追求。因此,人们的饮食方式也由过去的"多吃脂肪、奶蛋,强化体格"逐渐转化为注重"营养、卫生、科学、合理",强调调整食物结构和保持营养平衡。因此,在未来的餐饮文化发展趋势中,注重餐饮的快捷方便和营养均衡的大众化餐饮仍将保持强劲的发展势头。

第二节 酒店餐饮文化的研究现状

作为酒店文化的重要组成部分，餐饮文化在酒店的日常经营管理和对外服务方面具有重要的地位和作用。分析和梳理酒店餐饮文化的研究现状，不但有助于人们认识和了解酒店文化研究的现状，进而深入分析和探讨酒店餐饮文化研究中的基本理论问题，同时也有助于促进酒店餐饮文化建设和酒店餐饮活动的健康发展。

一、国内酒店餐饮文化的研究现状

中国是世界上最早使用火的国家，也是世界上最早食用熟食的国家。因此，我国的烹饪文化起源也是较早的，在周代就兴起了烹饪文化。而中国早期对饮食的记录同国外一样，也没有专门的著作，有关饮食的记录只从其他书籍中可略寻踪迹。我国古代关于饮食的相关研究的具体情况如表 2-1 所示。

表 2-1 我国早期的饮食研究

时 期	著 作	内 容
先秦至汉	《黄帝内经》	药膳的专门疗法
两 汉	《周礼》	关于烹调
战国时期	《吕氏春秋·本味篇》	世界最古老的烹饪理论
南北朝时期	《食真录》	最珍贵的烹饪食物
隋 朝	《食经》	南北朝和隋朝的食品
唐 朝	《膳夫经》《茶经》	关于茶的著作
唐 朝	《食疗本草》	最早的饮食疗法专著

随着时代的变迁，中国对餐饮文化的研究逐渐加深，学者们开始对中国饮食文化进行重点研究。我国学者对餐饮文化的研究主要分为两个方向：一是对中国饮食文化的整体研究，如中国饮食文化的历史、中西方饮食文化的对比等；二是饮食文化与其他内容的融合，如餐饮文化在旅游资源开发中的应用等。其中，赵荣光先生在餐饮文化方面进行了大量的研究，为我国饮食文化的研究与发展做出了巨大的贡献，他在 2015 年出版的《中华饮食文化史》著作中，对中国饮食文化进行了整体细致的梳理。近年来，我国其他学者也对餐饮文化进行了不同层面和视角的相关研究。例如，仇学琴、姜若愚（2003）在《云南民族旅游餐饮文化产业发展研究》中阐述了旅游餐饮文化产业的现状及其在未来发展的对策；张建忠（2009）在《论饮食文化旅游资源开发》中具体阐述了旅游资源开发与餐饮文化的结合；张水芳（2016）提出旅游餐饮文化对提升酒店服务具

有多重价值;周鸿承(2018)在《中国饮食文化研究历程回顾与历史检视》中从不同的角度对中国餐饮文化进行了分析,并提出了中国餐饮文化发展的科学体系及研究趋势。

总的来看,虽然现有的酒店餐饮文化研究成果指出了一些酒店餐饮文化发展的现状及未来的构建方向,但相对来说学术性较低,系统性不强。在更深层次的对策措施方面,涉及酒店旅游餐饮产品、餐饮业的则更少,人们的注意力主要集中在某些大型知名餐饮企业的经营、市场营销和成本控制等方面;在观念层面的思考,仅只是一般性地提出一些建议和措施。总之,目前的研究情况是研究酒店文化或饮食文化的偏多,研究酒店餐饮文化的较少,未来还应加强对酒店餐饮文化的关注和研究。

二、国外酒店餐饮文化的研究现状

西方的饮食文化与中国的饮食文化所倡导的思想是不一样的,西方人注重饮食的自然属性和营养健康性,而中国的饮食文化则注重食物的艺术性和感性,强调饮食的"意境"。国外早期有关酒店餐饮文化的研究主要是对中国饮食文化的深入发掘,侧重于对中国饮食文化的历史发展及代表性食物的研究。具体研究情况如表2-2所示。

表2-2 国外对中国饮食文化的研究

作 者	国 家	时 间	著 作	主要研究内容
篠田统田中静一	日 本	1972	《中国食经丛书》	收录了中国古代的饮食(研究中国饮食文化的高潮)
休斯顿·史密斯（Huston Smith）	美 国	1887	《宗教的系列讲座》	在他关于食物的研究内容中,主要是部落食物和家庭食物
安德森（E. N. Anderson）	美 国	1998	《中国食物》	对中国食物在不同领域的地位进行了分析,阐述中国饮食文化的地区多样性
马文·哈里斯（Marvin Harris）	美 国	2005	《食物与文化之谜》	通过案例分析,对饮食所含有的风俗习惯进行了研究,阐述了饮食文化的特点
罗伯茨（J. A. G. Roberts）	英 国	2008	《东食西渐:西方人眼中的中国饮食文化》	阐述了西方人在中国遇到中国饮食的态度以及北美、英国等地区对中国饮食的接纳程度和中国饮食全球化的趋势。
马丁·琼斯（Martin Jones）	美 国	2009	《宴飨的故事》	从考古学的角度对中国的饮食文化进行了研究

综上国内外学者对中国餐饮文化的研究来看,中国学者的研究侧重于中国食物及食物文化发展历程,外国学者更多地侧重于中国食物、食物与历史、文化的结合,这些研究对中国餐饮文化研究具有重要意义,并为当今学者对中国餐饮文化发展的进一步研究提供借鉴。

第三节　酒店餐饮文化的理论概述

一、餐饮业的相关概念及基本特征

（一）餐饮业的相关概念

1. 餐饮业的概念

《周礼·地官司徒·遗人》言："凡国野之道，十里有庐，庐有饮食。"餐饮业是一个历史悠久、服务社会的行业，中国古语所称的"酒肆""粥铺"，英语所称的"Hotel""Motel"，都归属于餐饮业。餐饮业是指利用生产和经营场所，通过对餐饮组织机构的管理和餐饮原料的加工，为社会生活提供餐饮产品的服务行业。

2. 餐厅的概念

"餐厅"一词，依据《法国百科大词典》中的解释，指恢复精神与气力的意思。顾名思义，餐厅要提供为客人休息的场所，要提供营造休息环境和氛围的服务，要提供为客人恢复气力的饮食，并且周而复始、不断创新，从中营利。餐厅指依照不同的民族文化、地域特点，通过突出文化、营造环境，提供饮食和服务来满足客人社会生活需要的经营性场所。

3. 餐饮产品的概念

不同民族、不同地域与不同时代的人们的社会生活是复杂多变的。人们在社会生活中，不仅仅希望通过饮食的摄取获得生理上的满足，而且希望通过饮食这一过程获得健康长寿、获得社会认同、获得精神享受，甚至获得对自然生态的某种贡献或者个人精神的安慰，如绿色饮食、素食主义等。餐饮产品是由文化、科技、环境、服务、菜品、酒水、创新等构成的综合性产品。

（二）餐饮业的基本特征

1. 产品的生产与消费的同时性

餐饮产品是由文化、科技、环境、服务、菜品、酒水、创新等构成的综合性产品。就菜品而言，具有规格多、批量小，生产过程时间短，原料、成品易变质，产量难以预测等特点。就服务而言，具有服务不能量化，服务只能当次使用、当场享受，服务和生产、消费同步进行，服务受服务人员的性别、年龄、性格、情绪和服务环境以及服务时间影响较大等特点。因此，餐饮产品的生产与消费具有同时性。

2. 产品的生产和销售的劳动密集性和时间集中性

顾客对餐饮产品的需求相对时间集中、地点集中，这就使得餐饮产品的生产，必须有大量的人力、物力，在最短的时间内完成，并且同时完成产品的销售。

3. 餐饮消费的多功能性

餐饮消费的消费群体、消费目的、消费性质各不相同。餐饮消费既是一种以消费者个体满足自身需要为目的的个体活动，也是一种消费者的公共性的、集体性的活动，在这些活动中，人们有进行政治的、经济的、文化的、情感的、思想的交流需要。餐饮消费既可以满足人们生存、发展的基本需要，也可以满足人们的社会需要。

4. 餐饮市场客源的广泛性

机关团体、企事业单位的各项接待，家庭的喜、寿各项支出，旅游者的个人消费，朋友、同事的各类聚会等都可以成为餐饮业的接待对象。面对众多的消费群体，各不相同的消费偏好，餐饮业的经营范围和经营方式也是十分广泛的。

5. 餐饮业的异质性和同质性

从整个餐饮市场来看，餐饮原料乏善可陈，烹饪技法也无非鲁、粤、川、淮扬等若干菜系及西、日、韩餐等，然而"谁也无法做出完全相同的一道菜"，这充分体现了餐饮产品的异质性。从同一业态来看，企业一旦推出一个新菜品或新品种，又很快就会被复制到各处，餐饮产品的同质性十分明显，同质竞争也十分激烈。

6. 与相关行业的关联性

餐饮业是旅游业六大要素（食、住、行、游、购、娱）的重要组成部分。旅游业的发展速度越快、发展规模越大，人们对餐饮产品的需求就越大。同时国民收入水平越高，人们的社会交往活动越频繁，人们对餐饮产品的需求也就会越大。

二、酒店餐饮文化的概念内涵、结构与特点

（一）酒店餐饮文化的概念内涵

餐饮业中提到文化概念时，通常有两个不同层面的理解：一是餐饮企业中的餐饮文化，二是餐饮企业的企业文化。其中，餐饮文化包括众多的内容，如观念文化、制度文化、环境文化、伦理文化，以及烹饪文化、面食文化、小吃文化、药膳文化、烹具文化、器皿文化、食俗文化、服务文化。这里的观念文化、制度文化、环境文化和伦理文化与企业文化相关，而其他文化则可看作餐饮文化在餐饮企业中的运用和体现。

从餐饮的角度讲，餐饮是一个广泛的概念，人们对其定义也各有不同。目前，对餐饮的解释主要有两种：一是饮食；二是指提供餐饮的行业或者机构，通过满足顾客的饮食需求，获得相应的服务收入。而餐饮文化则是在餐饮基础上的延伸，并结合文化的概念进行的衍生，指的是与餐饮相关的各个方面的集合。从文化的角度来说，根据《辞海》的定义，文化是一种历史现象，它贯穿于人类的整个发展历程，渗透于当今企业经营和饮食活动，体现在各个方面、各个环节之中。基于这种分析，餐饮文化也属于文化的范畴。目前研究中关于"饮食文化"的概念探讨较多，这与本研究中出现的"餐饮文化"概念存在一定的区别。本研究中餐饮文化注重的是满足吃喝有关的所有范畴；而饮

食文化则不仅仅侧重于食物,更注重饮食与其他范畴的结合意义,范畴更为广泛。

随着当今社会对餐饮文化研究的不断深入和广泛,对其内涵有着不同的理解和解释。在《中华膳海》中对饮食文化表述为:指饮食、烹饪及食品加工技艺、饮食营养保健,以及以饮食为基础的文化艺术、思想观念与哲学体系之总和。赵荣光教授认为,饮食文化是无比复杂的人类社会现象,它几乎同人类文化的任何门类都有程度不同的关系。可以说任何一个民族的文化在一定意义上讲都是一种饮食文化,全面地了解了一个民族的文化,也就从一定意义上了解了那个民族的历史;反过来说,只有全面了解了一个民族的历史,才可能全面了解那个民族的饮食文化。何宏则认为,饮食文化是指特定社会群体食物原料开发利用、食品制作和饮食消费过程中的技术、科学、艺术,以及饮食涉及的习俗、传统、思想和哲学,即由人们生产和生活的方式、过程、功能等结构组成的全部食事的总和。

一般来说,餐饮文化可以从狭义和广义两方面来理解。狭义的餐饮文化专注于餐饮的精神方面,指通过食物、烹饪以及餐具、就餐的形式等体现出来的价值观念、习惯方式和被人们普遍接受、沿袭相传的各种习俗。广义的餐饮文化则同时关注餐饮的物质和精神两方面,指食物原料的利用、食品制作和餐饮消费过程中的技术、科学、艺术,以及以餐饮为基础的习俗、传统、思想和哲学,即由人们食生产和食生活的方式、过程、功能等结构组合而成的全部食事的总和,是关于人类在什么条件下吃、吃什么、怎么吃、吃了以后怎么样的学问。

通过以上对餐饮文化的本质与内涵的阐述,我们可以将酒店餐饮文化界定为:酒店餐饮文化是餐饮文化在酒店的一个缩影,是酒店餐饮部门在经营管理活动中形成和发展起来的以酒店成员所共同认可的价值观念、行为准则和思维模式为核心内容,以规范化和特色化的服务行为与服务产品为表现形式的一种部门文化现象,其概念内涵包括:

①酒店餐饮文化是在酒店餐饮经营活动中形成的一种服务文化现象;
②酒店餐饮文化的核心内容是餐饮服务的价值观念、行为准则和思维模式;
③酒店餐饮文化的外在表现形式为规范化和特色化的服务行为与服务产品;
④酒店餐饮文化是餐饮文化在酒店的缩影,属于部门服务文化的范畴。

(二)酒店餐饮文化的内在结构

酒店餐饮文化的内在结构,是酒店餐饮文化的构成要素在整个酒店餐饮文化中的纵向排列与组合形式。按照从外到内的层次划分,酒店餐饮文化的内在结构依次由表层的物质文化、浅层的行为文化、中层的制度文化和核心的精神文化构成。其中,表层的物质文化主要指酒店餐饮部门的物质文化和产品文化,是酒店企业文化中最具体、最直观的表现部分,是酒店餐饮文化的硬外壳;浅层的行为文化主要指酒店餐饮部门的软环境文化和员工行为文化,是酒店在与社会、与顾客、与职工之间交往过程中所表现出的酒店气质和风貌,是酒店餐饮文化的软外壳;中层的制度文化主要指酒店餐饮部门的体制文化、组织文化、规章制度文化、管理文化等内容，是在传统管理文化中的约束性、规范性的功能中融入情感性、教育性的功能，成为酒店餐饮业文化硬、软外壳的支撑；核心的精神文化是酒店餐饮文化的本质，属于最高层次，是餐饮文化的灵魂，包括酒店餐饮部门在经营活动中体现出来的意识以及用以指导经营活动的伦理道德观、价值观、企业伦理观和企业价值观等。

（三）酒店餐饮文化的特点

中国酒店餐饮文化在长期的发展过程中，形成了自己独特的特性，主要表现为以下三个方面，即历史继承性与发展性、地域性和民族性。

1. 历史继承性与发展性

自原始社会发端以来，中国餐饮文化源远流长，经久不衰。朝代的更迭和社会制度的变更都未能阻止它发展的脚步。餐饮文化在中国的发展，固然其首因是中国人对吃的重视，同时，开放型餐饮文化的存在也起到了促进作用，正是开放式的中国餐饮使得中国的餐饮文化能够持续发展。从三皇五帝一直到清代，中国餐饮从未停止对西方和国内民族餐饮文化的吸纳和传播活动。例如，清代的粤菜系便是吸收西方餐饮文化而产生的。中国餐饮文化在面对外来餐饮文化冲击时，用一种兼容并蓄的大气将冲击转为发展的动力，而对餐饮的重视和开放性餐饮文化也是中国餐饮业持续繁荣发展的先决条件。中国人重视吃，无论是家庭聚会、朋友相见、商务会谈，很多场合都离不开宴请。这一餐饮传统大大刺激了中国餐饮业的繁荣。

早在商末，就已经有了简单的餐饮业，姜尚就曾"屠牛之朝歌，卖饮于孟津"。到唐宋时期，餐饮业十分繁荣，各类餐饮店林立，既有高档的"正店"，又有小食铺；既有卖北食、南食的食肆，也有卖川食、罗食（山东河北风味）的食肆。明清时期，餐饮业进一步发展。明朝开国皇帝朱元璋就曾下令在南京开办16座酒楼，由天子倡令开办酒楼，揭开了明代伙食业大规模发展的序幕。清代酒肆的发展，更是超过以往任何时代，酒肆数量激增，风格多样，档次细分。而开放性的餐饮文化特性又使得餐饮业能够不断地推陈出新，保持旺盛的生命力，如南宋杭帮菜的崛起就是南北餐饮文化融合的结果。再如辣椒这一原产美洲的食物，自明末清初由南洋传入中国后，影响了中国很多地区的餐饮风味。现代的餐饮业更是借鉴了不少西方餐饮的工艺、习俗和管理，如连锁中式餐饮的出现就是向西方餐饮业学习的结果。可以说中国餐饮文化的继承性和发展性决定了中国餐饮业的持续性发展，两者是不可分割的。

2. 地域性

中国地域广大，食物原料分布地域性强，各地发展程度不一。在文化悠久和封闭程度等综合因素的作用下，中国形成了许多风格各异的餐饮文化区。

《楚辞》中的"陈吴羹些""吴酸蒿蒌""和楚沥只"等诗句，表明人们已经意识到餐饮具有地域性差异。汉唐以来，出现了"胡食""素食""北食""南食""川味"等称呼，用于区分不同区域的餐饮。到明清民国时期，区域性经济文化的发展使得区域内餐饮文化得到相应发展，地区特性更加明显。"北食""南食"等较笼统的说法也被更细的"京菜""徽菜""扬菜"等所取代。时至今日，中国到底有多少个菜系，可谓是众说纷纭，莫衷一是。

有人认为"菜系说"不能代表中国餐饮文化的区域性，而将中国餐饮视为一个文化圈，划分东北、京津、黄河下游、东南、中北、黄河中游、长江中游、长江下游、西南、西北、青藏高原及素食圈等子餐饮文化圈。不管怎么划分和归总中国纷繁复杂的地域餐饮文化，同一菜系或是同一圈层内的餐饮文化又可分出许多子系统。各个子系统之间又在相互交融和排斥后形成各自的地方性特色。因此，从实践的角度来看，中国餐饮文化的地域多样性，为餐饮业提供了实施差异化竞争的素材。从川、湘、粤、鲁各地菜式到山西面食、江南小点、烧烤、火锅都可以成为餐厅的主打菜品，这不仅有利于餐饮企业树立起本餐厅的特色，避免同质竞争，也符合现代社会消费者追求多元化产品的消费趋势。

3. 民族性

中国是一个少数民族众多的国家，由于生活、地域、传统文化、发展水平等差异的存在，不同的少数民族在餐饮文化上形成了各自的民族文化特色。由此，中国餐饮文化的民族性也为中国餐饮业的发展提供了良好的素材。例如，近几年在全国范围内兴起的蒙古族餐饮热就是在此基础上形成的餐饮文化特质。蒙古族餐饮作为北方餐饮的重要组成部分，无论是肉食还是奶食都体现了独特的草原文化内涵和蒙古族人民的餐饮习惯。蒙古族餐饮目前在全国餐饮业已初露锋芒，不仅在北京、上海、广东、浙江、江苏、辽宁等经济相对发达地区广受欢迎，在云南、福建、西藏、青海、新疆、黑龙江、海南等旅游地区也颇具规模。蒙古族餐饮的一些餐饮品牌也逐渐被人们所熟知，如小肥羊、小尾羊、小蒙羊、草原兴发等涮羊肉品牌在全国乃至港澳台和海外地区都有一定的影响力。一些以蒙古族餐饮为主要特色的餐饮企业更是将蒙古族餐饮文化、蒙古族建筑和歌舞文化相结合，将蒙古包架到了京、沪、穗等地区，载歌载舞招待各方食客。

三、酒店餐饮文化的功能

酒店餐饮文化的功能具有双向性，根据餐饮文化对消费者和餐饮经营酒店企业的意义或用途，可将其分为餐饮文化的个体功能和企业功能。

（一）餐饮文化的个体功能

首先，餐饮成礼指的是餐饮可作为礼制的起源之一，食礼引出等级人伦之礼。在中国古代，餐饮内容、礼仪、规模等方面都有严格的等级礼制，以用来别尊卑、区长幼。其次，孕和产灵指的是餐饮文化可以激发文人墨客的创作灵感，"李白斗酒诗百篇"就是最好的注解。再次，餐饮文化还可以陶冶人的性情，提升品位。此外，餐饮还有亲和剂的作用，除夕、春节、元宵节要吃"团圆饭"，在聚餐和宴饮中，调和了人际关系，敦睦亲友、邻里。例如，清代康熙帝、乾隆帝多次举行"千叟宴"，其目的之一就是要团结人心、树立纲纪。最后，餐饮文化还能给食客以美的感受。艺术化作为中国餐饮文化的一个极为突出的特征，广泛地体现在餐饮器具、食品制作、食物的香味名音、餐饮环境等方面。中国餐饮文化经过不断深化和完善，最终发展出独立、系统和严密的"十美风格"餐饮审美体系，包括质、香、色、形、器、味、适、序、境和趣，对现代酒店和餐饮企业具有重要的影响意义。

（二）餐饮文化的企业功能

餐饮文化功能的另一个层面是企业功能。中国的餐饮文化对餐饮企业有如下几个方面的促进作用。首先，餐饮文化是提高餐饮企业整体素质和企业竞争力的主要途径。由于广大人民物质生活和精神生活的全面提高，餐饮活动不再以求生存为唯一目的。无论是出于公务应酬还是私人交际，大家都希望餐饮既能提供风味特色的产品，又能提供温馨雅静的环境和良好的服务氛围，而这一切，离不开餐饮文化的支撑。如同一只鸭子无法成就一个全聚德，鸭子背后的文化才是全聚德百年长存的秘诀一般。优秀的餐厅吸引客人的，首先是文化上的吸引，拥有丰厚文化底蕴的餐厅才能得以沉淀并传承。现代餐饮业的竞争不仅是产品和服务的竞争，餐厅所传递和打造的文化才是区别本餐厅与彼餐厅的关键，才能形成企业独特的竞争力。其次，餐饮文化是提高从业人员服务水平的有效途径。中国传统的餐饮文化是一个取之不尽、用之不竭的宝库。它能够有效激发厨师的创作灵感，开发出别具一格的菜品。例如，"红楼宴""孔府宴""随园食宴"等，都是在借鉴了我国优秀的传统餐饮文化后开发出来的新品宴饮筵席。对服务人员而言，中国餐饮文化也能够提高服务人员的服务水平。过去，餐饮企业认为服务员只要能擦桌扫地、会摆台接待、懂礼貌用语就足够了。而今却不然，餐厅服务员应该具备充分的餐饮文化知识。首先应该做个导食员，要懂得菜品基本技法和口味特点，便于向顾客介绍推荐；其次还应是个故事讲解员，在进餐中不时向顾客讲解饭菜的典故趣闻，以增进顾客的食兴和食欲。例如，素有"不进真不同，未到洛阳城"之称的"真不同"饭店是专营洛阳水席的老字号，其包厢服务员不仅身着传统服饰，能为顾客详细讲解每一道菜的渊源，甚至还能唱豫剧为食客助兴。

另外，餐饮业员工通过汲取这些传统文化的营养付诸实施并身体力行，又将对社会公众产生巨大的影响。在日积月累的潜移默化中，也会净化其心灵、陶冶其情操。因此，餐饮文化作为中华民族传统文化的一个分支，也应该成为进行爱国主义教育、加强社会主义精神文明建设的内容之一。

第四节 酒店餐饮文化建设存在的问题与改进策略

自从改革开放以来,国际各大品牌酒店相继进入中国,对国内酒店业形成了极大的冲击,使得国内酒店业的竞争更加激烈。为了在激烈的市场竞争中生存下去,国内酒店必须尽一切手段提高自己的核心竞争力。酒店餐饮文化贯穿酒店餐饮经营的全过程,促进经营目标的实现。尽管酒店餐饮文化可能不是直接的表现因素,然而其对酒店餐饮的发展具有导向、规范、约束、凝聚和融合等重要作用。因此,研究和探讨酒店餐饮文化的建设对策对酒店发展具有重要的意义。

一、酒店餐饮文化建设对于酒店发展的影响

(一)酒店餐饮文化建设是酒店餐饮核心竞争力的关键因素

一个酒店的餐饮文化如果建设得非常成功,必须具备以下特点:①简明易懂、以理服人,令人心悦诚服;②得到员工和消费者群体的广泛认同;③出现在其指导下成功的实践案例;④使酒店餐饮员工产生归属感和使命感。这也是酒店餐饮文化成为酒店餐饮的内在驱动力的基础。酒店餐饮的竞争实质上是一种文化的竞争,在这种竞争中,酒店餐饮的信誉、形象、品牌和知名度已经成为酒店餐饮不可估量的无形资产,在市场竞争中拥有十分重要的地位。因此,现代酒店餐饮的竞争,归根到底是酒店餐饮文化的竞争。酒店餐饮文化的建设就是要提高酒店餐饮的核心竞争力,以获得良好的酒店餐饮经济效益。酒店必须重视餐饮文化,以文化占据市场的制高点,并以其推动酒店餐饮的发展,这是提高酒店餐饮核心竞争力的关键因素。

(二)酒店餐饮文化建设是酒店餐饮发展强大的内在驱动力量

酒店餐饮文化建设是酒店餐饮发展强大的内在驱动力量,主要表现在酒店餐饮文化所具有的凝聚作用、导向作用、激励作用与约束作用。

1. 酒店餐饮文化的凝聚作用

酒店餐饮文化在酒店的日常运营中是必不可少的,它不仅可以树立员工的团队协作意识,同时可以增强员工与酒店之间的凝聚力。如果酒店餐饮的事业目标在符合酒店利益的同时也兼顾到了员工的利益,这个时候酒店餐饮文化的凝聚力就日益显现出来,实现了个人与集体的双赢。

2. 酒店餐饮文化的导向作用

酒店餐饮文化与酒店的核心价值观与企业精神往往都是一脉相承的,在酒店的日常经营活动中,整个餐饮文化通常发挥着无形的导向作用,让酒店的发展能够沿着正确的轨道稳定地发展。

3. 酒店餐饮文化的激励作用

酒店餐饮文化所形成的文化氛围，它不仅会影响到工作氛围，同时也会影响到员工对于酒店工作的积极性。酒店餐饮文化能够激发员工的创新服务能力以及主动性，使员工的潜力得到最大程度的挖掘，提高酒店的服务质量。

4. 酒店餐饮文化的约束作用

酒店餐饮文化与酒店管理规范之间的关系如法律与道德的关系一样。酒店餐饮文化无形中约束着员工的行为，在一些管理规范不能涉及的方面也发挥着作用，这样的约束使得员工能够明确自己的工作内容和意义，提高自身的修养，从而提高整个酒店的服务质量。

二、酒店餐饮文化发展过程中存在的主要问题

（一）未能充分理解酒店餐饮文化的重要性

我国许多酒店管理者并不重视酒店餐饮文化的作用。如某大酒店，餐饮部门招聘来员工以后，如果招聘的员工达到一定数量，就做一些简单的技能培训；如果人员比较少或是忙时，就直接跳过培训阶段，员工直接上岗。这就导致员工对酒店的餐饮文化一知半解，没有归属感。我们应该清晰地认识到，酒店要想留住人才，避免人才流失，应该充分利用自身餐饮文化的凝聚力，让员工对酒店产生归属感。只有这样，酒店才会拥有大批有经验有能力的人才，自己的核心竞争力才会越来越强。酒店餐饮文化是决定酒店餐饮经营活动成败的关键因素，对酒店餐饮的发展起到决定性的作用，可以说是酒店餐饮运营的"大脑"。

（二）酒店餐饮文化等同于酒店餐饮的规章制度

胡卫红在《关于我国酒店企业文化的思考》一文中提道："企业文化并不等同于具体的规章制度，企业文化是一种沉淀，是一种使命，是一种态度，同时企业文化是一种精神，也可以说是一种管理思想和方法，它是企业管理者和员工共同缔造的、隶属于文化范畴的一种特殊文化。其价值如果得到了企业成员的广泛认同，便成为一种真正的、得以传承的企业文化。"酒店餐饮文化归根结底就是一种企业文化，所以它不是酒店餐饮的规章制度。但是某些酒店管理者却有一种错误的认知，认为酒店餐饮文化就是餐饮部门的制度，并以此制定出各种各样的规章制度。"无规矩，不成方圆"，有制度固然是件好事。但是这种硬性规定的制度却会抹杀员工的工作积极性与创造性，在追求个性化服务的今天，显然是行不通的。

（三）酒店餐饮文化的建设仅有管理者的参与

作为酒店餐饮部门的管理者，尤其是高层领导者，应该深知酒店餐饮文化的建设不仅仅是管理者的工作，同样也需要全体员工和消费群体的参与。某些大酒店的高层领导者就犯了这样的错误，酒店餐饮文化的建设完全就是领导说了算，中低层管理者、服务

人员甚至只是纯粹的执行者，而消费者则只是酒店餐饮文化的接受者。当然这样创建的酒店餐饮文化已经丧失了凝聚力，不仅使得员工缺乏对酒店的归属感，而且让消费者很难接受它。要改变这种状况，我们认为酒店在创建餐饮文化时就应该让员工和消费者群体积极参与，认真听取他们的意见，明白他们的所思所想。只有这样，酒店的餐饮文化才能满足消费者的需求和酒店发展的需要，才能被广大员工和消费者认同并接受。

（四）不了解酒店餐饮文化是一种动态的文化

时代在变化，酒店餐饮文化也要有所变化，因为酒店餐饮的顾客群体及酒店餐饮员工也在变化。但是有相当一部分酒店却没有认识到这一点。例如，某大酒店依旧如在改革开放初期酒店所追求的"标准化服务"一样制定一个标准，然后让所有员工遵循这个标准，缺乏变化。在目前人们生活水平和消费意识有着极大提高的时代，这一点就很难让酒店餐饮得到顾客的认同。随着物质生活水平的提高，现代消费者需要的是个性化服务，而现代员工则更加注重自己的职业规划。如果我国的酒店不能随着时代的变化而改变自身的餐饮文化，还是沿用过时的餐饮文化，肯定不能满足新时代顾客和员工的需求。

三、酒店餐饮文化建设的改进策略

（一）准确定位酒店餐饮文化

酒店要准确把握餐饮文化的定位，主旋律不能随风而动、随心所欲，务必符合顾客群体的欣赏习惯，符合经营主题，符合市场经济，遵循经济规律。餐饮文化的发展趋势是物质文明和精神文明同步到位，多元化、多层次、全方位的发展。只要我们恰如其分地实现餐饮文化与餐饮经营的结合，必将有力地推动餐饮业的发展。

（二）发掘餐饮的文化价值

一个酒店能够在竞争中长盛不衰，其品牌能够在市场上铿锵叫响，其团队能够在经营理念上"上下同欲"，靠的就是其文化。我国餐饮文化博大精深，源远流长，堪称旷世之宝。面对激烈的市场竞争，尤其是入世后中国企业的唯一竞争优势就是品牌和支撑品牌的企业传统文化。我们就是要充分挖掘蕴含在餐饮之中的文化价值，促使其转变成巨大的经济效益。这就必须实现餐饮文化与餐饮经营的结合。

（三）饮食与环境相交融

食景交融，就是在装饰、陈设、色彩、桌椅、灯光、礼仪等方面融入文化因素，营造浓重的人文气氛，并与美食交相辉映。这样的餐厅在形象上要凸现个性化、诱惑力，能刺激食客的欲望，调动食客的热情。在装饰风格上，与人文景观相结合。这里面包含两个层面：一个层面突出经营菜系的地域文化的风格；另一个层面，与菜肴、菜名相交融。在店名上，取个好店名，创意独特，寓意不凡。一方面，可以体现出酒店经营者的文化修养和经营才华。另一方面，让顾客看到店名时，眼睛为之一亮，心头为之一震，从而激发人们的好奇心，吸引顾客上门。关于店徽方面，店徽是酒店餐饮部门形象的标志物，要给人以很强的形象冲击力、渗透力，力求做到线条简明，寓意深刻，富有个性。其他诸如桌椅、服饰、礼仪、灯光、音响等，均应巧妙得体地设计策划，增添文化气氛。

（四）丰富酒店餐饮文化的内涵

酒店餐饮文化是推进酒店餐饮发展的动力，是坚挺品牌的支撑，是提高团队活力的源泉，是增强竞争力的创新。因此，丰富酒店餐饮文化的内涵对于酒店餐饮文化的建设和发展至关重要。首先，响亮地喊出"上下同欲"的经营宗旨和经营理念。要求富有时代感，给人以强烈的感染力，能体现"明礼诚信，服务大众，与时俱进，开拓创新，团结拼搏"的企业精神。其次，制定严格的科学管理制度，将标准化管理贯穿于餐饮的全过程。最后，培养有文化涵养的高素质人才队伍，其素质直接关系到能否有效地实现酒店餐饮文化的建设。

（五）适时举办文化主题活动

举办美食文化节，是实现文化与餐饮融合的有效方法。酒店可以凭借这种形式展现菜肴的迷人风采，弘扬中华饮食文化，宣传自己的特色美食，树立高大的品牌形象，有力地拉动餐饮业的发展。具体表现为：第一，按照文化和餐饮结合的法则及其运行规律，真正把文化融入餐饮之中促使美食节产生质的变化及随之而来的轰动的经济和社会效益。第二，美食文化节要以展现美食为主题，决不可将一些与餐饮毫不相干的内容硬塞其中，本末倒置，主次不分。要提倡创造性文化，与时代脉搏和经济发展同步的文化。第三，在内容和形式上力求多样化。不要只局限于展示美食新品、精品、组织烹饪比赛；而要本着扩大促销和繁荣餐饮的目标，开展丰富多彩的活动。比如，征求旅客意见，组织餐饮研讨，宣传新饮食观，安排紧密结合餐饮文化的文娱演出、诗歌朗诵，邀请名人助兴等。第四，在选择时间上要配合当地全国和地区性的经贸、旅游活动及民俗民风的节日。

第五节 杭州创意餐饮文化品牌案例分析

在创意经济时代，作为传统服务业的餐饮企业之间，其竞争已不再单单取决于菜品，消费者想要追求的是更高层次的心理满足。因此，餐饮企业开始将注意力投射到文化品牌的建构上来，这不仅可以提高企业的文化品位，更是一种高层次的竞争境界。笔者通过消费者聚集的"大众点评网"，选取了认可度很高的两家杭州本土创意餐饮品牌（杭帮菜创意代表"外婆家"、传统美食与现代经营方式融合的"甘其食"），从文化与创意的视角分析其文化品牌建构策略，并探讨具有普适性的杭州创意餐饮文化品牌构建的策略与价值,以期为丰富酒店餐饮文化的内涵和酒店餐饮文化的未来发展提供启示。

一、创意餐饮文化品牌与杭州创意餐饮的概况

(一)创意餐饮与文化品牌的概念

创意餐饮作为传统餐饮形式的转型与升级,具有鲜明的独特性。"创意"一词就已体现了推崇创新,力求以创意来创新"吃文化"。创意餐饮依循着"文化+创意=财富"的理念,在发展的过程中需要不断挖掘已有的文化底蕴,加之以不断地革故创新。因此,本文中的"创意餐饮"是指"品牌创始人综合运用自身的人文素养和创新技能,为餐饮企业的发展提供源源不断的创造力,而不仅仅如传统餐饮一样只重食物与服务"。"创意餐饮"体现着技术、经济和文化的交融运作,其核心价值就在于文化创意的生成,是一种具有强劲竞争力的创造性和文化特殊性活动。其最佳体现就是文化品牌,它可以全方位展示创意餐饮的产品和经营。

一个优秀的文化品牌必须要有独树一帜的文化核心理念。创意餐饮的文化品牌就是立足于自身优势,体现出文化经济价值和精神价值的双重凝聚,是集人文理念塑造与文化经营之大成的品牌观。创意餐饮的文化品牌体现了现代餐饮业中文化精神的影响力和作为企业文化的核心竞争力,其产品具有高附加值,有利于引导消费者进行文化消费行为。同时在传承文化精神的社会效益和获得经济利润的经济效益下,文化品牌有着强大的生命力。

(二)杭州创意餐饮的历史沿革和现状

杭州的饮食文化源远流长,在人类物质和精神文化的发展过程中不断丰富着自身的内涵。《史记》载,"楚越之地,饭稻羹鱼",可见当时鱼米之乡杭州饮食业的发达。南宋《梦粱录》载,杭州"自大街及诸坊巷,大小铺席,连门俱是,即无空虚之屋"(卷十三),茶坊、酒肆、食店及饮食服务业占众多店铺市场的三分之二。更有《都城纪胜》载,杭州经营餐饮店铺类型有茶酒店、包子酒店、宅子酒店、花园酒店、直卖店等八九种之多,且茶坊、酒楼都装饰讲究,环境优雅,器皿华贵,服务细致。南宋饮食服务业的鼎盛可见一斑,当时出现了不同地方风味的专营酒楼,形成了地方风味的四大菜系,同时还有宫廷菜系,体现了杭州饮食文化精致、和谐、大气、开放的悠久历史和传统渊源。鸦片战争后,除了和西方饮食文化有了新的接触外,国内交流也日益广泛,杭帮菜在此时吸纳了中国其他菜系的特点。改革开放以来,杭州作为著名旅游城市,对内、对外交往增多,杭州菜与兄弟菜系越来越融为一体,取百家之精华,成为无宗无派的集大成者。

今天的杭帮菜受到大众欢迎,倚赖其师承各帮,守成中创新,总结中提高,继承中发展。杭帮菜的创新表现在多个方面,如菜品、配料、工艺、口味、烹饪上的改进。正是由于博大精深的饮食文化,为杭州创意餐饮文化品牌的构建提供了深厚的文化积淀。

随之在餐饮店面的环境和服务方面,也开始有了创新。从杭州传统的酒楼、茶馆中华美或古朴的环境装饰,到"食不厌精、脍不厌细"的菜肴本身,讲究色、香、味、美、鲜,到服务的细致周到,无不透出精致的传承味道与创新的和谐气息。

二、杭州创意餐饮文化品牌构建的典型案例分析

(一)外婆家:家乡味,品牌情

1998年第一家外婆家正式开张,经过20多年的工夫,如今"外婆家"门店已覆盖浙江、上海、江苏、北京等地,成为门庭若市的创意中餐厅。外婆家餐饮公司还相继创办了"速堡""指福门""第二乐章""运动会",包括"外婆家"等多个知名创意中餐子品牌。它们各自以独特的营销方式和文化理念,将餐饮企业做成文化创意企业,用文化和创意来带动消费,不仅带来了良好的经济收益,还形成了浓郁的文化氛围,具有很强的竞争力和旺盛的生命力。

连锁经营,树立多品牌定位。2004年"外婆家"子品牌"速堡"诞生,2007年精致中餐新品牌"指福门"问世,2009年推出一子品牌——"第二乐章"精致简餐,2010年又推出杭城首家运动风格主题餐厅——"运动会"等,它们为外婆家餐饮企业的文化品牌建构带来了举足轻重的影响,并且它们各自都保持着外婆家餐饮"排队候餐"的秩序和倡导着一种"品质且时尚"的生活态度。

"快时尚",创意餐饮空间感。外婆家的各品牌店面设计包括动线设计颇具美感。创意则体现在将出菜口设在了餐厅居中的地方,服务员拿到菜品后抵达各个区域时间大致相同,提高了劳动效率。除此之外,餐厅内所有装饰用的摆件和绿色植物从地面抬高到了墙上,同时还将用于放置备用碗筷纸巾的柜子嵌入墙内,这样一来节省地面空间,二来树立了"外婆家"创意餐饮企业独有的装修风格。而最能体现外婆家创意餐饮文化理念的,就是不同于其他餐厅以给顾客宽松就餐空间为消费吸引力,而是反其道而行之,提倡互不认识的顾客们"拼桌而坐",这样不仅节约餐厅空间,还能增进人与人之间的交流。

混搭风,追求差异化竞争。多品牌策略是外婆家混搭风的主要体现,其菜品同样是混搭了南北口味。当然,风格迥异的装修也是其混搭风的一部分,特殊之处则是其主品牌"外婆家"的每家餐厅装修都不一样,当然这与其目标消费群体的差异化竞争关系密切。

(二)甘其食:小包子,大品牌

杭州甘其食餐饮管理有限公司秉持"以现代经营管理模式发展中式传统饮食"的理念,以其独树一帜的文化理念、管理手段、营销模式受到广大消费者的青睐。"甘其食"如今拥有公司门店达100多家,成为名副其实的"包子大王"。

植根传统文化,坚持品牌定位。"甘其食"名字源自《道德经》中的名言,"甘其

食，美其服，安其居，乐其俗"，意思是百姓只要吃得香、穿得暖、有地方遮风挡雨，便可知足常乐。"甘其食"，就取意老子对百姓食仪的理解，致力成为受人尊重的经典东方美食品牌。它将传承中华传统文化融入品牌之中，成为一种能体现消费品位、消费文化的象征，与其他的小吃餐饮品牌形成了鲜明的差异化。根据"大众点评网"发布的搜索排行，甘其食包子的排行首屈一指。其主打产品就是鲜汁肉包，这个鲜明的定位在品牌图标上就有所体现。

树立核心价值，引导文化消费。甘其食紧紧抓住了现代人文化消费的特点，在加强物质层面的同时不断提升文化软实力。甘其食大力传承了"真""善""美"的品质，以此作为企业的核心价值观。"甘其食"认为传统美德里的"真"在当今社会的餐饮业中就是对人对事的尊重，工作的高效、高品质，精管理。真诚是一切做人及做事的根本，而真诚态度的背后全赖于一份对人及对事的尊重。而"善"就是在和谐、价值观、社会责任中体现其将生产各环节上精减下的成本，实效地转换到三方面：产品价格的让利、员工的薪酬提升，以及企业文化的建构，形成良性循环。"甘其食"始终以社会的一分子来定位自身，在其官网上也能经常看到吃包子大赛、腰鼓队表演、阿甘有礼等活动，和消费者形成友好、和谐的相处氛围，并以此潜移默化地打响品牌。总的来说，"甘其食"立足于传统文化，打造出了符合现代企业的人文素养，打响了文化品牌。

坚持与时俱进，拓展创意传播。从2009年进入杭州，"甘其食"一直秉持着"以现代经营管理模式发展中式传统饮食"的理念运营，在宣传方式上更是富有创意。作为网络宣传的门面，甘其食的门户网站也一如既往地秉持着传统文化精神，以柔和的色调、舒缓的字体、老子的画像，以及中国风的图案向消费者展示着"以和为贵"的中庸思想。"甘其食"在微博宣传上的成就，更是为其赢得了全国餐饮品牌微博运营比赛的成长入围奖。

三、杭州创意餐饮文化品牌构建的策略与价值

文化创意是文化品牌建构过程中的精髓所在。从"外婆家"快时尚的餐厅文化和多品牌的创意理念，到"甘其食"传承传统与现代管理相结合模式，主张"真、善、美"的中华美德为企业核心文化，无不体现着杭州本土创意餐饮在文化品牌构建中高尚的人文情操、深厚的文化底蕴，乃至敏锐的时代触感与创意思维。这在很大程度上提升了杭州"创意城市"的创新力、资本力、消费力与文化力，突出了城市的比较优势。

（一）树立独特文化定位，打造优良精品工程

"外婆家""甘其食"的发展壮大，首先就在于树立了独特的文化定位，形成了品牌的差异化。从外婆家餐饮传承"家的文化"，到甘其食以高标准的优质食材，通过最传统的方式加工，将"和为贵，真善美"的核心品牌文化融入每一个包子中，意在表达对传统美食文化和中华传统美德崇尚的定位。我们不难发现，在文化底蕴的催化下，发酵

出独树一帜的文化特色是当今创意餐饮文化品牌构建的首要目标。

(二) 巧妙实施营销活动，重视维护文化品牌

案例中两家创意餐饮在营销方面各有千秋。"外婆家"是利用营销活动中的整合营销思维来推广其品牌的。其餐饮连锁之所以能够发展到如今家家排队的状况，重要原因就是管理者准确定位了主消费群体，并将配套设施建设完善。由于外婆家创意餐饮的消费群体大都是追求美味、时尚与品位的城市白领，因此管理者瞄准顾客的回头率，首先考虑到了消费者的感受。如果从整合营销传播角度归纳"外婆家"在品牌建设上的努力，其成功体现了一种整合的效果：一是通过多层面的感受效果，强化顾客的餐饮体验；二是着眼于就餐的回头客，侧重客户关系维护。而在网络信息发达的今天，"甘其食"在官网和认证微博上都及时发布"吃包子比赛"与试吃员名额获取的方式，并将赛事进展及时上传，激发了消费者的参与度和持久的忠诚度。一个文化品牌的成功，离不开社会的支持。企业应积极维护自身品牌形象，从而赢得大众广泛认可。其中，"口碑传播效果"可以为品牌形成良好的"晕轮效应"。

(三) 提升城市品牌形象，助力创意城市建设

在全球化竞争日益激烈的时代背景下，英、美等国学者提出了"创意城市"的理论。杭州本土创意餐饮的文化品牌构建，将有助于杭州建设创意城市，主要体现在创新力、消费力、文化力的提升。首先，成为创意城市的魅力代言人。"外婆家""甘其食"等创意餐饮的文化品牌将使广大消费者受到一定心理暗示，日积月累，就成了特色文化产品的代言人。其次，突出城市的比较优势。在文化创意时代，文化品牌将大大提升创意城市的比较优势。"外婆家""甘其食"等文化品牌的成功建构，是文化的精神价值与经济价值融合产生功效的结果，蕴含着无形的含金量。最后，提升城市品牌形象。创意餐饮文化品牌的塑造，将会推动杭州创意城市的品牌塑造。"外婆家""甘其食"等创意餐饮的文化品牌集中体现了创意主体的文化见识、文化自觉、文化自信和文化想象力。这些文化品牌将会更好地塑造城市的整体形象，增加城市的文化内涵，建构起充满活力的创意城市。

参考文献

[1] 胡朝举.论酒店企业文化建设［J］.管理观察，2009（11）.

[2] 张少飞.中国饮食的文化内涵［J］.郑州航空工业管理学院学报，2005（6）.

[3] 李林生.浅谈古今餐饮文化的传承、创新与发展［N］.华东旅游报，2009-12-17（10）.

[4] 王子辉.中国饮食文化发展趋势探析［J］.中国烹饪研究，1999（4）.

[5] 张水芳.旅游餐饮文化对提升酒店服务的价值探讨［J］.旅游纵览，2016（22）：82.

[6] 王波, 毛柯平. 旅游餐饮文化提升酒店服务价值研究——以宁波高端餐饮为例 [J]. 宁波经济: 三江论坛, 2013 (6): 22-23.

[7] 周鸿承. 中国饮食文化研究历程回顾与历史检视 [J]. 美食研究, 2018 (1): 14-18.

[8] 仇学琴, 姜若愚. 云南民族旅游餐饮文化产业发展研究 [J]. 经济问题探索, 2003 (4): 102-107.

[9] 张建忠. 论饮食文化旅游资源开发 [J]. 长治学院学报, 2009 (1): 9-11.

[10] 赵荣光. 中国饮食史 [M]. 北京: 华夏出版社, 1999.

[11] 胡淑芳. 企业文化在企业发展中的重要性 [J]. 黑龙江科技信息, 2001 (15).

[12] 胡卫红. 关于我国酒店企业文化的思考 [J]. 现代商业, 2010 (6).

[13] 季建学. 文化是企业竞争力的要素 [A]. 食文化与食品企业发展高层论坛文集, 2005.

[14] 王均, 刘秦. 文化品牌传播 [M]. 北京: 北京大学出版社, 2010.

[15] "外婆家" 企业官方网站.

[16] "甘其食" 企业官方网站.

第三章　酒店康乐文化

酒店康乐文化，就是凝聚在酒店康乐部门中的物质层面、行为层面、制度层面和精神层面的文化总和。目前来看，作为酒店业中的重要标志，康乐部的文化建设逐渐成为酒店市场竞争的有力武器，受到酒店业界与学术界人士的重点关注。因此，研究和探讨酒店康乐文化，不仅可以丰富酒店文化研究，还能推动酒店康乐部的持续发展，进而提升酒店市场的竞争优势和树立良好的酒店形象。

第一节　酒店康乐活动的发展历程

酒店康乐项目是新时代酒店运作和发展过程中重要的经营与创收项目之一，其起源可以追溯至原始社会时期，在经历了萌芽、初步发展、快速发展等时期后才形成我国现有的专业化康乐项目体系。

一、康乐活动的萌芽时期

在原始社会时期，出现了包括载歌载舞、在陡峭的山岩上绘画、在光滑的陶瓷上刻画等多种形式的康乐活动。例如，广西壮族自治区壮族先民绘制的壁崖画，其中最有代表性的画面就是宁明花山岩画，虽然学者对岩画上的内容研究持有不同的观点，但简单的画像勾勒中体现了生动形象的内容，反映了我国早期康乐活动最原始的活动形式。

二、酒店康乐活动的初步发展时期

20世纪初，国内随着科学技术的进步和生活质量的提高，人们的可自由支配收入也随之提高。自从我国"一周五天工作日"制度开始实行，人们的闲暇时间也越来越多，开始追求高质量、多样化的活动。国内的洗浴中心、歌舞厅、俱乐部等场所随着国内经济发展也迅速发展起来，国内酒店业也进入高速发展期，但是康乐功能也仅在高星级酒店设立，人们对康乐项目了解甚少。相对于酒店其他项目，顾客对康乐项目的需求较少，且酒店的康乐设施和功能均处于发展初级阶段，康乐项目发展速度缓慢。

三、酒店康乐活动的快速发展时期

到 20 世纪 90 年代，我国生产力得到极大的提高，人们拥有更多的闲暇时间去体验各种娱乐项目。为了提升生活品位，人们对康乐服务也提出了更高的要求，酒店业随之进入快速发展期。国内酒店康乐项目进入了新的发展阶段，酒店的康乐设施和功能也逐渐完善，客源从在酒店消费的客人发展为周边居民，康乐部逐渐发展为与餐饮部门有着同等地位的独立部门，不再附属于酒店任何一个部门。

四、酒店康乐活动的专业化时期

21 世纪初，随着人们的消费意识增强和消费能力提高，人们开始追求有品质的体验式康乐活动。康乐活动在科技、经济、文化发展基础之上形成了巨大的消费市场。康乐产业成为提高我国国民经济增长的新型产业。康乐项目不再依附于酒店其他部门而独立发展，健身房、桑拿中心、游乐园、美容美发等不同种类和规模的康乐场所也迅速发展起来。很多不以住宿、餐饮为主要经营项目的户外大型游乐场所，开始将餐饮、住宿、购物及宴会等项目纳入经营范围。例如，上海迪士尼主题乐园，除了有互动性的舞台表演和刺激性的游乐设施以外的园区，还增加了具有观赏性质的景区，以及集食宿、购物、会议、宴会、游泳等多种项目的主题酒店。

除此之外，国内酒店将康乐部门外包的形式转换为独立经营的模式，重视酒店康乐文化建设，酒店康乐部门硬件设施和器材向多样化、专业化方向发展，康乐服务不仅仅是满足顾客的基本康乐需求，还为顾客提供私人定制化的服务。康乐活动不再是少数人的选择，逐渐开始大众化，酒店康乐文化的管理和建设制度也趋于规范化和多元化。

第二节　酒店康乐文化的研究现状

一、国外酒店康乐文化的相关研究

国外酒店康乐的研究开始于 1969 年。美国标准产业分类与酒店业培训委员会在 *The Cornell Hotel and Restaurant Administration Quarterly* 和 *Hospitality Research* 期刊上刊登了酒店服务分类，首次提出将康乐服务归为酒店的核心服务产品。这个提议的实施是酒店康乐项目发展过程的一个里程碑。

瑞士洛桑国际酒店管理学院詹姆士·布朗（James Brown）博士 2009 年在《国际连锁管理》书中提到创建于 1967 年的国际著名法国雅高酒店集团发展史时，明确表明第一个品牌诺富特酒店将康乐项目作为酒店经营范围正式纳入酒店管理中。随后，英国专家埃德蒙·汤泰斯教授（Edmond Tomtes）在英国酒店期刊 New Things 中提出，为提升酒店康乐从业人员的职业素养，解决康乐工作人员的从业技术问题，为康乐行业培养高素质、专业性强的人才，呼吁成立专业的酒店康乐从业人员培训委员会。

二、国内酒店康乐文化的相关研究

近年来，随着国内经济的增长，旅游业开始快速发展，在国家政策的支持下酒店业进入飞速发展的阶段。各个酒店想要在全球竞争的大环境中占有一席之地，就必须在产品和服务创新上脱颖而出，而康乐项目对树立良好酒店品牌具有很大的可创造性。早在1995年，潘雨顺就通过分析酒店康乐中心的空间设计特征，提出了康乐中心空间布局的相关建议，对酒店康乐物质文化建设提供了可借鉴的思路。虽然国内对酒店康乐文化研究可供参考的文献较少，但是在研究康乐服务、管理与建设方面，学者们主要从酒店康乐活动的特征与酒店康乐行业的建设两方面提出了各自的观点，一定程度上为本书的酒店康乐文化研究提供了参考依据。

（一）酒店康乐活动的特征研究

关于酒店康乐活动的特征研究，张智慧、谢玮和闫晓燕三位学者（2016）认为，康乐活动具有多方面的特点和性质，康乐活动具有满足人们康体健身方面的需求即保健性；康乐活动的内容形式多样，对于不同的人群可选择的康乐项目不同，具有一定的适应性；随着社会发展，康乐活动越来越具有新颖性；康乐活动的内容本身具有运动性、刺激性的特点。曹希波（2007）在《新编现代酒店服务与管理实战案例分析实务大全》中提出，康乐部在提供服务过程中具有灵活性、随机性、协作性等特点。无论是顾客角度还是康乐部门经营者的角度，其本质都是对康乐活动过程的特征研究。酒店康乐文化特征研究是从顾客需求出发，站在经营者的角度对康乐活动过程聚集在酒店康乐物质、行为、制度及精神文化总和的研究。

（二）酒店康乐行业的建设研究

关于酒店康乐行业的建设研究，学者们主要集中于探讨酒店康乐行业的项目管理、经营管理与发展等方面。张智慧等（2016）在《康乐服务与管理》一文中详细阐述了康乐项目设置及项目服务与管理，从人、财、物等方面具体介绍了康乐部在实际运行过程中所涉及的管理内容。曹希波（2007）则在21世纪新特点、新要求背景下，提出酒店康乐中心的经营管理的基本知识与技能，列举了大量的现实案例说明新时代背景下酒店康乐中心的经营管理问题，并提出具有参考借鉴性的策略。张世泽（2001）在《现代酒店经营管理学》一书中，从行业的视角探讨康乐行业在经营与管理中存在的问题及其可行性分析，并提出相应对策。吕晞梅（2006）从宏观的角度提出了现代饭店经营战略，并深入分析了康乐行业的未来发展趋势。王宏鹏（2006）则从康乐教学视角，提出通过培养康乐创新型人才为康乐行业不断注入新鲜血液，进一步加快康乐行业的发展步伐。

张艺（2010）从康乐项目设置、康乐项目经营特色、康乐项目服务质量和康乐项目文化内涵四个方面对我国高星级酒店康乐部发展提出了建议。宋伟（2014）以济南22家高星级酒店康乐项目为例，系统分析了其内外部环境，并以满足客户需求为导向，以提升客户满意度为目标，进行了康乐项目的产品完善和市场定位。苏兴晖（2020）从高星级酒店建设与发展康乐部的现实意义入手，着重分析了当前存在的问题与康乐部发展的有效建议。卜荔娜和廖江惠（2022）对贵阳市朵芳阁酒店康乐部进行了调查，进而对度假型酒店康乐部发展提出了建议。

上述学者们的思考与分析，仅仅是从不同视角对酒店康乐部门建设、管理与发展的分析，并没有专门从文化软实力方面深入剖析酒店康乐活动与行业的可持续发展的本质。在这样一个经济快速发展的时代与全球酒店市场竞争激烈的环境下，高星级酒店想要在不采取外包经营的前提下，让酒店康乐项目在行业中赢得品牌效应，为酒店带来经济效益，让产品和服务在市场中占有一席之地，就必须以文化意识创新产品和服务。从文化的视角来思考和分析酒店康乐这个经济组织该如何建设与运转，把内部管理从技术层面、经济层面上升到文化层面，致力于酒店康乐文化建设，才能促进酒店康乐行业的可持续发展。

第三节 酒店康乐文化的理论概述

一、康乐及酒店康乐文化的内涵

（一）康乐的内涵

"康乐"一词，从字面上理解为健康与娱乐，这是没有歧义的。酒店的康乐内容主要包含运动项目与康乐项目两类。运动项目包含健身及一般运动项目，大多都可以在酒店室内进行，有利用现代化智能器械代替室外的运动设备，如室内跑步器、自行车、室内高尔夫球场和室内游泳池等。娱乐项目涉及的范围则更为广泛。现代生活向人们提供了更多的康乐内容。许多国外旅游业将美容类也纳入康乐的范畴，如美容的过程在国外的现代观念看来也是一种健身行为，因此，康乐的含义就扩大到了美容。这样，我们就可以大致确定"康乐"的基本含义及其范畴。康乐是指借助一定的设备、器械或场地，满足人们身心健康需要的一系列娱乐性的活动，包括健身活动、娱乐活动、休闲活动等。

（二）酒店康乐文化的内涵

酒店康乐文化是酒店文化的组成部分之一，理解酒店康乐文化的内涵必须根植于酒店文化的内涵并结合酒店康乐活动的特点。关于酒店文化的内涵，主要存在"三分法"和"四分法"两类观点。"三分法"认为,酒店文化分为物质、制度、精神三个层次;而"四分法"认为,酒店文化分为物质、制度、行为、精神四个层面。由此,我们认为,所谓酒店康乐文化,指在酒店康乐部中所凝聚的物质层面、行为层面、制度层面和精神层面的文化总和,具体体现在康体项目、保健休闲项目、娱乐项目三个领域中。其内涵包括:

(1)酒店康乐文化是一个完整的文化,是在酒店康乐部中所凝聚的物质层面、行为层面、制度层面和精神层面的文化总和。酒店康乐部在酒店中属于一个独立个体,它有自己的空间、管理模式与理念及制度要求。

(2)酒店康乐文化具体体现在康体项目、保健休闲项目、娱乐项目三个领域中。酒店康乐项目分为康体、保健、娱乐三大类。康体项目主要包括游泳、球类运动、器械运动等项目,保健休闲项目主要包括洗浴汗蒸、按摩、美容美发等,娱乐项目主要包括歌舞类、游戏类、表演类、附属类等。各类项目在不同的场所和部门进行,从而员工的经营理念和价值观等思想就会略微有所不同,所以说酒店康乐文化是体现在康体项目、保健休闲项目、娱乐项目三个不同的领域之中的。

(3)酒店康乐文化是酒店康乐部门物质文化和精神文化相统一的文化。酒店康乐文化包括实质性的产品、房屋设计、设施、器材等有形的客观存在,也包括价值观、行为方式、思维方式、道德情感等精神层面,是外显物质和内在精神的综合。

(4)酒店康乐文化是理念和活动相统一的文化。酒店康乐文化是静态的康乐文化理念和动态的康乐文化活动相统一的文化,二者不能作为两个相互独立的个体存在。笼统地说,酒店康乐文化既可能指酒店康乐文化理念,也可能指酒店康乐文化活动。

二、酒店康乐文化的基本特征

1. 自娱性

从酒店康乐活动主体的角度来说,酒店康乐文化的自娱性特点是相当明显的。康乐文化,"从本质上讲是一种和谐欢乐的文化,是一种满足人类的求健康、求愉悦、求享乐本能的文化"。心理学家指出,人类的本能不仅是行为的天然趋势或倾向,而且是在人的知、情、意心理过程中出现并起作用的人体内部力量,它是人类共有的、不变的内驱力。在一定情况下这种内驱力表现为"集体无意识",持久地存在于人类的每一个社会个体的深层心理中。求休闲、求健康、求享乐是人类的本能,酒店康乐活动能直接唤起这些人类本能,使活动者感到一种赏心悦目的愉快,产生一种神清气爽的舒适感、怡然感。因此,现代酒店康乐活动从来都是一种活动者心甘情愿的、自主自觉的娱乐性活动。

2. 大众性

现代康乐项目的收费标准逐渐向大众方向发展,收费水平趋于合理。曾经康乐项目的市场定位在高端人群，以至于各项目的收费普遍偏高。随着物质生活的改善和人们对精神享受的追求，康乐项目的收费逐渐合理化。康乐行业的定价基于国内大众实际消费水平，制定合理的收费标准，让大多数的国内消费者有能力消费康乐项目，享受康乐项目带来的生活满足感。一些源于国外皇室贵族的娱乐项目开始进入大众的视野。例如，中国的百姓在改革开放以前只能在外国电影里看见台球，在其传入中国的初期也只是在高档酒店里才有。当时，有许多经营者看到了发展契机，大规模地拓展台球经营，使台球活动很快普及，其经营场所也从高档酒店走向街头路边，其收费也从每小时50元降到5元甚至更低。然而康乐文化的大众性并不意味着俗文化，而意味着是面向社会大众，适应时代和社会发展需要的大众文化。

3. 时效性

康乐行业受时间和流行趋势限制，若能精准把握康乐市场的流行风向标，康乐项目所带来的经济效益将是巨大的。随着人们需求的多样化，人们会逐渐对酒吧、KTV、舞台表演、游戏厅失去了兴趣。表演逐渐演变为电影院、3D电影院、4D电影院，未来可能会发展为全方位体验式私人电影院。随着人工智能的发展和科学技术的进步，康乐项目创新的速度要紧跟时代的步伐，如果不创新项目，不更新娱乐设施，那么必然会被社会所淘汰。因此，酒店康乐文化的文化理念要依据酒店康乐项目变化而变化，这也就是所谓的酒店康乐文化的时效性。

4. 独特性

现代企业管理制度是没有国界的，但企业文化却存在着较强烈的个性化色彩，酒店康乐文化更是如此。由于酒店康乐项目的选择及经营容易受地区、民族文化的影响，同时容易受最高决策集团或决策者个人的影响，而康乐部管理者和员工个人容易受传统习俗和思维定势的影响，因此酒店康乐文化往往会在价值观念、思维模式和工作作风方面烙上深深的个性化印迹，形成难以完全效仿的企业文化。

5. 休闲性

提供健康休闲服务是酒店康乐部的基本职能，所以说酒店康乐文化最基本的特征就是休闲娱乐性。酒店康乐部设置的康体类项目就是向顾客提供放松、休闲的运动场所，主旨向顾客传达追求健康的理念；酒店康乐部设置的保健类项目就是向顾客提供享受、放松的桑拿沐浴场所，主旨向顾客传达享乐舒适的理念；酒店康乐娱乐类项目带给顾客欢乐、愉悦的精神享受，即酒店康乐部想要传达休闲娱乐性的理念。

6. 服务性

对客服务是酒店康乐部的基本职能，酒店康乐文化建设无论目的上还是途径上，都离不开"服务"二字。酒店文化建设的目的之一是满足顾客的基本文化需求。例如，酒店康乐部提高了服务的水准，满足了高端顾客求新、求奇、求美的文化需求和追求高档、体现人生价值的消费心理。酒店康乐文化建设的核心是培育良好的市场形象，而良好的市场形象只有通过优质服务来体现。

三、酒店康乐文化的理念与要求

（一）酒店康乐文化的理念

酒店康乐文化建设的理念主要体现在酒店康乐部的经营管理与服务过程中，具体有康乐理念、服务理念、市场理念、法治理念与绿色理念。

1. 康乐理念

康乐理念是酒店康乐文化建设的基本理念。酒店康乐部是为满足顾客的需要为客人提供休闲娱乐等项目的部门，通过康乐项目为酒店吸引更多的客人，提升酒店的形象以及为酒店带来更多的经济收益。因此，满足顾客追求健康、放松、娱乐的需求，是酒店康乐部最基本的经营理念。

2. 服务理念

酒店康乐产品是一种复合产品，由康乐设施设备、食品饮料等实物和员工提供的非实物形态的各种劳务所组成。酒店康乐产品构成中劳动服务占较大的比重，起主导作用。所以酒店全体员工要有强烈的服务意识，这样才能够使得酒店康乐部长久兴旺。员工应该树立主动服务的意识，宾客至上，礼貌待客，处处为顾客着想；服务中应该着装整洁，体态优雅，体现出良好的文化修养，以示自身的教养和对顾客的尊重。除此之外，员工还要有时间意识、专业化意识等。

3. 市场理念

酒店康乐文化建设中的市场理念主要包括市场意识、竞争意识和危机意识三个层面。①市场意识层面。目前，继酒店餐饮部、客房部以后，康乐部逐渐发展为酒店的主要经营部门，康乐部的运营和发展会直接影响到酒店整体的服务水平评价、市场形象感知及酒店经营质量。经调查发现，一大部分顾客选择一个酒店的原因并不是被该酒店的康乐设施吸引，而是在选择了该酒店以后，他们还是希望酒店设有相应的康乐项目。因此，酒店必须密切关注市场变化的方向，注重酒店康乐产品开发与市场需求变化相适应，从而达到满足顾客需求和企业获利的双重目的。②竞争意识层面。现代大多数酒店均有康乐部，彼此之间也存在着较为激烈的竞争。这些竞争常常体现在服务特色、产品质量、管理水平、创新意识等非价格竞争领域，决定着酒店的生存与发展。因此，酒店康乐要想持久发展下去，就必须强化竞争意识。③危机意识层面。在酒店的经营管理过程中，洪水、流行病、恐怖主义袭击、火灾、食物中毒、偷盗抢劫、劳资纠纷等随时都可能发展，并形成影响酒店正常运转的危机。因此，康乐部作为酒店的组成部门之一必须树立危机意识，研究和制定危机管理方案，才能随机应变，成功应对突发危机，实现酒店的可持续发展。

4. 法治理念

在酒店康乐文化建设的过程中还必须树立法治理念，运用法律手段调节酒店康乐部在市场经营中各种关系的相互作用。酒店康乐部实质上是一个休闲娱乐场所，不可避免地会发生违法事情，所以作为酒店经营者和高层须具备很强的法制观念，如依法经营意识、守信誉意识、公平竞争意识等。改革开放以来，我国的旅游业由满足顾客的吃、住、行、购等基本需要，向娱乐及推崇绿色健康生活理念发展，国家相关部门的政策、法律法规的制定，健全了对企业经营和消费者权益的保护，如消除非法游艺机、网吧带给青少年的负面影响，使康乐行业健康持续发展，真正给游客及社区居民带来生活的乐趣。

5. 绿色理念

经济发展与生态环境危机是当今世界最引人关注的突出问题之一。它不仅引起了世界各地人们的广泛关注，还促成了席卷全球的环保运动。酒店康乐作为新兴产业，也加入了环保的行列。"绿色康乐"，就是将环境保护和可持续发展理念，运用于酒店康乐管理中。"绿色康乐"的建设不仅仅是节能降耗的问题，还包括高科技支撑，只有采用新材料、新技术的数字酒店才是"绿色康乐"的重要内容。由此可见，为了能够可持续发展，酒店康乐文化建设必须具有绿色理念。

（二）酒店康乐文化的要求

1. "顾客第一"与"员工第一"

酒店将"顾客第一"的宗旨深入酒店员工的日常管理和服务中，这是酒店持续健康发展的必要保证。想要深入贯彻这一理念，最重要的是员工落实。员工是为顾客提供服务的直接参与者，要想让顾客对酒店服务满意，首先要让酒店员工满意。所以实现"顾客第一"的前提下，首先要树立"员工第一"的理念。在酒店的经营管理中，酒店管理者及高层要留住基层员工的心，让员工认可和信任自己。酒店管理者要以身作则，为员工树立一个良好的形象，营造一个良好的工作氛围，让员工全身心投入工作，只有这样员工才会认为自己的付出是有价值的，愿意为之努力奋斗。除此之外，酒店要建立良性竞争机制，让员工在相互竞争中不断进步，让有价值的员工在合适的岗位发挥出自身最大的优势。酒店每一个员工如果都能实现自我价值和成功，酒店也会取得成功。

2. "个性服务"与"超常服务"

酒店的一切管理和服务工作的出发点是最大限度地满足顾客的需要和获取利润，要求员工在服务过程中善于变通，在满足顾客基本需要的基础上提供"个性化服务"和"超常服务"。服务人员要清晰地了解顾客的需要，观察顾客的表情和动作，把服务做到在顾客最需要的时候随时出现。如果酒店做不到这一点，最终会被市场淘汰。面对顾客各种各样的需要，酒店康乐部在提供员工服务过程中就需要具有较强的灵活性，及时地为顾客提供个性化服务，让顾客获得满意和快乐。

3.最大限度地满足顾客康乐需求与创造酒店利润

酒店康乐部主要职能是为顾客提供健身、保健、娱乐、休闲等服务项目。顾客就是因为想获得全身心的放松或者是想增强体质等原因才会来酒店康乐部，那么酒店康乐部员工就应尽最大的努力满足顾客需求，这也是酒店康乐部的根本宗旨。同时，随着人们对休闲娱乐等更高层次的精神生活的追求，康乐消费意识逐渐提升。继客房、餐饮等部门之后，康乐部发展成为酒店重点经营的部门之一，因而酒店加强了对酒店康乐文化的建设，最终的目标就是吸引、留住更多的顾客，以获取更多的利润。

第四节 酒店康乐文化的现存问题与建设对策

一、酒店康乐文化的现存问题

随着人们对精神生活需求的提高，酒店康乐文化项目逐渐趋于多样化和专业化，酒店康乐部门的服务质量与水平也逐渐提升。但在酒店康乐文化发展中，仍存在管理者对酒店康乐文化建设的认识不足、酒店康乐文化项目缺乏文化内涵、酒店康乐文化项目设计未充分考虑顾客需求和酒店康乐文化建设与员工关联度不高等问题。

（一）管理者对酒店康乐文化建设的认识不足

现代康乐活动是文化聚集地的缩影。现代康乐部逐渐发展成为独立运营的酒店重点经营部门之一，康乐部门的运营和发展的好坏将直接影响到酒店的业绩与市场评价。但是很多酒店的高层管理者并未意识到康乐部对酒店发展的影响和作用，对酒店康乐文化建设不够重视。有一部分酒店忽视酒店康乐服务管理和文化建设培养，直接采用外包管理的模式将康乐部外包给相关企业，错失酒店康乐文化建设的最佳时间，直接影响酒店的整体发展。同时，酒店管理者及高层认为酒店康乐文化建设与酒店发展关系不大，仅仅将酒店康乐文化建设作为宣传口号，形式上建设酒店康乐文化，实质上并未真正投入资金为酒店康乐文化建设做好基本保障。

（二）酒店康乐文化项目缺乏文化内涵

酒店康乐文化建设和发展对酒店康乐部门的可持续发展十分重要，所以酒店康乐文化项目必须蕴含独特的文化内涵，才能使得酒店康乐项目具有持久的吸引力。酒店康乐文化项目可以融入历史、古典、清雅等酒店独特的文化要素，从文化的视角建设和运营酒店康乐部门，把管理从技术、经济层面上升到文化层面。但很多酒店的康乐文化项目仅仅只是满足顾客的基本需求，并未考虑将文化内涵传递给顾客，使得顾客在享受康乐服务时感受不到酒店文化氛围。

（三）酒店康乐文化项目设计未充分考虑顾客需求

酒店康乐文化想要在市场中占有一席之地，在顾客心中树立良好的品牌形象，就需要从顾客角度出发。在酒店康乐文化项目设计中应充分考虑顾客需求，形成自身特色，利用特色项目从而形成一定的品牌效应。然而，大多数酒店康乐文化项目设计过于普遍化和同质化，经营模式简单化，从服务项目、价格体系及文化渲染方面都未曾围绕顾客的需求，这对于顾客的吸引力远远不够。

（四）酒店康乐文化建设与员工关联度不高

酒店康乐文化是酒店康乐部在长期经营与发展过程中的群体意识和行为的总和。员工的思想素质和行为态度直接影响顾客的体验质量，而很多酒店在康乐文化建设的过程中没有联合酒店部门及工作人员进行前期准备和调研，也没有制定切合酒店实际情况的实施规划，员工和酒店康乐文化建设的关联度不高。

总的来说，在全球大环境的背景下，酒店竞争的实质其实就是酒店文化的竞争，然而大多数酒店未能将酒店康乐文化建设与酒店经营密切整合，且采取方式不够多元化。酒店康乐文化建设仅仅是形式上的宣传和噱头，未真正与酒店管理、运营相联系。

二、酒店康乐文化的建设内容

酒店康乐文化的建设由酒店康乐文化的内涵所决定。由于酒店康乐文化包含物质、行为、制度和精神四个不同的层面，因此决定了酒店康乐文化建设必须通过物质文化建设、行为文化建设、制度文化建设和精神文化建设四个层面来实现。但需要注意的是，酒店康乐文化的四个层面是一个有机统一的文化主体，互相包容、互相补充、互相彰显，共同形成酒店康乐的文化内涵。

1. 酒店康乐物质文化建设

酒店康乐物质文化是酒店康乐部中有形实体所蕴含和彰显的文化。酒店康乐物质文化一般包括局部装饰、酒店康乐产品文化规划与开发、酒店康乐招牌、酒店康乐标准字体、色彩设计、职工服装设计、酒店康乐部办公用品的设计等，这些都能反映出酒店康乐的特殊文化品位。

2. 酒店康乐行为文化建设

酒店康乐行为文化是酒店康乐部员工在经营和人际关系中产生的文化，是以动态的形式存在的精神文化和物质文化。酒店康乐行为文化的建设首先要明确酒店康乐部的经营目标，加强民主建设和开展文化活动，建立良好的人际关系。酒店康乐行为文化具体包括优化酒店康乐部工作环境、确定经营目标、建设好酒店康乐部制度、加强民主管理的建设、重视员工的培训、规范服务标准以及要注重广告文化的构建等。

3. 酒店康乐制度文化建设

酒店康乐制度文化体现了酒店康乐部的组织形式和管理者的意志，包括管理制度、安全制度、员工手册、服务程序和标准等内容，是酒店康乐部正常运行的基础，也是酒店康乐部服务质量的最基本保证。酒店康乐制度的完整性和连续性，不仅能为酒店康乐经营管理提供规范的标准，还有利于酒店康乐部的可持续发展。自觉遵守酒店康乐部的管理制度，是每一位员工应尽的责任，也是判断员工合格与否的标尺。

4. 酒店康乐精神文化建设

要做好酒店康乐精神文化建设，既要培养酒店康乐精神，也要树立正确的酒店康乐价值观。酒店康乐精神培养方面，优秀的酒店康乐部从来不是消极地等待酒店康乐精神自然形成，而是积极寻找，坚持不懈地培养和构建。酒店康乐精神的构建至少要完成三个程序：寻找最适合本酒店康乐部发展或最有价值的精神，将酒店康乐精神变成全体员工的精神财富，以酒店康乐精神从事酒店康乐经营并在实践中丰富和发展。酒店康乐精神的表达方式可以是简短的口号或富有寓意的箴言。优秀的酒店康乐精神表达应简练明确，容易记忆，富于个性，形象生动。酒店康乐价值观树立方面，酒店康乐价值观在一定程度上体现着酒店共同价值观或群体价值观。在酒店康乐经营中，技术力量、销售力量、资金力量及人才力量等都是重要因素，但支撑酒店发展的最根本因素是正确的价值观，即服务的价值高于利润的价值。

三、酒店康乐文化的建设对策

在遵循酒店康乐文化建设的理念、要求与内容的前提下，本研究针对酒店康乐文化发展中存在的主要问题提出酒店康乐文化建设的优化对策，以促进酒店康乐文化的可持续和健康发展。

（一）高度重视酒店康乐文化的建设

首先，管理者是酒店康乐文化的倡导者和酒店康乐文化建设的第一责任人。管理者是否重视酒店康乐文化建设，很大程度上决定着酒店康乐文化建设的成效。若没有管理者的大力支持，酒店康乐文化建设就没有组织与领导，就只能流于形式、浮于表面。其次，管理者是酒店康乐文化的践行者。酒店康乐文化最终要付诸实施才有价值，而管理者能否践行酒店康乐文化，是否接受制度约束，将在很大程度上影响酒店康乐文化的效力。

（二）注重核心文化的营造

酒店康乐文化需要营造和提炼，并通过规章制度、服务规范使员工将其内化于心外化于行。因此，酒店康乐文化的营造应由专门的机构、专业的人士来完成，通过对酒店康乐的历史和经营管理的思想行为进行总结与归纳，提炼出酒店康乐部的经营目标、价值理念、部门精神、部门形象等核心文化内涵，形成书面的《酒店康乐文化手册》或《员工手册》，在员工中广泛宣传，以增强员工对酒店康乐文化的认知，进一步促进酒店康乐文化的建设。

（三）注重外围文化的建设

外围文化是酒店康乐核心文化的外在体现，包括酒店常见的各种文化活动，如创办店刊、店报，举办文体活动，表彰优秀员工，举办店史展、酒店年会等。相比而言，外围文化具有有形性，员工参与度高，是酒店康乐文化建设的重要形式。因此，酒店应该注重外围文化的建设，多开展有益的群体性活动，以激发员工的参与意识和团队意识，培育员工集体荣誉感，进而通过外围文化建设推动酒店康乐核心文化建设。

（四）项目设计应充分考虑顾客心理

顾客满意是酒店服务的核心价值，在酒店康乐文化项目设计中充分考虑顾客心理是一项较为系统的工作。首先，要把顾客心理需求作为主线，把满足顾客心理需求作为服务每一环节的核心。其次，在翔实调查顾客实际心理需求后，提出切合酒店实际的康乐文化项目设计的主题及主要内容，再详细设计该项目的执行计划，并对酒店康乐部员工开展相应的服务技能培训。

（五）强化员工对酒店康乐文化的认同

无论新老员工，只有认同酒店康乐文化，才可能与酒店康乐文化建设休戚与共。因此，酒店康乐文化的建设应强化员工在思想上对酒店康乐文化的认同。主要表现为对员工进行酒店康乐文化培训。酒店康乐部的主要负责人可以通过明确岗位服务程序和员工责任、解读管理制度和服务规范，向员工传达酒店康乐部的价值观和精神文化，为员工树立正确的经营理念、价值观念、服务意识、效率意识、岗位意识和团队意识。

第五节　济南喜来登酒店康乐文化案例分析

济南喜来登酒店坐落于山东省济南市东部新城区的中心地带，是由一家外资酒店管理公司经营管理的企业。该酒店凭借其得天独厚的地理环境优势，致力于为每一位宾客打造一片宁静祥和的休憩绿洲，提倡彻底放松身心和焕发活力的健康生活理念，并与外界随时保持联络，让宾客尽情享受轻松愉悦的住宿体验。这种注重宾客体验与身心放松的酒店经营理念与本研究所探讨的酒店康乐文化不谋而合。作为酒店业中的组成部门之一，济南喜来登酒店康乐部更是将其放松身心与焕发活力的健康生活理念传递并深入到每一位隶属于康乐部的人员之中。

一、济南喜来登酒店康乐部的服务项目

济南喜来登酒店康乐部在遵循放松身心、焕发活力的健康生活理念的基础上，设计出具有康乐特色的服务项目，有健身房、室内外游泳池、桑拿干湿蒸、乒乓球以及水疗服务，其中室外游泳池在园林景观的映衬下显得格外超脱自然，成为喜来登酒店康乐部

的一大亮点。这种以健康生活理念为指导、与周围自然环境相辅相成的康乐项目设计不仅仅呈现出最终的康乐物质产品，更重要的是通过这一产品向顾客传递酒店康乐文化理念。

二、济南喜来登酒店康乐部的经营模式

济南喜来登酒店康乐部实行以游泳、健身为主力产品的差异化营销。游泳与健身项目采用会员卡制度，会员卡项目分层明确，有健身卡、游泳卡、游泳健身一体卡三种，可以满足顾客的多样化需求。同时，采用较为主流的会员卡按次消费模式，该经营模式有利于消费顾客的绑定，从而建立酒店与消费顾客的联系，激发顾客的持久消费行为。

三、济南喜来登酒店康乐部的文化建设启示

文化建设说到底是人化建设。济南喜来登酒店康乐部的成功建设主要在于管理者倡导以人为本的管理思想，强调关心人、理解人、尊重人、培养人。酒店康乐文化建设存在于康乐品牌的塑造、运营模式的建立、管理制度的制定以及服务流程的优化之中。济南喜来登酒店康乐部在经营与管理过程中时刻以顾客需求为导向而开发和制定出具有针对性的服务项目和经营模式，显然是一种重视人的观念和情感因素的文化管理。最后，在康乐部门中，这种具有人性化的文化管理所蕴含的经营理念、价值观念与服务意识都将成为济南喜来登酒店的康乐文化，进而为酒店文化的整体建设起到重要的推动作用。

参考文献

[1] 张智慧. 康乐服务与管理［M］. 2版. 北京：北京理工大学出版社，2016.

[2] 赵莹雪. 康乐服务与管理［M］. 北京：旅游教育出版社，2016.

[3] 刘哲. 康乐服务与管理［M］. 2版. 北京：旅游教育出版社，2014.

[4] 李玫. 康乐服务实训教程［M］. 北京：机械工业出版社，2008.

[5] 杨华. 康乐服务与管理［M］. 北京：北京大学出版社，2015.

[6] 黄安民. 酒店康乐服务与管理［M］. 重庆：重庆大学出版社，2016.

[7] 宋伟. 济南高星级酒店康乐运营模式研究［D］. 济南：山东师范大学，2014.

[8] 郭强. 饭店管理原理与实务［M］. 北京：中国旅游出版社，2007.

[9] 曹希波. 新编现代酒店服务与管理实战案例分析务实全书［M］. 北京：企业管理出版社，2007.

[10] 张世泽. 现代酒店经营管理学［M］. 广州：广东旅游出版社，2001.

[11] 吕晞梅. 现代饭店业中的主体营销［J］. 四川理工学院学报，2006（3）：47-49

[12] 王宏鹏. 康乐行业发展与康乐教学探索［J］. 辽宁教育行政学院学报，2006

（3）：140-141.

[13] 卜荔娜，廖江惠.度假型酒店康乐部发展问题及对策研究——以贵阳市朵芳阁酒店为例[J].科技资讯，2022（10）：131-133.

[14] 苏兴晖.我国高星级酒店康乐部发展问题探讨[J].中国集体经济，2020（19）：64-65.

[15] 张艺.我国高星级酒店康乐部发展问题的探讨[J].生产力研究，2010（4）：175-177.

[16] 唐文.现代酒店管理[M].北京：企业管理出版社，2001.

[17] 翁钢民.饭店管理概论[M].武汉：华中师范大学出版社，2007.

[18] 陈乾康.饭店文化概论[M].北京：中国人民大学出版社，2008.

[19] 李明宇.饭店康乐服务与管理[M].2版.北京：清华大学出版社，2016.

[20] 朱坤莉.酒店管理600问[M].北京：中国物资出版社，2007.

[21] 于霞.酒店康乐文化建设论析[J].河北旅游职业学院学报，2016（2）：39-42.

第二部分
酒店行为文化研究

2

第四章 酒店服务文化

酒店服务文化是酒店文化的核心。从广义上来说，服务的竞争实质上是一种无形产品的竞争。当今人们选择消费哪家酒店更偏向且认同的是酒店的服务文化，而较少追求物质的奢华，或者说仅仅靠物质的奢华是不够的。服务文化不但关乎服务质量，更关乎酒店的客人入住率和酒店效益。酒店的生命及其延续与服务文化有着密不可分的关系。因此，酒店服务文化研究具有极为重要的理论与实际意义。

第一节 酒店服务文化研究综述

鉴于酒店服务文化在酒店经营管理和生存发展中具有极为重要的作用和意义，酒店文化研究受到了众多学者和研究者的关注，相应的研究成果也日渐增多，并较为丰硕。总体上看，目前国内有关酒店服务文化的研究成果主要集中在酒店服务文化的内涵、质量创新、构建与优化建设等方面，这些研究成果极大地推动了酒店服务文化研究的深入与发展。

一、酒店服务文化的本质内涵研究

对酒店服务文化的本质内涵的认识和理解，是深入系统地对酒店文化进行研究的前提和基础。因此，学者们对酒店文化的本质内涵的研究也较为重视，相关的研究成果也较为丰富，其中较有代表性的观点主要有"酒店企业文化说""酒店服务感受说""特殊文化形态说"三种。

"酒店企业文化说"主要以王大悟（2003）为代表。该说认为，酒店服务文化就是指酒店的企业文化。从企业文化的构成来说，酒店服务文化包括了核心层的精神价值文化、中间层的管理文化和表层的物质与服务文化。因此，在酒店服务文化研究中，将管理文化与创造和保证优质服务的实际运作结合起来研究，具有重要的实践指导意义。

"酒店服务感受说"主要以黄建宏（2008）为代表。该说认为，酒店服务文化是顾客在酒店消费过程中对直接接触到的酒店服务的感受。酒店的主要产品是服务，服务分为有形服务和无形服务。有形服务可以用对与错、好与坏的标准来判定，但无形的服务却只有在员工与顾客面对面的服务过程中才能体现出来。酒店服务文化的好与坏取决于员工对工作的态度、对酒店服务工作的认识及对服务角色的理解、对团队的认可度与归属感和员工对酒店文化建设（包括酒店的物质文化、精神文化等）的认同。

"特殊文化形态说"主要以潇湘（2013）为代表。该说认为，酒店服务文化是以酒店接待服务为依托为消费者提供食、宿、购、娱等服务的一种特殊文化形态，是酒店在为社会提供各种产品和服务过程中所表现出来的物质形态和精神形态的统一体。酒店服务文化的"特殊文化形态说"，强调在酒店服务过程中对企业、顾客和员工三者之间服务价值理念的提炼。

二、酒店服务质量与创新研究

酒店服务文化建设的最终目的在于提高酒店服务的质量和水平，因此，有关酒店服务质量与创新的研究被视为酒店服务文化研究的重要内容，一直备受学者的青睐与关注，甚至有相当数量的硕士和博士论文对其进行了系统的理论探讨与研究，从而极大地促进了酒店服务质量与创新研究的深入和拓展。

酒店服务质量研究方面，研究成果多集中在酒店服务质量提升方面。刘川燕（2019）、蔡林鹏（2020）、范洁珊（2020）和孔萌（2019）等分别从基于整合 Kano 模型与 IPA 分析、顾客感知服务质量模型即 SERVPERF 模型、基于 SERVQUAL 模型，以及酒店服务质量检测和六西格玛管理理论等不同的模型和理论，探讨酒店的服务质量提升策略。也有部分学者从酒店服务质量影响因素和评价体系等方面对酒店服务质量问题进行了研究，如肖晨（2018）和乌特纳桑（Urtnasan G，2017）等分别研究了酒店内部服务质量的影响因素和顾客感知服务质量的影响因素；刘梅（2017）和心悦（2014）等从在线评论和外国消费者满意度的视角研究了酒店服务质量的评价问题。此外，还有学者从酒店服务质量管理体系、营销策略等方面对酒店服务质量进行了研究。

酒店服务创新研究方面，学者们主要探讨了酒店服务创新的影响因素、创新策略、创新内容等。影响因素方面，曹佳（2020）和孙圣红（2018）以互联网时代为背景，认为影响酒店服务创新的因素主要是从业人员职业素养、资金投入力度以及技术和服务的综合力度等，进而提出了服务创新的策略。创新策略方面的研究成果较多，鲍艳利（2020）和赵敏（2019）分别探讨了高星级酒店和经济型酒店的服务创新路径，许朝辉（2018）和招建贞（2016）分别从酒店和顾客体验的不同视角探讨了酒店服务创新的策略。此外，田宇镕（2019）、蒋敏（2016）和王琳（2014）分别基于自传式民族志、顾客价值理论和顾客忠诚导向的视角研究了酒店服务创新的相关内容。

三、酒店服务文化的构建与优化研究

酒店服务文化作为酒店的核心文化之一，不但代表着酒店的服务品牌和口碑，更在酒店的生存发展与市场竞争中具有重要的作用。因此，酒店服务文化的构建与优化问题成为近几年学界和业界探讨的热门话题之一，相关的研究成果也较为丰富。

关于酒店服务文化的建构研究方面，潇湘（2003）认为，酒店服务文化的构建需要协调酒店、顾客和员工三方的关系，并且要使每个利益主体在获得价值的同时达到一种利益的均衡。因此，在深刻理解服务文化内涵的基础上，她认为酒店服务文化的构建应该从明确企业的共同愿景、构建服务文化的顾客导向、贴近内外部顾客、制度建设让文化落地、全员营销支持一线服务等几个方面进行。演克武等（2011）在阐释了酒店服务文化的内涵和酒店文化的结构与功能的基础上，从物质文化、制度文化和三维服务文化三个层面提出了构建酒店服务文化的途径。2013年，演克武等在阐释三维一体服务文化概念的基础上构建了三维一体价值循环模型，并结合酒店管理实际提出了具体的建设路径。

关于酒店服务文化的优化研究方面，岳艳琴等（2014）从经济型酒店入手，针对酒店服务文化建设中存在的诸如缺少培育服务文化的意识、对员工的重视度不够，以及服务创新欠缺等问题，从建设优良的企业文化、建立员工对酒店的归属感和提供个性化服务三个方面分析和探讨了酒店服务文化的优化建设。于文悦（2015）以上海静安香格里拉酒店为例，在分析其酒店服务文化建设现状的基础上，针对其存在的问题，提出了香格里拉酒店服务文化建设的改进建议，主要内容包括在员工培训过程中对中西服务文化平衡培训、优待餐饮部人员、实行个别政策的放宽、对中西员工的升职做出严格的统一考核标准等。

总体上来说，有关酒店服务文化的研究自20世纪末开始兴起以来，相关的研究成果日益丰富。无论是在酒店服务文化的本质内涵研究方面，还是在酒店服务文化建设与优化研究方面，新的研究成果和观点不断涌现，大大丰富和完善了酒店服务文化的理论体系，并对酒店企业的发展提供了切实而有效的理论指导。当然，由于酒店服务文化建设是一项长期工程，酒店服务文化的研究也将随着酒店文化的发展和创新而不断丰富和拓展其研究的内容与范围，进而不断走向丰富和完善。

第二节　酒店服务文化的基本理论

酒店服务文化是以酒店接待服务为依托，在为消费者提供食、宿、购、娱等服务的过程中所表现出的物质文化和精神文化的总和，是一种特殊的服务性文化形态。

一般来说，按照构成要素的性质可将酒店服务文化划分为物质层面的服务文化、行为层面的服务文化、制度层面的服务文化和精神层面的服务文化。其中，物质层面的服务文化包括酒店的建筑、装饰等硬件设施及服务形象、服务品牌等有形的物质文化要素，是酒店服务文化的物质基础；行为层面的服务文化包括酒店员工的具体服务行为及其语言表达等外在的行为文化要素，是酒店服务文化的核心内容；制度层面的服务文化包括规范和保障酒店服务质量和水平的各项具体制度、规章、规范、标准、要求等，是酒店服务文化的制度保障；精神层面的服务文化包括体现酒店价值观念和企业愿景的服务理念、服务意识等，是酒店服务文化的灵魂。

上述对酒店服务文化构成要求及其内涵的分析，对于认识和理解酒店文化的概念内涵及其本质无疑具有重要的理论指导意义。然而，考虑到酒店服务的特殊性，即酒店服务在本质上是一种"人对人"的服务，服务人员的服务心理、行为举止和语言表达等不仅直接影响其具体的服务行为和质量，而且也是酒店服务文化建设必须高度重视的核心内容。因此，本文拟从服务理念与意识、服务行为、语言表达三个层面进一步分析和探讨酒店服务文化的概念内涵。

一、酒店服务的理念与意识

酒店服务理念与服务意识属于酒店精神文化的范畴。其中，服务理念是对酒店服务的"看法、思想、思维活动的结果"或关于酒店服务的"理论、观念"，具有概括性和深刻性的特点；服务意识是人们对酒店服务的觉察与关注程度，具有主观性和能动性的特点。

（一）服务理念

就服务理念来说，它是在满足不同顾客需求的基础上，向酒店全体员工提出的通用服务价值观，是指导员工开展服务工作的基本原则。现代酒店服务理念强调"以人为本"，主要理念有：①"客人永远不会错，客人永远是对的。"该理念的前部分由世界豪华酒店之父凯撒·里兹提出，后部分由现代酒店之父埃尔斯沃斯·斯塔特勒提出，后演变为"宾客至上"，甚至"顾客就是上帝"等服务理念。②顾客是酒店最重要的财富。该理念强调顾客选择酒店是给了酒店员工一次服务的机会，而酒店失去顾客，就失去了经济来源。因此，酒店要了解顾客，并尽力满足顾客的需求。③服务无小事（100-1=0）。该理念强调"有缺陷的产品就是废品"。既然服务是酒店的产品，当服务出现缺陷时，有缺陷的服务就成为废品，不能出售。因此，酒店必须要求服务员一次就把服务做好，没有返工的机会，这也对酒店员工提出了更高的要求。

随着市场竞争的不断加剧，服务竞争已经成为继价格战后酒店能够采取的行之有效的竞争手段。谁能为顾客提供优质服务，谁就能赢得顾客，赢得市场。为此各大酒店纷纷提出了对服务竞争、服务管理具有极其重要意义的服务理念（如表4-1和表4-2所示)。这也从另一个方面验证了酒店服务理念在酒店服务文化中的重要地位和影响。

表 4-1　部分国外著名酒店的服务理念

酒店名称	服 务 理 念
洲　际	每时每刻，体验非凡；以"做对的事、体现关爱、追求卓越、求同存异、协作共赢、制胜之道"为行动载体，致力于广博见闻式地分享本地知识，为客人提供令人难忘的、原汁原味的、与众不同的丰富主题酒店文化亲身体验，从而拓宽客人的视野，呈现非凡品位之旅
凯　悦	时刻关心您。以优质服务创造出凯悦风格
凯宾斯基	充分满足客人；只有员工的肯干和能干才能提高对客人服务的质量；只有拥有了完美的服务，才能吸引客源
温德姆	顾客是第一位的，我们以尊重和真诚来对待每一位顾客，尊重个人价值、不同的文化和工作方法，我们通过团队来达到我们的目标
希尔顿	为我们的顾客提供最好的住宿和服务
马里奥特	"顾客永远是对的"，我们要不遗余力地为顾客服务，不断改革和创新服务意识
香格里拉	殷勤好客香格里拉情
假　日	把顾客当朋友
W	"Whatever you want, whenever you want"，"无论您需要什么、无论您什么时候需要"是对酒店行业服务无止境的最好诠释
里兹·卡尔顿	使宾客得到真实的关怀和舒适是最高的使命
喜达屋	喜达屋关爱

表 4-2　部分国内知名酒店的服务理念

酒店名称	服 务 理 念
首旅建国	为顾客提供高质量的服务，创造宾至如归的体验
粤　海	德于心，诚于形，礼于人。德和诚是指对顾客要以诚相待、以客为尊；礼是指用适当的礼节为顾客提供服务，也体现了我国的文化传统，极具中国特色。粤海将中国礼节礼仪的精华体现在服务的每一个细节中，以诚取信于顾客
开元旅业	"尽享开元关怀"的服务承诺包括时刻关心、高效便捷、无微不至、喜出望外四项内容，始终保持殷勤好客的服务是开元的基本服务准则，"关注顾客，用心服务"的经营理念保证了服务的品质
如　家	把我们快乐的微笑、亲切的问候、热情的服务、真心的关爱奉献给每一位宾客和同事。"如家黄"和"如家情"是如家酒店留给顾客的深刻印象，如家的黄色给人"家"的温暖，如家的每一位员工都是微笑大使，让每位顾客感受到"家"的关爱和体贴
港中旅维景	"Where your heart parks."维info真情、景致倾心，让顾客心灵栖息的地方，为客人服务、为业主服务、为员工服务、为酒店服务的"四为"理念
上海莫泰	一如既往地本着最大限度地给予员工以人文关怀的精神，把对顾客真诚而有效的专业服务作为实现我们理想与才华的载体
7天连锁酒店	酒店秉承让客人"天天睡好觉"的愿景，从关注客户的核心需求出发，在产品及服务流程设计上不断进行整合创新，致力向超过 500 万"7 天"会员提供环保、健康、便捷、更具人性化的优质酒店服务和会员服务

（二）服务意识

就服务意识来说，它是酒店员工通过对服务的感觉、认识、思维而形成的一种为顾客提供其所需服务的心态自觉和主观愿望，是酒店精神、职业道德、价值观念和文化修养等的综合表现。酒店服务意识的内容广泛，各自所强调的重点也不尽相同，但总体上"顾客至上""服务第一""一视同仁"常常被视为酒店服务人员应有的服务意识。其中，"顾客至上"是酒店服务行业的普遍共识，它要求酒店服务要以顾客为中心，以顾客为主，将一切工作都建立在为顾客服务的基础上；"服务第一"强调服务质量是酒店的生命，作为酒店的员工，不管是管理人员，还是服务员，都有义务使每一位顾客满意；"一视同仁"强调，尽管酒店顾客在各自的出身背景、社会地位、经济状况和职位高低等方面会有所不同，但他们作为消费者的交换地位和人格尊严是平等的，因此，酒店要为所有来店的顾客提供热情友好、殷勤周到的平等服务，不能有所差别和区分。

服务意识在酒店服务中具有重要的地位和作用，它决定着酒店服务水平高低和服务质量的优劣。在服务意识的指引下，酒店员工始终将自己的服务对象作为自己关注的中心和焦点，时刻领会服务对象的服务需求，想顾客之所想，想顾客之所未想，自然会使顾客在酒店有一个愉快完美的消费体验过程。

（三）服务理念和服务意识的统一

从一定意义上来说，酒店服务文化是服务理念与服务意识相统一的文化，它可能是服务理念约束和指导下的有意识的、直觉性的酒店服务行为，也可能是有意识的、直觉性的酒店服务行为逐渐凝练和抽象为系统的服务理念。作为酒店服务文化的精神文化成分，服务理念和服务意识在酒店服务文化中具有重要的地位和影响，它们不但直接影响具体的酒店服务行为，还在一定程度上制约和影响酒店服务的质量。

二、酒店服务的行为与规范

众所周知，任何酒店服务都需要通过服务人员具体的服务行为和服务活动来完成。这些服务行为和活动，不但直接影响着酒店服务每一个过程与环节的顺利衔接，也在很大程度上影响着服务质量的高低。因此，酒店服务人员的行为文化是酒店服务文化的核心内容。

总体上来说，酒店服务的行为文化可以从行为和规范两个层面来认识和理解。其中，行为活动主要指酒店服务人员的服务技巧、方法，具体体现在了解顾客问题、确定问题关键、解决顾客的问题等具体服务过程与环节中，直接影响着酒店服务的质量和水平；行为规范主要指酒店服务应遵循的道德规范，它既是每个酒店从业人员在职业活动中必须遵守的行为准则，又是人们评价和判断每个员工职业道德行为的标准。

（一）酒店服务的技巧与方法

酒店服务的技巧和方法是酒店服务人员在对客服务过程中表现出来的巧妙的技能与

行为方式。酒店服务的技巧与方法内容丰富，种类繁多，现仅以服务过程中顾客所提问题及其应对策略为例进行分析和探讨。问题应对类的服务技巧与方法，主要包括三个基本环节，即了解问题、分析问题、处理问题。

1. 了解问题

沟通是解决酒店服务过程中顾客提出问题的前提。要打开与顾客沟通的大门，首先要把注意力的焦点对准顾客所期望的处理问题的方式。就不同类型的顾客而言，其个性特征差异较大，各自的优缺点也不尽相同，只有"投其所好"，针对不同类型的顾客，采用不同的应对办法，才能赢得顾客的信任与依赖，进而建立良好的沟通基础（见表4-3）。其次，要尽快消除对客服务交往中出现的障碍，如双方或一方听不懂；双方或一方理解错；双方感到不受尊重或被侮辱；相互之间缺乏情感，例行公事；伤及感情（负情感），情绪对立；各抒己见，观点对立。为避免上述障碍的出现，酒店服务人员要尽量完整、准确地掌握顾客所提问题的相关信息，本着真诚地为客人服务的心态，并不断提高沟通技巧。要提高与酒店顾客沟通的技巧，除了要打开与顾客沟通的大门外，还要适时而又恰当地对顾客的观点或所提问题进行价值肯定。因为任何人都希望自己的观点及其问题受到别人的重视和肯定，而当一个人所说的话未受到对方的重视或被认为没有意义时，他通常会通过攻击对方激化彼此间的矛盾，或避免与对方交流，停止沟通。因此，酒店的服务人员作为听者，针对顾客所提出的问题，如果确实同意顾客的观点，就应当表示欣赏与肯定。即使不一定同意对方的言论与观点，也要尊重他们提出问题的自由与权利。毕竟成功的沟通并非一定要彼此同意对方的言论及观点，但必须相互尊重和欣赏。当然，酒店服务人员要保持与顾客之间的良好沟通，除了要及时消除沟通中的障碍和尊重顾客外，还有很多事项需要注意，如作为酒店服务人员，在与顾客说话时要讲究语气，要多一点愉快、赞美，多点微笑、客气，多点热情、体谅，多点主动诚恳与同情关切；不要计较顾客态度，要学会对顾客耐心忍让，处处为顾客着想；对具体情况要灵活、妥善地处理，以赢得顾客的信赖和肯定。

表4-3 不同类型人群的特点

	优 点	缺 点	应对办法
分析型	对人彬彬有礼，藏而不露，说话办事井井有条，讲逻辑，重事实，具有很强的责任心。他们注重精确，讲求完美。另外勤奋、谨慎、有毅力、讲条理等也都是他们的长处	自我封闭，缺乏情趣，不事张扬，离群索居，有时显得有点郁郁寡欢。如果他或她表现出犹豫不决的神情那么就说明他们还需要分析所有的数据。如果分析型的人过于极端，那么完美主义便会成为一种缺陷。这个类型的人肯定不会去冒险	要讲求系统条理，完全彻底，深思熟虑，准确无误；要专心致志。要准备好回答很多个"怎么办"；要摆事实，重于分析；不要过于亲近；要认识到并承认讲逻辑求准确的必要性；不要操之过急；要有反复说明自己观点的准备；要留点思考评估的时间；要大量运用各种证据；要赞扬一下他某些工作做得多么准确无误

续表

	优 点	缺 点	应对办法
能言型	态度热情，口齿伶俐，魅力十足，殷勤随和，乐于助人，口才雄辩，擅长交际。他们看重的不是工作任务，而是人与人之间的关系	缺乏耐心，以偏概全，言语犀利伤人，有时还会做出一些不理智的举动。能言型的人也可能比较自私自利，工于心计，放荡不羁，报复心较强，办事无章法，易与他人发生摩擦	要注重发展双方的关系；要让他看到你的建议对他有哪些好处；要热情坦诚，有问必应；要善待他们希望与人分享信息、趣事和人生经历的愿望；要做到友善健谈；要多问多答带有"谁"字的问题；要随时注意保持热情友善、平易近人的形象；要采取措施尽量减少他们与细节和个人冲突发生直接接触
进取型	对人很感性，说话很率直，目标意识非常强，性格外向，意志坚强，果断务实，从不绕弯子。他们总是在告诉别人应该如何如何，而且说起话来头头是道。他们以工作任务为重，办事立竿见影，并不看重各种人际关系	固执己见，独断专行，缺乏耐心，感觉迟钝，而且脾气暴躁，常常无暇顾及一些形式和细节。一般他想到什么，就要想方设法达到他的目标，甚至为了达到他的目标不怕得罪人，而且也不会顾及其他人的感受。他或她可能对别人要求较高，不愿采纳他人意见，控制欲较强，从不妥协，甚至有些傲慢专横，冷酷无情。进取型的人珍爱的是权力、控制和他人的尊敬。失去别人的尊重，没有取得结果，以及感到被他人利用则是他们最大的痛苦	满足其的控制欲；专心研究工作任务；探讨预期结果；行为规范，言之有据；表达简洁、准确、有条有理；研究回答带有"什么"的问题；说话要有事实根据，不要仅凭感觉；不要浪费时间；不要纠缠细节；提供多种选择方案；要当一名好听众
亲近型	喜欢与人相处，专心致志、持之以恒、忠实可靠，具有合作精神，易于相处，值得信赖，反应敏捷，愿意倾听。会尽量避免与人发生对抗冲突	犹豫不决和缺乏冒险精神。这种类型的人常常过于重视他人的意见，循规蹈矩不肆声张，往往处于被动的状态。他们通常不会为自己说话或者辩护，过于顺从迎合他人，决策时常常会反复权衡，犹豫不决	要做到放松、随和；要保持事物的原有状态；要讲究逻辑和系统方法；要按照书面指导原则去制定具体计划；要做好回答"为什么"的准备；要有预见性；要时常明确地表示赞同；要用"我们"这个词；不要催促；不要急于求成；要赞扬他或她具有的团队精神

2. 分析问题

通过分析来确定和把握顾客提出问题的关键，进而为问题的圆满解决奠定基础，是酒店服务中的重要技巧与方法。总体上来说，酒店服务中的问题分析技巧与方法，可以从以下三个方面来锻炼和提高。第一，适当提出问题。针对顾客提出的问题，服务人员可以进行适当的提问，以在顾客的配合之下，一步一步地找出并把握顾客所提问题的关键和具体需求。当然，服务人员的提问要语气委婉，并尽可能避开个人隐私或其他令顾客尴尬的内容。第二，探寻更深层次的需求。有时顾客提出的问题并非是问题本身，可能是一个故意设计的难题，他（她）想通过这个难题来引出自己实际的需求。如果服务人员没有及时注意这一点的话，就可能陷入难题之中，不但枉费了许多精力，而且也不能让顾客最终满意。第三，概述顾客问题并做出结论。为了更好地理解和把握顾客提出的问题，服务人员要特别注意自己对客人所提问题的领会与顾客所要表达的是否一致，这不仅是服务人员职业素质和礼貌姿态的表现,也能使顾客感到自己备受重视,进而为问题的顺利解决奠定基础。

3. 处理问题

妥善、圆满地解决顾客所提问题不但是酒店服务人员服务技能与方法纯熟的表现,也是提高酒店服务质量的必然要求。一般来说,酒店服务人员在已经清楚地了解顾客所提问题之后的处理技巧和方式主要包括行动迅速、负责到底、与客协商、及时反馈等。首先,针对顾客提出的问题,酒店服务人员应迅速行动起来,不管这个任务有多么难完成、多么不好开始。一般来说,没有经验的服务人员最容易犯的错误是,当顾客提出问题和要求后不是立即采取应对行动,而是"找借口""提困难"。如此一来,不但使问题得不到解决,也令顾客感觉服务人员故意拖延,甚至不真诚、不友善,从而进一步加剧问题解决的难度。其次,顾客提出的问题可能涉及多个部门或者多个班次,一个问题的解决常常从上一个班次开始直到下一个班次才能最终完成。因此,酒店服务人员,特别是当班遇到问题的服务人员一定要为顾客服务到底,使顾客问题能得到高效、顺利的解决,并赢得顾客的信任和尊重。再次,针对顾客提出的问题,酒店服务人员要本着"解决问题的标准以顾客的要求为基准,解决问题的目的在于满足顾客深层次要求"的原则反复和顾客协商,直到问题得到圆满的解决。切忌贪图省事儿,只是把顾客的问题从表面上解决,而没有让顾客感到由衷的满意。当然,服务人员与顾客协商的最高境界是通过协商使顾客自行降低要求,进而使问题得到妥善解决。最后,酒店服务人员要及时向顾客反馈问题的处理信息,既要在行动前告知顾客等候的时间,在行动中及时反馈行动的进程,也要在行动后及时问询顾客满意度。只有这样才能切实提高酒店服务的质量和水平。

当然,为进一步强化酒店服务技能与方法的训练,在顾客所提问题得到解决后,酒店服务人员还应当有一个回顾与反思的过程。通过回顾从客人提出要求到协商解决再到问题得到解决的整个过程,以及在该过程中顾客的反应与评价,及时总结解决问题过程中的经验,并反思问题处理不当或令顾客不满意的地方,以使酒店服务的技能和方法更加纯熟和精练。

(二)酒店服务的行为规范

酒店服务的行为规范是酒店职业道德在酒店服务活动中的具体体现。酒店服务的行为规范既是酒店服务人员必须遵守的行为准则,也是评价其职业道德行为的标准,主要包括以下几方面的内容。

1. 热情友好、宾客至上

热情友好、宾客至上,是酒店职业道德最基本和最具特色的一项道德规范和行为准则。真诚、热情、友好地接待每一位顾客是酒店从业人员道德情感在职业活动中的体现。只要上岗就必须以亲切的微笑、良好的服务精神和热情周到的服务,做到客到微笑到、敬语到、服务到。宾客至上要求在为顾客提供服务时要将顾客放在首位，从顾客角度考虑问题。从某种程度上来说，"顾客永远不会错""顾客永远是对的""以顾客为中心"等语言表述都是从不同的层面对"顾客至上"这一行为准则的阐释和说明。对于酒店服务人员来说，在日常的酒店服务过程中，特别是接待贵宾和重要顾客，以及遇到困难和不顺利时，只有坚持热情友好、宾客至上的行为规范，才能为顾客提供优质的服务，并受到顾客的信赖和爱戴。

2. 真诚公道、信誉第一

真诚公道、信誉第一，是酒店职业道德的重要规范，也是热情友好、宾客至上的继续和保证。真诚，要求真实诚恳，信守诺言、协议和合同，不弄虚作假，不欺骗和刁难顾客。公道，要求买卖公平合理，只赚取合法合理的利润，既不"宰"客，也不损害酒店利益。信誉是酒店的生命，酒店只有树立良好的声誉和形象，才会赢得更多顾客的光临。具体来说，酒店服务中的"真诚公道、信誉第一"行为准则可以从以下几方面来理解，即广告宣传，实事求是；按质论价，收费合理；诚实可靠，拾金不昧；诚挚待客，知错就改。

3. 文明礼貌、优质服务

文明礼貌、优质服务，是酒店服务中的一个极具行业特点的行为规范要求，也是酒店从业人员必须具备的素质要求之一。文明礼貌是社会公德的重要内容，也是正确处理人与人之间关系的基本行为准则。酒店服务人员和顾客之间只有讲究文明礼貌，相互尊重，才能友好而愉快地相处。向顾客提供优质服务是酒店对顾客负有的重要道德义务，也是评价和判断酒店服务质量和水平的最终标准。酒店服务中"文明礼貌、优质服务"的道德准则和行为规范的具体要求是：诚恳待人，尊重他人；仪表整洁，举止端庄；语言优美，谈吐文雅；微笑服务，礼貌待客；环境优美，食品卫生。

4. 不卑不亢、一视同仁

不卑不亢、一视同仁，是酒店服务人员应遵循的基本行为准则和职业道德标准。不卑不亢，要求酒店服务人员在为顾客服务的过程中既要尊重顾客、热情友好、尽职尽责，也要自尊、自爱、自信，更要体现出应有的人格、国格。要谦虚谨慎，但不妄自菲薄；学习先进，但不盲目崇拜；热爱祖国，但不妄自尊大。一视同仁，要求酒店服务人员在提供服务的过程中对来自不同地区、不同国别、不同职业、不同文化和消费水平的顾客都同样对待和尊重，真诚为其服务，并积极维护其合法权益。酒店服务人员只有不卑不亢、一视同仁，才能保证服务的公平和公正，并赢得顾客的信赖和尊重。

5. 敬业爱岗、忠于职守

敬业爱岗、忠于职守既是最基本的酒店职业道德规范要求，也是酒店从业人员必须遵循的行为准则。敬业爱岗，要求敬重所从事的酒店服务行业，热爱自己的本职岗位；忠于职守，要求严格遵守酒店的各项规章制度和职业纪律，尽心尽力地做好工作，增强职业责任感和事业心。酒店服务人员只有正确认识酒店服务工作的性质，树立平凡职业的荣誉感，尽职尽责并将顾客的安全、利益和酒店的声誉放在首位，才能充分发挥酒店服务规范的积极作用，进而提高酒店服务的质量和水平，赢得顾客的肯定和满意。

三、酒店服务的语言与表达

从某种意义上来说，酒店服务是一种具有情境性的面对面的工作，自然少不了酒店服务人员与顾客之间的语言沟通与对话交流。温馨、得体的语言表达不但能使酒店服务人员在与顾客进行沟通的时候起到化解危机和锦上添花的作用，还可以给顾客一种受重视感和受尊重感，进而增强对酒店的信任感和依赖感。因此，语言及其表达在酒店服务中具有极为重要的地位和作用。酒店要提升服务质量，并增强酒店的知名度、美誉度，强化对酒店服务人员服务语言及其表达的教育与培训就显得尤为重要和急迫。

（一）酒店服务语言及其特征

语言是人们用来表达思想、交流感情的工具。在酒店服务过程中，服务人员和酒店顾客之间的沟通和交流，语言更是须臾不可或缺，特别是酒店服务语言。酒店服务语言是酒店服务人员在具体服务和与顾客交往过程中借助一定的词汇、语调来表达思想、情感、意愿的规范而又灵活的工作语言。

作为具有特定情境性的工作语言，酒店服务语言与授课、演讲和日常交往语言有较大的不同。一般来说，教师的授课语言强调逻辑性和严谨性，演讲者的演讲语言重在渲染和煽情，日常的交往语言注重轻松和自由，而酒店服务语言则特别强调得体和尊重。因此，酒店服务语言具有鲜明的明了性、主动性、尊敬性、愉悦性、兑现性特征，当然，也具有一定的局限性。

所谓明了性，即酒店员工在进行对客服务使用服务语言时要讲得清、听得明，不能让听者重复反问。具体来说，酒店员工在与顾客交往时要做到"六要"，即称呼要得当、口齿要清楚、用词要准确、语气要亲切、语调要柔和、语言要简练，以免因语意不明确引起不必要的麻烦和交流障碍。

酒店服务语言的主动性特征，主要表现为服务人员在对顾客服务时要先开口，主动询问顾客、寻觅服务对象。要将顾客当作自己的亲朋好友，努力营造出一种生动活泼、亲切随和的服务气氛，以使服务者与被服务者双方都能感受到一种轻松自然、水乳交融的温馨与舒适。

在酒店服务中，要赢得顾客的信赖和尊重，首先要求酒店员工必须在语言表达上对顾客表现出真正的敬意。为此，酒店服务人员首先要对顾客多用尊称，多用敬语，少用贬称，禁用鄙称。要多用"您"而少用"你"，表明自己是在"用心"交流，而不是表面的称谓。其次，酒店服务人员在语言表达和措辞上要充分尊重不同地区、不同民族、不同国别顾客的语言习惯、文化特点和风俗禁忌等，以免带来不必要的麻烦与尴尬。

酒店服务语言的愉悦性特征，主要表现为服务语言的措辞、表达、语义、语气都应令人欢欣愉快，心生喜悦。因此，在酒店服务过程中，同顾客进行语言沟通与交流时要多用美词雅句，要只称赞不指责，不用否定句、训诫句和命令句，更不讲"不"字。只有这样，才能让顾客感到服务人员的热情与周到，进而在精神上、心理上得到满足感和愉悦感。

酒店服务的即时性和信誉性，决定了酒店服务语言必须具有兑现性。服务语言兑现性要求酒店服务人员在对客服务过程中既要"讲得出"，更要"做得到"。"讲得出"意味着对顾客的疑问或问题要有一个明确的说法；而"做得到"则意味着说到做到，能将说法落到实处，切不可为了一时讨好顾客而轻易许诺，开空头支票，以免影响酒店的信誉和形象。

酒店服务语言的局限性主要表现在，语言内容与表达方式要仅仅限于服务工作范围，不可随意出界，切忌与顾客谈得过于"投机""随意"，且过多、过频，以免引起误解和不便，进而影响酒店服务的质量。

（二）酒店服务语言的分类及运用

总体上来说，酒店服务语言可分为有声语言和无声语言两部分。有声语言，又叫作口头语言，或称"口语"，是服务工作中使用最多、最重要的交际工具。酒店服务语言大多是有声语言，用来直接与顾客沟通交流，以产生预期的服务效果。无声语言，即肢体语言，包括表情语言、动作语言和物饰语言，虽然它只是有声语言的辅助手段，但其作用却不可忽视。酒店服务员大方得体、自然端庄的肢体语言，常常能起到有声语言无法起到的作用，带给顾客一种独特的亲切感和美感。

有国外心理学家曾说：一个信息的总效果=7%有声语言+38%语音+55%面部表情。且不管这个公式的准确度如何，但它足以说明在表达效果的总目标下，口头语言与无声语言的关系是密不可分的。有时，在酒店服务过程中，无声语言常常比口头语言具有更为重要的意义。

酒店服务的特殊性，要求酒店服务人员的语言要讲究美感和艺术性，既要求服务人员从服务实际出发在不同场合恰当地运用有声语言和无声语言，也要将两种语言有机结合在一起，使其相得益彰、和谐一致，以收到最佳的服务语言运用效果。

在有声语言的运用方面，首先要善用令顾客愉快的语言。服务行业有一条最重要的原则，那就是"永远使顾客觉得高贵而重要"。酒店服务人员通过热情的服务、真诚的言辞使顾客感到高兴，正是服务人员工作的真正价值之所在。因此，服务人员在运用有声语言时，要多一分肯定、多一分赞美，多一分微笑、多一分尊重、多一分热情、多一分体谅，多一分主动、多一分诚恳。只有这样才能与顾客情意相融、心心相通，使顾客忘记烦恼而心情开朗、快乐。其次，要善用化解矛盾的语言。在酒店服务中，服务人员和顾客之间的矛盾几乎无处不在。无论是因服务人员工作的失误，还是因为顾客自身的原因，总会招来顾客的不满，甚至投诉。在此情境之下，酒店服务人员要学会运用语言来化解矛盾，千万不要计较顾客的态度，要对顾客耐心忍让，处处为顾客着想。同时也要针对具体情况运用灵活、机智、诚恳、谦虚的语言表达，及时化解和消除与顾客之间的问题与矛盾。最后，要善用幽默性的语言。一般来说，幽默性的语言在人际交往中具有极其重要的地位和作用，它不仅可以融洽气氛、解除困境，还可以调动情绪、引发思考，甚至还可以让人愉快地接受批评。因此，在酒店服务过程中，幽默性语言的运用就显得极为重要。酒店服务人员只有娴熟地运用幽默风趣的语言，才能及时消除陌生感和距离感，带给顾客以轻松、愉快，进而获得美的感受。同时，幽默性服务语言的应用也能及时化解对客服务中的尴尬和问题，提高服务质量。当然，幽默性服务语言的运用也不宜过多，要视具体的服务场所、情境和氛围灵活处理。

在酒店服务过程中，人的肢体动作、面部表情、服饰等无声语言都可以起到表达情感、交流思想的作用，有时甚至比有声语言的意义更加重大。因此，服务人员首先要恰当地运用表情语言。表情语言，即面部表情语言，是指通过面部器官（包括眼、嘴、舌、鼻、脸等）的动作势态所表示的意愿和信息。俗话说"面由心生"，一切面部表情都是内心意识与情感的外在显现。以面部表情中的"微笑"为例，它既是顾客能够直接感受到的服务人员的面部表情，实际也是服务人员是否愿意为顾客提供热情而真诚的服务的心理意识的外在表现。因此，人们很难想象一个面部表情"横眉冷对"的服务员会为顾客提供热情的服务，而服务人员脸上的微笑则是顾客心中的"一片冬日阳光"，它不但能感染顾客、调和气氛、消除顾客的郁闷与沮丧，也能使顾客乘兴而来，尽兴而归。其次，要善用优雅的动作语言。一般来说，酒店服务人员优雅得体的肢体动作，不但是其具体服务行为须臾不可或缺的重要组成部分，也是增强有声语言感染力的重要因素。酒店服务实践表明，只要酒店服务人员配合服务言语的动作明确，意向清楚，语感、声调相宜，就会使顾客听觉和视觉同时得到良好的"双向刺激"，会大大增强言语感人的效果。当然，酒店服务人员在对客服务使用服务语言时，一切指示动作都必须合乎规范、合乎礼仪，特别要注意在和顾客交谈时手势不宜过大，要自然得体。最后，要善用物饰语言。物饰语言是指酒店服务人员端庄得体、合乎规范的仪容仪表。端庄得体的服装会给顾客美的享受，同样能收到"无声胜似有声"的效果。因此，酒店服务人员要穿统一制服，女服务员应淡妆上岗。服务员上岗前一定要先检查仪容仪表。因为仪容仪表就是一面镜子，它不仅体现员工的个人素质，也直接反映一家酒店的精神风貌。

总之，服务语言事关酒店服务质量，对于酒店的良好发展具有重要的意义。作为一名服务人员，树立良好的服务意识，掌握和提高酒店服务的语言是关键。服务人员要根据不同的接待对象，掌握好说话的艺术，在整个服务过程中恰当运用礼貌真诚的敬语，坚决杜绝一切能引起顾客产生不良情绪和有损顾客自尊心的语言。同时，在关键时刻能够应变自如，赢得顾客的赞同，提高酒店美誉度，为顾客提供温馨、舒适的视觉和听觉的双重体验。

第三节　酒店服务文化的建设对策

综上来看，酒店服务文化的建设是一项需要长期积累的工作，好的酒店服务文化也一定是酒店、顾客和员工三方协调稳定发展的结果。在现代酒店行业的竞争中，服务文化建设的竞争已经成为其独特的核心，因此，要想提升酒店竞争力，构建健康、优秀的酒店服务文化是须臾不可或缺的关键因素。酒店只有不断探索、积淀和塑造独具特色的酒店服务文化，才能在未来激烈的酒店行业竞争中立于不败之地。

一、我国酒店服务文化建设中存在的主要问题

近年来，随着酒店业的迅猛发展，酒店之间的竞争也日益激烈。为了在激烈的市场竞争中求得生存和发展，越来越多的酒店开始重视酒店的服务文化建设，利用独具特色的酒店服务文化来吸引顾客。由于国内酒店的服务文化建设目前仍处于起步阶段，许多酒店在如何培育适合自身酒店特色的服务文化、如何正确理解酒店服务文化的本质内涵，以及如何充分发挥员工在酒店服务文化建设中的作用等方面尚存在一定的问题，进而在一定程度上影响和制约了酒店服务文化建设的质量和水平。

（一）缺乏培育服务文化的管理意识

作为现代服务业的重要组成部分，酒店要在竞争激烈的酒店业中立足和发展，必须拥有优质而独具特色的酒店服务。因此，酒店管理者具备培育酒店服务文化的理念和意识，就显得非常的重要。从目前国内酒店服务文化建设的实践来看，虽然有不少酒店已经认识到了酒店服务文化建设的重要意义，且采取了一定的相应建设举措，但只注重酒店服务文化硬件建设，而忽略软件建设。如有的酒店建筑装潢及环境设施堪称一流，服务人员提供的服务却难以恭维，不但呆板僵硬，甚至脸上连一丝微笑也没有，显然员工的积极性没有被充分地调动起来。究其原因，恐怕主要是酒店的经营管理者没有意识到酒店服务文化建设的重要性，特别是缺少对酒店员工进行应有的培训与引导。

（二）忽视了服务文化的"软约束"作用

酒店服务文化具有重要的地位和作用，主要表现为它能使酒店员工按照酒店的经营理念和价值观规定的方向和目标规范、引导和约束自己的具体服务行为，从而为顾客提供优质的酒店服务。一般说来，酒店服务文化的"软约束"常常能起到酒店规章制度和纪律要求难以发挥的特殊作用。原因在于，这种"软约束"常常来自员工内在心灵的自觉，而不是制度和纪律规范下的被动。酒店服务实践也表明，不少酒店由于过于强调服

务中的纪律和制度，使权力过分集中，常常会限制和约束员工工作积极性和创造性的发挥。当然，如果管理过于松散、随意，酒店服务中的各种决策又很难高效快速地得到执行。因此，现代酒店要提高经营管理和酒店服务水平，就必须将规章制度和纪律规范等"硬约束"和酒店服务文化的凝聚、规范、引导等"软约束"有机地结合起来。只有充分发掘酒店服务文化的人本化内涵，酒店服务才能更具人情味、吸引力和魅力。

（三）服务文化建设缺少个性和特色

总体上来看，中国酒店业发展到现在，在硬件设施的建设上应用了各种顶尖的技术和装修装饰材料，但基本风格却大同小异，缺乏特色和个性。众所周知，一个缺少特色和个性的酒店自然难以在现代激烈的酒店竞争中生存和发展，这恐怕也是国内酒店难以同世界一流酒店相比肩的重要原因之一。虽然酒店的特性和特色可以从多个方面呈现和展示出来，但考虑到"人"的因素在酒店服务中的特殊地位和作用，酒店要突显自己的个性，最为关键之处还是要率先提高直接对客服务的员工素质和服务水平。从根本上来说，酒店实际上是为客人提供的一个"家外之家"，它必须是一个舒适、安全、受尊重、有成就感的服务场所和"人性化的空间"。这就要求酒店必须对自己的员工实施人性化的管理，只有酒店带给员工以安全感、受尊重感和成就感，员工才能在服务中充分展示服务的个性和创造性，从而为顾客提供优质的个性化服务。

（四）员工培养存在一定的短视性和功利性

从一定意义上来说，酒店服务总体上是一种人对人的服务。因此，人的因素在酒店服务中均具有极其特殊的地位和作用。在激烈的市场竞争中，酒店是否拥有一批忠诚能干、经验丰富的员工，常常是决定酒店最终成败的关键。酒店经营实践表明，目前酒店业的人员流动性非常大，很多酒店常常抱怨自己所培养的骨干管理人员非常容易流失，而这类人员一旦流失，对酒店来说常常是釜底抽薪，损失巨大。在此背景之下，酒店在培养员工上总是缩手缩脚，瞻前顾后，甚至在员工培养上能不投入就不投入，而寄希望于相关院校的学生来酒店就能成为独当一面的"成手"，或者不惜重金从其他酒店中挖人。于是乎，许多酒店在招聘人员时，常把有一定工作经验和优良的业绩条件放在第一位。实际上，这是一种极其短视和功利的行为。既然不愿意对自己的员工进行长期的培养，酒店又有什么理由要求员工忠诚和坚守酒店服务岗位呢？因此，酒店要切实提高服务的质量和水平就必须坚决杜绝员工培养中的短视和功利性行为。

二、酒店服务文化的建设对策

酒店服务文化建设是一个长期的过程，需要在强化服务意识、创建服务品牌、倡导用心服务、提高服务技巧、满足员工需要、强化制度保障方面做许多认真细致的工作，才能保证酒店服务的文化建设收到实效，并发挥其在酒店服务中的应有作用。

(一)强化服务意识

服务意识是一个自我认识、自我养成和自我提高的过程,它需要服务者有意识地学习、仿效和积累,更需要服务者有高度的自觉性。对于一名酒店的服务者来说,服务意识是其自身素质的重要组成部分,直接制约和影响着服务行为和服务质量。因此,要搞好酒店服务文化建设,首先要强化酒店服务人员的服务意识。由于酒店的服务意识是一种内在的观念形态,只有将其渗透在酒店员工的职业价值取向当中,才有可能在日常服务中得到运用和体现。因此,要培养良好的酒店服务意识,首先要引导员工端正服务态度,正确认识酒店服务工作的性质和价值,将其看作一个为人提供所需服务、制造快乐的行业,从而发自内心地为顾客提供优质的酒店服务。其次,为树立良好的服务意识,酒店应该强化服务意识的培训。既可以在迎新培训、岗位培训时集中地进行服务意识的训练,也可在日常的实践中通过早会等形式结合案例分析向员工传递正确的服务理念,帮助员工形成良好的服务意识。最后,良好服务意识的养成还需要一个良好的酒店服务文化环境。服务文化环境具有一定的惯性和软约束力,可以规范和约束员工的具体服务行为,长此以往有助于服务意识的养成。当然,要使酒店员工养成良好的酒店服务意识,还需要建立严格的服务激励机制,从制度上监督、引导和规范员工的服务行为。酒店只有及时对员工的服务行为进行适当的奖惩,才能通过服务激励机制的示范作用和约束作用,强化酒店员工的服务意识。

(二)创建服务品牌

服务品牌作为酒店形象在酒店服务中的具体体现,它既是酒店服务质量的标志和保障,也反映着消费者对酒店服务质量的诉求和期望,其核心内容就是优质服务。因此,要搞好酒店服务文化建设,就要创建酒店服务品牌;而要创建酒店服务品牌,首先就要强化优质服务。一般来说,酒店优质服务可以通过实行差异化服务、个性化服务和创新化服务来完成。同时,改善服务态度、提供微笑服务和提高服务的附加值等也是酒店优质服务的具体举措。其次,酒店服务品牌的创建要同酒店的产品品牌建设和整体形象塑造有机地结合起来。一般说来,虽然酒店的产品品牌形象和酒店整体形象可以通过其外在的建筑形象以及装饰、装潢等展现在消费者面前,但其内在的精神内涵和服务品质则需要通过酒店服务人员热情、优质的服务才能为顾客所感知和认同。因此,酒店的产品品牌和企业形象既需要优质酒店服务来传播,也在某种程度上折射和代表着酒店的服务质量和服务品牌想象。如迪拜的帆船形酒店,其独特的帆船造型会让你联想到它的被誉为"七星级"的超级服务;米奇老鼠的大耳朵、大型的圆拱形字母M和麦当劳叔叔都会让你立刻想到迪斯尼乐园和麦当劳餐厅。因此,通过酒店产品品牌建设和酒店形象塑造创建酒店服务品牌能起到毕其功于一役的作用。

(三)倡导用心服务

服务贵在"用心",用心服务是酒店服务文化建设的宗旨。"用心"可以使酒店吸引更多的顾客，了解并把握顾客的所思、所想、所求，热情周到地接待顾客，为顾客排忧解难，使顾客感到方便、舒适和满意。因此，要想建设良好的酒店服务文化，酒店必须要倡导用心服务，首先必须不断提高员工自身的素质。良好的个人素质是能够通过日常工作和待人接物等表现出来的，只有员工具备较高的个人素质，才能使酒店的每一位客人享受到最快速最便捷的服务。其次，用心服务的第二点就是感动客人，需要注重细节服务，比如通过一句亲切的问候、一个灿烂笑容，让客人在酒店这个环境中能感受到惬意、安全和关爱，让其在酒店没有陌生感和距离感。最后，用心服务即从心理学的角度出发，了解客人的真实需求，想客人所想，急客人所急，真心诚意为客人服务。只有这样才能真正走进客户的心里，使其对酒店产生信任感和依赖感。"用心"体现出一种较高境界和实实在在的服务文化，只要酒店能够对顾客做到用心服务，"想顾客所想，备顾客所欲"，顾客的满意度和忠诚度就会提高。如希尔顿酒店集团就是要求酒店员工微笑服务、用心服务，除了为顾客提供基本服务外，还需要提供个性化服务，这也是希尔顿酒店在世界酒店市场中屹立不倒的原因。

（四）提高服务技巧

服务技巧是酒店服务文化的重要组成元素之一，客人的满意度和忠诚度程度都取决于其在酒店中一系列遭遇的总和。因此，企业要想获得客户的忠诚，就必须首先拥有员工的忠诚，在此基础上进一步提高员工的服务技能和技巧，进而有效地为客户服务。首先，最重要的就是语言服务技巧。语言服务具有体现礼貌和提供服务双重特性，服务人员由此可以向宾客表达意愿、沟通信息和交流思想感情。酒店从业人员对语言知识的了解程度的深浅和语言艺术水平的高低，将直接影响酒店服务的成败。因此，服务人员在服务过程中，应该注意服务语言言辞的礼貌性、措辞的修饰性、语言的生动性和正确性。其次，要想提高酒店服务技巧，还要学会观察客户。观察客户要求感情投入，主要从年龄、服饰、语言、身体语言、行为、态度等方面进行观察，并且遇到不同类型的客户需要提供不同的服务方法。例如，对待烦躁的顾客，要有耐心，温和地与之交谈。此外，还要注意学会倾听，服务过程中倾听的内容包括客户的夸赞、抱怨等，而要想维护甚至进一步发展客户关系，服务人员就应该学会克制，表达关心。好的服务技巧是酒店服务文化形成过程中所不可或缺的，也是服务人员获得客户认可与满意的捷径之一。因此，酒店要注重加强员工的服务技巧培训，以使其更好地为客户服务。

（五）满足员工需要

"没有满意的员工，就不可能有满意的顾客"，而酒店员工是否能用快乐的态度、礼貌的言行对待顾客，则与他们对酒店提供给自己的各个方面的软硬条件的满意程度息息相关。在一条完整的服务链上，服务产生的价值是通过人，也就是酒店的员工在提供服务的过程中体现出来的，员工的态度、言行也融入每一项服务中，对顾客的满意度产生重要的影响。因此，酒店要想使员工的劳动价值最大化，就要首先满足员工的需要。

其一，企业应当为员工创造一种安全健康的工作环境。现今员工对工作岗位的第一需求必然是安全健康，满足员工的安全健康需求是企业最大的责任，只有员工的基本安全得以保障，员工才能为企业创造价值。其二，企业应当满足员工的最低期望报酬额。员工一般对自己的劳动力价值比较了解，在正常的工作时间内有合理的报酬预期区间，对达不到最低期望报酬额或者超出最高期望报酬额都是会持怀疑的态度。因此，酒店要想使员工安心工作，必须使员工获得合理的劳动报酬。其三，企业应当让企业的员工看到希望。员工和酒店一样，渴望和追求成功的心理是同样的，任何时候企业都不能让员工丧失信心、没有希望。总之，塑造以人为本的酒店服务文化，使员工在最适合他的工作职位上发挥才能，提升能力，并协助员工做好职业生涯计划，员工在这样的环境中才会对酒店忠诚。通过酒店员工的努力工作，为顾客提供优质的服务产品，从而使酒店树立良好的企业形象，提高酒店的知名度和品牌价值。

（六）强化制度保障

俗话说，"无规矩不成方圆"，酒店规章制度是为保证酒店服务质量以及维持酒店正常运转秩序所制定的，是酒店员工需共同遵守的规范和准则。科学合理的酒店规章制度是酒店现代化管理的重要方法，对促进酒店的有效管理和高效经营具有重要意义。首先，酒店应该制定较为系统的规章制度。酒店的全部规章制度构成酒店的管理体系，在横向上，酒店每个规章制度之间应该互相联系，不能互相矛盾；在纵向上，制度的制定要考虑到今后相关环境的发展趋势，保证制度在相当长时间内能够发挥作用。其次，酒店的规章制度应该具有规范性。要做到形式规范统一，文字明确具体，表述简明扼要，体例保持统一性，每项规章制度都应有具体执行部门、配合执行部门和违规监督部门。如果只有执行部门，没有违规监督部门，那么就会因为没有检查、没有监督，而导致制度形同虚设。最后，酒店的规章制度应该具有实用性。酒店制定规章制度是为了实现管理好酒店以获得经济效益和社会效益的目标，所以酒店的规章制度必须符合酒店的实际情况。从内容上看，制度的实用性一方面要求酒店制定的规章制度要有利于酒店参与市场竞争，有利于推动酒店发展；另一方面，也要与酒店内部实际情况相符，在促进酒店加强科学管理的前提下，做到实事求是，执行方便。总之，酒店要想形成自己的服务文化，加强制度建设是重中之重，只有制定酒店独特的规章制度，才能逐渐形成酒店自身的服务文化和企业文化。

第四节　香格里拉酒店服务文化的案例分析

酒店作为服务业的首要展现地，其特殊的服务文化决定了酒店的服务层次与水准。香格里拉酒店集团作为亚洲区最大的豪华酒店集团，其主要特色即为客人提供优质、温馨的服务。香格里拉是个有自己独特企业文化的外企酒店，员工培训被公司认为是首要任务。香格里拉本着"热情好客，亲如一家"的经营思想培训、感染员工，使其真切地感受为人服务的高尚。香格里拉酒店集团在酒店服务文化建设方面取得的成就，具有十分重要的借鉴和参考价值。

一、香格里拉的经营理念

香格里拉酒店经营的理念是"由体贴入微的员工提供的亚洲式接待"。顾名思义，就是指为客人提供体贴入微的具有浓郁东方文化风格的优质服务，包括五个核心价值：尊重备至、温良谦恭、真诚质朴、乐于助人、彬彬有礼。在此基础上，香格里拉提出了以下八项指导原则：第一，将在所有关系中表现真诚与体贴；第二，将在每次与顾客接触中尽可能多地为其提供服务；第三，将保持服务的一致性；第四，确保服务过程能使顾客感到友好，员工感到轻松；第五，希望每一位高层管理人员都尽可能地与顾客接触；第六，确保决策点就在与顾客接触的现场；第七，将为每一位员工创造一个能使他们的个人、事业目标均得以实现的环境；第八，客人的满意是事业的动力。香格里拉始终如一地把顾客满意当成企业经营思想的核心，因此，"员工满意"和"客人满意"是香格里拉八项指导原则的基本出发点，而且在经营管理实践中，也把指导原则转化成了相应的管理措施和服务措施。

二、香格里拉的企业文化

香格里拉秉承独特的亚洲式殷勤好客之道，努力为客人提供独具特色的亚洲式殷勤好客服务乃是其有别于其他酒店业同行的关键，同时也是香格里拉赢得世界级酒店集团荣誉的基础。"自豪而不骄矜"极其重要，香格里拉希望员工能够由衷地为他们所获得的成就而自豪，但在对待客人时仍表现出温良谦恭的品质，因为香格里拉人坚信，真正的成功不需要炫耀自诩，亦能享誉千里。在力求每时每刻令客人喜出望外的过程中，香格里拉始终希望能够超越客人的期望，始终如一地为客人提供物有所值的优质产品与服务。这正是其要寻求那些勇于创新、追求成就、引领潮流的专业人士的原因。

三、香格里拉的服务理念

香格里拉酒店在国内外赢得良好的口碑，被多家权威媒体评为"亚太地区最佳商务酒店品牌""世界级豪华住宿酒店集团""中国最具影响力的酒店品牌""东南亚最受欢迎的商务酒店品牌"等称号。究其原因，除了这一品牌杰出的形象定位外，最根本的应该是香格里拉酒店一直以来秉承的服务理念——do more。在香格里拉，更多的是为客人提供的服务，然后是奉献给客人的体现真正价值的产品。当然，这两方面是相辅相成的。在香格里拉，要求服务人员要勇于和客人交流，这是酒店的精髓所在。感受了服务，就感受了香格里拉。强调服务的重要性是每个酒店都做的工作，但香格里拉酒店强调的服务体现在点滴。香格里拉的员工只要真想为客人服务，只需要走向他，向他微笑，这就是交流。服务有时是不需语言的，无数的细节服务奠定了香格里拉的成功。

香格里拉作为温馨之家，拥有共同的强大的信念、真诚关爱与互相尊重。这一信念规范着员工的行为，使员工在和他人相处时真诚、无私、体贴周到、理解他人的需求与感受；使员工发自内心地呈现优雅迷人的亚洲式待客之道。其优势更多地体现在亲如家人、尊重他人的核心价值中。在这个大家庭中，感受到的是宁静祥和与真诚友善，更可贵的是其独特的、发自内心的热情好客之道。香格里拉、嘉里酒店、今旅三个香格里拉旗下品牌，分别有各自的服务特色，比如说嘉里酒店以轻松随意的气氛为主，员工可以在穿着统一工服的前提下穿自己的衣服，工服也是牛仔这样接地气的布料；而香格里拉就作为温馨之家给客人宁静的、舒适的、古典祥和的感受。

四、香格里拉的酒店服务模式

香格里拉酒店集团的服务理念很简单——"殷勤好客香格里拉情"。香格里拉在酒店业脱颖而出的最大特点是服务入微。集团贯彻实行"真正关心，服务殷勤"的理念，而且矢志将这份服务精神发扬光大。香格里拉素来推崇体贴的亚洲款客之道。酒店秉持亚洲独有的礼宾风尚为宾客效劳，服务体贴入微，令每位宾客称心如意，宾至如归。正是这份殷勤待客之道，让香格里拉的服务在业界享有盛誉，但这种服务又不是一成不变的，而是凸显酒店所在地区的独特文化和风俗，让宾客亲身体验地方情怀。这套核心价值标准让集团旗下各酒店根据所处地区的特点，在日常生活中全情体现香格里拉的待客理念。

五、香格里拉人服务原则和规范

香格里拉酒店的员工在与人相处时必须表现出诚挚、关爱和正直的品质，必须确保政策的简明易行，方便客人及同事。坚持履行企业社会责任，为社区、环境、同事、客人与经营伙伴做出积极贡献。必须保持良好的仪容仪表、制服及名牌干净整洁。香格里拉人对所有来电都应该在响铃三声后应答，态度礼貌亲切，不得对来电进行甄别，彬彬有礼，平静自然。与客人或同事谈话时专心致志，真挚诚恳。主动报告、记录并及时解决客人遇到的问题，及时沟通。保障客人与同事的安全及隐私不受侵犯；尊重客人的隐私，包括客人的姓名、房号、个人喜好与言行举止。遇见客人时，会主动问好，并礼貌地侧身退后请客人先行。员工高度重视环境保护，确保周边环境的整洁和安全。

综上所述，香格里拉作为世界最佳的酒店管理集团之一，在酒店服务方面也做到了最佳。无论是其经营理念还是企业文化，无不以"服务"为出发点，强调为客人提供最优质的服务。而香格里拉酒店所提供的服务绝不仅仅是餐饮、住宿，更是从住宿、餐饮、娱乐、购物、会议服务，到机场接送、婴幼儿看护、汽车租赁、互联网、美容美发等全方位的服务中，香格里拉均设置了专门的部门和机构，安排具有专业技能水平的人员为每一位顾客提供服务。同时如前文所述，香格里拉酒店的员工均受到了良好的培训，以真诚、助人、礼貌和谦虚为己任，全方位全过程地为顾客做好每一项服务内容，使顾客能够真正感受到物有所值的消费体验，进而不断提升顾客对酒店的满意度和忠诚度。

参考文献

[1] 萧湘.酒店服务文化的构建[J].企业改革与管理，2013（7）：45-47.

[2] 演克武，李顺.酒店服务文化的解析与构建[J].企业经济，2011（9）：159-162.

[3] 演克武，李顺，俞超.酒店三维服务文化价值模型及其构建途径[J].中国集体经济，2013（31）：36-37.

[4] 岳艳琴.经济型酒店服务文化浅析[J].饭店现代化，2014（12）：46-51.

[5] 岳艳琴，张裕金，邱爽.分析经济型酒店服务文化的构建[J].旅游纵览：下半月，2015（2）：88+91.

[6] 于文悦.上海静安香格里拉酒店服务文化建设的探讨[J].商，2015（41）：122+117.

[7] 刘川燕.基于QFD的经济型酒店服务质量关键评价指标体系构建研究[D].兰州：兰州财经大学，2020.

[8] 蔡林鹏.BEM酒店服务质量提升研究[D].泉州：华侨大学，2020.

[9] 范洁珊.基于SERVQUAL模型的M酒店服务质量提升研究策略[D].绵阳：西南科技大学，2020.

[10] 孔萌.SY酒店服务质量提升对策研究[D].西安：陕西师范大学，2019.

[11] 肖晨.酒店内部服务质量的影响因素研究[D].厦门：厦门大学，2018.

[12] Urtnasan G.生态酒店顾客感知服务质量影响因素研究[D].长沙：湖南大学，2017.

[13] 刘梅.基于在线评论的福州市高星级酒店服务质量评价研究[D].福州：福建师范大学，2017.

[14] 心悦.基于外国消费者满意度的中国酒店服务质量评价[D].杭州：浙江工业大学，2014.

[15] 曹佳.互联网时代下酒店服务创新的影响因素及发展策略探析[J].商讯，2020（22）：143-144.

[16] 孙圣红.互联网时代下酒店服务创新的影响因素及发展策略研究[J].内蒙

古科技与经济，2018（15）：37+87.

［17］赵敏.经济型酒店创新路径研究［D］.呼和浩特：内蒙古师范大学，2019.

［18］许朝辉.酒店服务创新策略探析［J］.中国商论，2018（17）：138-139.

［19］招建贞.顾客体验视角下酒店服务创新［J］.中外企业家，2016（36）：19.

［20］田宇镕，李彬彬.基于自传式民族志的酒店服务创新研究［J］.河北旅游职业学院学报，2019（3）：24-29.

［21］蒋敏.基于顾客价值理论的低星级酒店服务创新研究［J］.商场现代化，2016（10）：6-7.

［22］王琳.基于顾客忠诚导向的酒店服务创新研究［J］.济南职业学院学报，2014（2）：97-99.

第五章　酒店礼仪文化

中华民族素有"礼仪之邦"的美誉，礼乐文明贯穿中华民族发展的始终。自古以来，礼仪一直在人们的社会生活中具有重要的位置，是人类社会历史发展的产物，是人类在长期社会实践中逐步形成的传统文化，被应用于现代社会的各个领域。酒店礼仪文化作为礼仪文化的分支，包含着物质文化、制度文化、行为文化、精神文化等各方面的内容。从酒店服务行业角度探讨礼仪文化的发展与构建历程、研究综述、基本理论、问题与对策及案例分析，对酒店的健康与可持续发展具有重要的理论与实际意义。

第一节　酒店礼仪文化的发展与构建历程

一、酒店礼仪文化的发展历程

酒店礼仪文化作为酒店文化的重要组成部分，是衡量酒店服务质量的重要因素，是对外展示酒店形象的重要方式。酒店只有加强礼仪文化的建设，以质量为灵魂，以文化为源泉，以创新促发展，才能满足顾客需要，使企业在激烈的市场竞争中立于不败之地。综观酒店礼仪文化的发展历程，主要可以分为以下几个阶段：

第一阶段：服务论阶段——礼仪是一种服务

酒店业是综合性较强的服务行业，为客人提供食、宿、娱等多项服务。酒店的经营管理主要体现在两个方面：一是硬件系统，如建筑装潢、客房摆设、娱乐设施等；二是软件系统，即服务态度、服务水准和服务内容等。服务是酒店业的产品之一，它贯穿于酒店经营过程的每一个环节。酒店礼仪的基本功能就是满足客人需求，为客人提供优质服务。酒店员工在工作中共同遵守的礼仪行为准则和规范，对酒店的经营具有重要的指导意义和实际意义。它既指酒店在特定场合为表示敬意而隆重举行的某种仪式，也泛指酒店工作者的礼节、礼貌。礼节、礼貌成为酒店提供优质服务的重要内容和基础。客人对一家酒店的评价，不单取决于它的硬件设施，更多的是来自客人的内心感受。创造这种感受主要依靠员工的礼貌服务。酒店员工的礼仪服务水平，直接反映了酒店的服务质量，直接影响到客人的住店感受，进而影响客人的再次入住愿望。真正的优质服务，不会满足于按规则进行服务，它必须是规则礼仪再加上油然而生的真情，有学者将这种服务列成公式就是：真正的服务＝服务礼仪＋x。这个未知数x根据服务对象的不同、场所的不同、时间的不同、需求的不同而千变万化，为此形成了酒店优质和个性化的服务。对酒店员工来说，灵活运用酒店礼仪，真情服务，可以增加客人的满意度，而客人的满意度带来客人的忠诚，客人的忠诚带来酒店的获利和成长，从而为酒店赢得生存和竞争优势。

第二阶段：制度论阶段——礼仪是一种管理制度

英国著名的人类学家马林诺夫斯基认为，"人生而有文化，文化生而有约束"，他认为，包括礼仪在内的文化在其最初阶段允许安全中存在自由，并有一个剩余边际，同时也含有要遵守、服从某些约束的意思。酒店作为企业，不仅需要对外取得竞争优势，而且对内要进行有效管理，因此，酒店内部需要制定各种规章制度，来规范酒店员工行为，提高酒店的工作效率。礼仪作为一种约定俗成的行为准则，对约束酒店员工行为有重要的作用。酒店礼仪要求酒店员工将礼仪行为纳为自身的一种自觉的行为。这种礼仪制度区别于一般的管理规则，既有强制性，又具有自觉性。一方面，酒店礼仪以制度的形式，硬性规定员工的外在行为表现，对员工进行规范化管理；另一方面，酒店礼仪要求员工以文明礼貌为根本原则，发自内心地为客人提供各种礼仪服务，以此树立酒店良好的形象。酒店礼仪既可以成为酒店标准化服务管理的样本，又可以成为酒店人性化管理的补充。

第三阶段：文化论阶段——礼仪是一种酒店文化

酒店业发展迅速，酒店之间的竞争不再局限于硬件设施之间的竞争，已经上升到服务与文化的竞争。因此，具有优质服务和独特文化的酒店，往往能够吸引大量的客人，取得竞争优势。酒店礼仪是酒店工作者在向客人提供服务的过程中，所展现出来的文明、礼貌、友好、团结的礼仪修养。酒店礼仪具体表现为外在的行为方式，诸如员工个人的礼容、礼貌、礼节或是酒店举办的某个仪式的程序、场面等；同时体现了更深层次的精神内涵，即酒店员工的心理情操、是非善恶观念、服务理念等。因此，酒店礼仪作为酒店文化的表现形式之一，既是酒店从业人员职业道德修养的具体表现，也是酒店行业形象的展示窗口。酒店礼仪文化的这种发展进程，归根结底是由两个主要因素促成的。第一是竞争因素。酒店间的竞争依次经历了物质竞争、服务竞争、文化竞争阶段，通过完善酒店物质产品功能而获得竞争优势的战略已经没有太大的运作空间，寻求酒店自身的文化意义，成为酒店新的竞争策略。第二是心理因素。从消费者心理需求而言，客人到酒店消费，本身就是带有寻求尊重、寻求归属感和实现自我价值的心理，酒店只有提供宾至如归、彬彬有礼的服务，创造文明礼貌的文化氛围，才能满足客人的心理需求，实现酒店的价值。因此，酒店礼仪文化的提出，标志着人们对酒店礼仪的认识进入一个新的阶段。

目前，我国酒店行业的礼仪文化发展，处于一种重实践、轻理论，重结果、轻过程，重行为、轻思想的状况。现在酒店行业大都采用国内外先进的管理方法，使礼仪服务整体水平有所提高，但酒店礼仪管理理念和管理机制并不成熟，有待健全和完善。

二、酒店礼仪文化的构建过程

酒店礼仪文化的构建过程，就如同花朵的成长经历，从最初的萌芽状态到逐渐成长再到成熟。在不同的发展阶段，酒店礼仪文化的各个构成部分起着不同的作用。

1. 萌芽阶段

任何酒店要创建礼仪文化，首先要具备礼仪的意识和理念，也就是首先从思想上认识到礼仪对酒店的重要性，不论是酒店管理者还是普通员工都要清楚地意识到礼仪文化的创建为酒店带来的利益。在萌芽阶段，礼仪理念就如同礼仪文化的种子一样，最先播种在酒店这片土壤中，虽然种子很小，很容易被忽略，但是它的作用是无可替代的。礼仪理念包含的道德精神和文明服务意识，决定着今后整个酒店礼仪文化的内容和方向，整个酒店礼仪文化的生成就是理念文化的发育、成熟、展开和实现。

2. 成长阶段

酒店播下礼仪文化的种子后，要采取各种措施确保礼仪理念得到广泛的传播和推广，并得以贯彻和实施。因为任何一种理念，如果仅仅是存在于个别员工头脑中的思想，那它就没有作为种子要素发挥作用。酒店必须依靠教育培训等手段，才能使种子要素充分开化，变成全体员工共同认同的群体意识。因此，在酒店礼仪文化的成长阶段，礼仪制度文化的创建显得极为重要，通过制定和颁布一些规章制度来规范酒店行为，促使礼仪理念种子得到有效的生长，促进礼仪理念成长的催化要素，包括企业的教育培训、监督和执行、信息反馈、激励奖惩制度。

3. 成熟阶段

当酒店的礼仪文化发展到一定阶段时，礼仪理念意识已深入酒店每位员工心中，员工已普遍、牢固地树立了各种意识，如服务意识、质量意识、顾客意识、合作意识等，同时礼仪素养和行为普遍地存在于酒店员工身上，如文明素养、道德素养、礼仪服务等随处可见。当酒店的礼仪文化进入成熟阶段，会有多方面的体现。有将礼仪理念和礼仪行为集于一身的模范人物，有将礼仪理念和礼仪制度贯彻到底的酒店仪式活动，还有将礼仪理念落到实处的酒店物质环境和设施设备。当这些方面取得一定的突破时，酒店礼仪文化建设得到了一个质的提升。最后，当礼仪理念的种子播撒到整个酒店、礼仪制度应用于整个酒店、礼仪的物质载体展现在酒店各处时，这一切最终都体现在酒店员工的礼仪行为上。当酒店的礼仪文化达到成熟阶段，礼仪行为必将习俗化，成为员工和酒店自觉遵守的内化的行为规范。这就是礼仪文化建设期望达到的目标。

酒店文化研究

第二节 酒店礼仪文化的研究综述

本节主要对酒店礼仪文化的国内外已有研究成果进行简要概述，并进一步阐释酒店礼仪文化的相关理论，希望能够完善酒店礼仪文化的理论体系，以期促进酒店行业礼仪服务水平的提升，同时加强酒店礼仪服务执行与监督力度，进一步完善酒店礼仪文化建设。

一、国外酒店礼仪文化研究

国外学者对酒店行业礼仪文化的关注表现在，肯定了礼仪服务在酒店业乃至旅游业中的重要作用，并且认为礼仪规范是从业者必备的职业素质。潘兰·谢尔顿和查克·吉（Panline J. Sheldon & Chuck Y. Gee，1987）认为，旅游行业的成功源于从业者的素质，因此对旅游从业者的培训非常重要。他在对美国夏威夷州的整个旅游行业（包括旅游酒店）的调查中发现，旅游行业的雇主和雇员普遍认为人际关系、沟通和礼仪规范等技能培训是最需要的。罗伊·伍德（Roy C. Wood，1994）则从社会学角度来研究酒店，他认为旅游酒店要想使顾客有受关注的感受和印象，必须建立一种包含了空间的、有秩序的、相互作用的，以及有礼有节的控制机制。米歇利（Michelli，2008）在对里兹·卡尔顿酒店进行研究后认为，该酒店之所以拥有悠久历史，关键在于其卓越的服务，其服务理念就是"用彬彬有礼的人，为彬彬有礼的人服务"（Gentlemen and ladies serving gentlemen and ladies）。这句精辟的话语适用于所有服务行业。可见，培养酒店从业者的文明礼仪素养是创造经营佳绩的良药。国外学者还注重从细节方面提升礼仪对酒店行业的贡献。如霍华德（Howard，2006）认为，很多旅游酒店在接受顾客电话询问时，由于电话沟通礼仪的欠缺，导致处理不当，致使很多商机丧失，建议要进行相关的培训，完善电话礼仪规范。

二、国内酒店礼仪文化研究

我国现代酒店业是在改革开放背景下迅速发展起来的，酒店成为我国旅游业中最早与国际接轨的行业，我国酒店的管理理念和方法，包括礼仪服务规范，大多从国外酒店业同行借鉴而来。目前我国介绍酒店行业礼仪服务规范的专著数量多达几十种，主要以教材的形式出现，围绕如何提供标准化礼仪服务和具体操作规范展开。

在国内酒店礼仪文化研究中，学者们普遍认为礼仪服务是酒店必不可少的要素，礼仪文化是酒店文化的组成部分。尹菲（2007）认为，酒店服务的宗旨就是客人至上、服务得体、文明有礼，要做好对客服务，让客人满意，服务人员得体的举止、规范的礼仪服务是非常必要的。陈妍如（2008）提出，酒店文化具有重大的社会价值，酒店文化主要包括建筑装饰文化、住宿生态文化、饮食生活文化、社交礼仪文化、健身娱乐文化等方面的内容。孙燕（2019）也认为，酒店管理服务礼仪的质量直接关系到酒店的最终效益，其重要性不言而喻。

国内学者还对酒店行业礼仪文化的表现形式进行了划分。马波（2001）认为，旅游企业文化中的礼仪文化，是受企业价值观规定的，是价值观的具体外显形式，并且以饭店为例，把旅游企业礼仪分为工作惯常礼仪、纪念性礼仪、生活惯常礼仪等。夏林根（2003）等在此划分基础上，在旅游企业礼仪文化中还增加了标志性礼仪。陈菲（2019）认为，从本质上来看酒店礼仪文化是一种无形的服务，同时其还是一种管理制度。

此外，国内学者对酒店礼仪文化研究，都集中在对酒店从业者礼仪素质培养方面。曲军（1996）认为，酒店员工素质对酒店服务水平有重要影响，要对员工进行服务礼仪的专门培训，并且提出酒店服务礼仪的培训对象不只限于服务接待人员，应该扩大到对各级管理人员的全员培训，将服务礼仪落实到接待服务工作的每一个环节中。吴铀生（2001）认为，我国西部旅游企业在人力资源等方面与东部地区存在较大的差距，并从知识结构、道德涵养、礼仪举止三方面对东西部旅游营销管理人员素质知识结构进行了比较，认为西部旅游企业员工必须提高道德涵养，注意礼仪举止，同时建议将西部少数民族风俗融入旅游企业文化。禄俭（2003）认为，当前在培养旅游业管理人才方面，缺少对文明礼仪的讲授与训练，提出加强对未来旅游管理人才举止习惯、语言文明的训练和教育。刘璐（2018）则围绕传统礼仪文化的价值理念对酒店的现代管理提出了一些对策和建议。

总体来看，国内外酒店行业礼仪文化研究数量有限，原因是现在酒店管理主要侧重"硬的管理"，依靠各种科学管理理论，制定各种规章制度来提高酒店效率，而对酒店文化和人文素质建设略显忽视。从现有成果来看，国内外对酒店礼仪文化的研究主要从酒店和顾客两个角度展开分析，主要体现在以下几个方面：首先，学者们充分肯定礼仪服务在酒店业乃至旅游业中的重要地位，并强调礼仪规范是从业者必备的职业素质；其次，提高酒店员工的礼仪素质是创造酒店经营佳绩的良药，酒店应该为员工提供礼仪方面的培训，重视对员工礼仪素质方面的培养；再次，从顾客心理角度出发，酒店要想使顾客有受关注的感受和印象，就必须建立一种有礼有节的服务体制；最后，从细节方面为顾客提供无微不至的服务，如电话服务礼仪，酒店员工通过美丽的声音为顾客传递贴心、周到的问候。

酒店礼仪文化的理论研究是一个较少人涉足的领域，同时对酒店礼仪文化进行定量的调查研究也是一项崭新的探索。这些新的开创，将有助于学术的进步和实践的提高。然而，新领域的研究是有难度的，它的研究深度要受到制约，它的理论完善将经历较长的时期，它的实证检验也将经历漫长的岁月，都不可能一蹴而就。为了把这项研究引向深入，可以从以下两方面进行进一步的探索：

一是对酒店礼仪文化继续进行系统深入的理论研究。本文对酒店礼仪文化的探索还是初步的，主要是了解基本内涵，提出酒店礼仪文化的体系，分析其发展现状和研究现状。还需在此基础上进行更为深入系统的研究，进一步完善结构和要素，探讨其作用机理，从而完善酒店礼仪文化理论体系。

二是进行更广阔的实践调查，增加相关理论的普遍性意义。寻求酒店礼仪文化理论与现实酒店礼仪文化建设更好的契合点，使两者联系更紧密，酒店礼仪文化理论的应用效果更明显。应对不同星级、不同地域、不同规模、不同类型的酒店进行实践研究，开展大范围的调查研究。同时，在今后的研究中，可尝试从住店客人的角度进行调查研究。

第三节　酒店礼仪文化的基本理论

孔子曰："不学礼，无以立。"荀子有云："人无礼不生，事无礼不成，国无礼不宁。"礼是中国传统文化的核心，是中华民族宝贵的文化遗产。因此，从传统文化中提炼和吸取礼仪之精华有助于理解、归纳酒店礼仪文化的内涵、特征与层次结构等。

一、礼仪文化与酒店礼仪文化的内涵

（一）礼仪文化的内涵

中国礼仪萌芽于原始社会。礼的产生起源于原始宗教的祭祀活动，称为礼俗。随着国家和阶级的产生，礼也就逐渐演变成为社会的行为规范，有了"礼制"的含义。伴随着人类社会的发展，人们对古代典章制度中一些合理的东西进行了改造，逐步形成了今天的"礼仪"。

清代学者凌廷堪说："上古圣王所以治民者，后世圣贤之所以教民者，一礼字而已。"意思是说，上古圣王治理民众的方针，以及后世圣贤教育民众的方法，都可以最终归纳为"礼"这一个字。礼几乎成为一种无所不包的社会生活的总规范。

国内学者对于礼仪的定义众说纷纭。如胡锐认为，所谓礼仪，指的是人们在社会交往中由于受历史传统、风俗习惯、宗教信仰、时代潮流等因素的影响而形成，既为人们所认同，又为人们所遵守，以建立和谐关系为目的的各种符合礼的精神、要求的行为准则或规范的总和。李欣（2020）认为，礼仪是行礼的过程和仪式，是指在日常交往中人们所认同和必须遵循的行为准则和规范。胡静（2006）则认为，礼仪就是指人们在各种社会交往中所形成的用以美化自身、敬重他人的行为规范和准则。礼仪是指人们在相互

交往中为表示相互尊敬和友好而约定俗成的、共同遵循的行为规范和交往程序。礼仪既可以指在较大、较正规场合隆重举行的各种仪式程序，也可以泛指人们在社交活动中的礼貌礼节。

西方礼仪萌芽于古希腊，它是以宫廷贵族礼仪为基础，经英国改造，美国的社会化、生活化，发展为今天世界公认的礼仪规范。"礼"一词最早见于法语的"etiquette"，其原意是"法庭上的通行证"。法国的法庭通过给每个进法庭的人发一张长方形的"etiquette"，作为其入庭后必须遵守的规矩或行为准则。当这个单词进入英语后，便演变成"人际交往的通行证"。后来，又经过不断的演化，英语中的"礼仪"一词的含义逐渐明确起来。在日语中"礼仪"一词是"以诚相见，以心贴心"的意思。日本学者松平靖彦说："礼仪是人们在日常生活中为保持社会正常秩序所需要的一种生活规范。""礼仪本身包含了人们在社会生活中应予遵守的道德和公德，人们只有不拘泥于表面的形式，真正使自己具备这种应有的道德观念，正确的礼仪才得以确立。"

虽然古今中外对礼仪内涵的定义各不相同，但随着各种文明的不断交融碰撞，不同的礼仪规范在不断地整合，各民族对现代社会的礼仪的认识、定位也逐渐趋同。礼仪已经成为人们在社会交往中形成的，以建立和谐关系为目标，符合"礼"的精神的行为规范、准则和仪式的总和。礼仪文化作为在人类社会发展的进程中、在历史变流中不断地磨砺、加工、完善逐渐形成的一种文化现象，是人与人之间交往交流的行为、语言方式或规则。

（二）酒店礼仪文化的内涵

酒店文化属于旅游文化范畴，归属企业文化之中，其核心是在充分汲取和借鉴中外传统文化和现代文化精神的基础上，结合先进的经营管理理念，在酒店建立起独具一格的精神文化，营造一个宜人的特色文化氛围，并运用有效的经营管理，达到培养高素质员工，实现高质量服务之目的的物质形态和精神形态的统一体。

我们认为，酒店礼仪文化是酒店经营过程中，尤其在员工为顾客服务过程中，为建立良好的顾客关系和工作氛围，依照相应的礼仪准则或规范，创造出来的一种和谐的企业文化形式。其内涵包括：第一，酒店礼仪文化是一种具有规范性、指导性的企业文化。礼仪是一种行为准则或规范，酒店是这种规范的制定者和指导者，员工则是当中的执行者。第二，酒店礼仪文化产生于员工为顾客服务的过程中，是一种动态的文化。员工将酒店礼仪文化理念、宗旨在服务过程中通过自身行为表现出来，向顾客提供一项无形的、动态的产品。第三，酒店礼仪文化是物质和精神相统一的文化。酒店礼仪文化既包括物质层面的行为、服饰，也包括精神层面的理念、宗旨，它是精神内涵和物质外显的统一。第四，酒店礼仪文化是情感互动的文化。在礼仪的实施过程中，既有员工的礼仪行为，也有顾客的反馈行为。即礼是施礼者与受礼者的尊重互换，情感互动的过程。第五，酒店礼仪文化是一种服务文化。酒店礼仪文化的前提是为他人利益或为某种事业而服务，它的基础是对顾客的尊重和服从；它的目的是提供完美的服务方案，为顾客创造价值，和谐内外关系，实现价值多赢；它的本质是人与人之间的文化的沟通、价值的确认、情感的互动、信任的确立。

二、酒店礼仪文化的特征

特征是一事物异于他事物的标志。把握酒店礼仪文化的特征，不但有利于深入分析和理解酒店礼仪文化的内涵，更有利于发挥礼仪文化在酒店行业发展的作用。

近年来，学者们对酒店礼仪文化和礼仪文化特征的探讨少之又少，但是在礼仪方面和酒店企业文化方面有许多颇有见地的观点，可谓众说纷纭，莫衷一是，诸如礼仪的特点包括：共同性、传承性、多样性、规范性、自律性、兼容性、差异性、平等性、普遍性、继承性、等级性、实践性等；酒店企业文化的特点包括：务实性、群体性、有形性与无形性、独特性、规范性与服务性、地域性与民族性、个性和共性统一、稳定和发展的统一等。应当说，上述对礼仪和酒店礼仪文化特点的观点都是积极有益的，尤其对酒店礼仪文化特征的探索有一定的启示作用。因此，在探讨酒店礼仪文化特征的时候，我们不妨遵循三个标准：一是酒店礼仪文化是礼仪要素在酒店行业的全方位展示，它既有一般礼仪的常规性，又带有酒店行业的特殊性；二是尽量通过礼仪的特征找出酒店礼仪文化的特殊性，即纯粹意义上的酒店礼仪文化特征；三是尽量找出礼仪特征中与酒店礼仪文化联系最紧密的部分，将其视为酒店礼仪文化的特征。沿着此思路考察和分析，我们认为酒店礼仪文化的特点主要如下。

1. 规范性

规范性是社会生活中提供的一种公认的约定俗成的尺度，这种尺度既吸收了人类在发展过程中积累的经验，同时又因社会生活条件的不断变化而经常改变，它体现的是社会行为的模范程式，供人们效仿，因此说礼仪是实现社会有序生活的行为控制。酒店礼仪的标准与规范，包括员工的仪容仪表、言谈举止到服务流程等，决定了员工的工作行为模式，是员工在为顾客服务过程中必须使用的"通行证"。

2. 灵活性

规范性是酒店礼仪服务的基准，而灵活性则是酒店礼仪服务的升华。由于酒店行业的特殊性，员工不仅要熟练掌握酒店各项服务章程，而且要求员工能够灵活巧妙地使用礼仪技巧，使顾客享受到贴心和周到的服务，这也是对礼仪规范性的完善和补充。这种灵活的礼仪服务形式打破了常规的模式，是标准化服务的升华，是规范化服务的提高。同时，这种服务也更深得人心，让顾客切实体会到家一般的亲切、自然、温暖，使顾客成为酒店忠实、永久的家人。

3. 共同性

礼仪是在人类共同生活的基础上形成的，无论是社交礼仪、商务礼仪还是服务礼仪，都是人们在社会交往过程中逐步融合并得到共同认可的行为规范。包括融合不同国家、民族、地区的道德水准、社会风尚等软实力规范，以及融合人与人之间思想觉悟、文化修养、精神风貌等方面的规范。以酒店业为例，来自五湖四海的顾客必然会在同一场所发生不同程度的摩擦与碰撞，这就更需要我们的员工应遵循着共同性的原则服务，保持尊重、平等、友善的基本理念面对每一位顾客。

4. 差异性

酒店服务礼仪存在共同性，但是由于其应用的现实条件不同，又不可避免地存在着差异性。俗话说"十里不同风、百里不同俗"，礼仪在不同的国家、民族、地域因文化背景、自然条件、历史传统不同而内容和形式也多种多样，具有鲜明的文化差异性。比如中西方在餐饮、见面礼仪等方面也有明显的区别，这都体现了不同时期、不同文化背景下礼仪的差异。因此，古人强调"使从俗"。酒店应尊重不同地区、不同民族、不同国家的风俗习惯，为顾客提供个性化、差异性的服务。

5. 丰富性

酒店礼仪的丰富性，是由其差异性造成的。主要通过两个方面体现出来：一方面，世界各地民俗礼仪千奇百怪，而酒店属于一个开放性的社会，汇聚了四面八方的人们，他们拥有不同的饮食习惯、不同的民俗习惯、不同的沟通习惯等，这一切都为酒店带来了丰富的外来文化；另一方面，由于酒店所在地的民俗文化直接影响到酒店文化的建设与发展，它从外影响到酒店的建筑风格与装潢设计，从内影响到员工的思想与理念。

三、酒店礼仪文化的层次

第一层次：将礼仪视为服务层次

高星级酒店行业的特点是综合程度较高、服务性较强，也是国内酒店业对外展现的文明窗口，其主要功能是为宾客提供一定的餐饮、住宿多种服务功能。其中酒店的经营主要包括两个系统：一是硬件系统，二是软件系统。比如建筑装潢、客房摆设、娱乐设施等属于硬件系统，只有投入足够的资金及合理的规划，才能达到令顾客满意的要求。而软件系统则包含服务态度、服务水准和服务内容等，其中就包含了礼仪服务，礼仪服务属于酒店业产品中的一种，酒店经营过程中的每一个环节都离不开它，礼仪服务关乎着酒店软件系统的服务标准。可见酒店礼仪服务的重要。

酒店礼仪是酒店服务人员在工作中共同遵守的行为准则和规范，其中以满足宾客需求、为顾客提供高质量服务作为基本功能。宾客对酒店的评价，不单取决于它的硬件设施，更主要的是酒店宾客自己内心对服务的体会，而这主要是依靠酒店服务人员日常生活中的礼仪。真正的高质量酒店礼仪，不应该仅仅是按酒店规程进行的服务，这样礼仪服务就成为酒店高素质礼貌服务质量的基础保障。

酒店礼仪既包含酒店在某一种情景下进行的比较正式且隆重的仪式的含义，也指酒店服务人员日常工作中体现出的礼节。酒店服务人员的礼仪修养能反映出酒店的服务质量，影响到宾客住店感受，以及宾客再次入住的愿望。酒店服务人员在服务过程中通过灵活运用相关礼节，可以增加酒店宾客的满意度，为酒店与宾客双方面带来利益，进而提高酒店的生存与竞争能力。

第二层次：将礼仪作为管理制度层次

英国的马林诺夫斯基认为，人们生存下来便有了文化，文化出现后便有了约束的作用，从这点可看出礼仪形成的最初即对人们行为形成的规范与约束，在人类开发生存环境、避免环境危害的行为过程中就存在着自我约束行为。酒店礼仪也同其他企业文化一样，作为企业的一种管理资源，对企业发展具有促进作用。良好的酒店礼仪可使酒店增添竞争优势。礼仪具有一定的管理功能，它通过约定成俗形成一种行为准则和管理规则，可在很大程度上对酒店服务人员的行为产生约束作用。

酒店礼仪制度区别于一般的管理规则，既可实现酒店人性化的管理，还为标准化管理树立榜样。这就需要服务人员具有一定的自觉性，从酒店礼仪的相关制度对服务人员进行合理且规范化的约束，强制服务人员的工作行为。此外，酒店礼仪又是服务人员服务的思想准则，通过礼节服务来树立酒店良好的形象与口碑。由此可见，酒店的礼仪文化是一种管理制度，充分彰显了酒店礼仪的制度化与规范化，同时可以灵活地运用酒店礼仪文化并使用到酒店的实际管理之中，使得酒店管理体制得到进一步的深化和发展。

第三层次：将礼仪看作酒店文化层次

对于现今星级酒店来说，硬件设施激烈竞争已经不再是行业范围内竞争的主要因素，各个国家酒店行业发展的速度越来越快，各大酒店间的竞争已逐渐升级为酒店服务及酒店文化之间的竞争。大多数能够吸引大量的宾客的星级酒店多数是具有高质量服务和独特文化的。有学者认为，酒店企业中积极向上、团结协作的企业文化越来越重要，酒店工作者在向宾客提供相关礼节服务时，酒店礼仪就蕴含其中，是服务人员应该表现出来的应有的一些基本素质。

酒店文化的表现形式包含礼仪素质这一项，它体现出酒店从业人员的职业道德修养，也展示出酒店行业的形象。酒店礼仪文化的发展离不开竞争和内心两个要素。从竞争因素上来看，酒店间的竞争经历了产品竞争、服务竞争和文化竞争三个层次，通过完善酒店的物质产品来实现酒店在同行业中的竞争地位，而酒店本身良好的服务质量是当今酒店行业的又一个竞争因素。而内心因素又是酒店与宾客双方关系的主要影响因素。所以，酒店行业通过提高礼仪文化来提高竞争力是一种对市场竞争的新认识。

综上所述，酒店礼仪文化是酒店宾客关系的主要影响因素，即酒店在为宾客提供服务的过程中，创造出的一种和谐的企业文化形式。酒店礼仪不单单是服务人员个人的礼容、礼貌、礼节或是酒店举办的某个仪式的程序、场面等表现出的外在的行为方式，还体现出酒店服务人员更深层次的思想内涵。它包含内心情操、是非善恶观念及服务理念等。所以说，酒店的礼仪文化已经成为酒店文化的一项必不可少的组成部分，并且随着酒店礼仪服务在酒店服务等方面的日益突出的作用，酒店礼仪彰显出了其独特的功能与特征。

四、酒店礼仪文化的结构

依据礼仪文化的内涵，结合酒店礼仪文化功能，将酒店礼仪文化由内而外划分为礼仪理念文化、礼仪制度文化、礼仪行为文化三大结构，它们共同搭建起酒店礼仪文化理论体系（见图5-1）。

按照文化的性质来划分，酒店礼仪文化体系的三大结构各自起着重要的作用。理念文化作为礼仪文化发展的精神动力和源泉，指引礼仪行为的发展方向，处在最核心的深层次。制度文化作为礼仪文化发展的保障，规范礼仪行为，处在较外层。礼仪行为是酒店礼仪文化的主体，是礼仪文化最显著、最集中的表现形式，因此处在最外层。礼仪文化中的礼仪理念、礼仪制度都是促进礼仪行为改善和提高的重要因素，三者缺一不可。

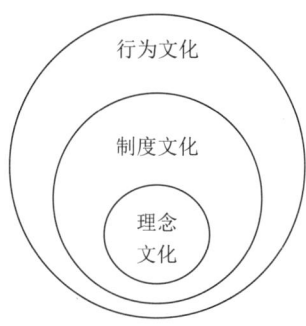

图 5-1 酒店礼仪文化体系

（一）酒店礼仪理念文化

酒店礼仪理念作为意识形态上的礼仪文化，是酒店在长期的经营和管理中进行礼仪文化建设所依据的指导思想，是得到管理者和员工认可的、体现酒店自身特性的、对酒店发展具有指导意义的价值观和经营理念。礼仪理念是酒店礼仪文化发展的思想基础和来源，是酒店礼仪文化的精髓和核心，是酒店礼仪文化的灵魂。它反映了酒店特有的文明的内在价值体系，是涵盖酒店长期发展的精神动力支持系统，囊括了酒店运行的各个环节的礼仪思想观念。酒店礼仪理念包括酒店的管理理念、经营原则、规则意识、和谐意识、求美意识、守则意识、协作意识、自觉意识、从善意识、尊重意识等。

1. 尊重意识

"礼仪在多数时候是用来表达敬意的，其基点就是尊敬。"学会在日常生活中使用合理恰当的礼仪不仅是对他人的尊重，更是对自我的尊重。往往我们尊重是依托于普遍的行为准则，许多人所呈现的优雅的举止、得体的仪态都是一项生活中平常的仪式感，并会赢得很多赞许的目光。同样酒店员工对自我、对酒店、对工作、对顾客尊重意识的培养更是让顾客提高满意度，享受超值服务的关键因素。

2. 从善意识

一般来说，"善是指符合社会历史进步阶级、集团和个人的行为和品质"。古希腊思想家亚里士多德曾说过，人生追求的目的是至善，善就是人的心灵合乎德行的活动。如果一个人在社会中始终能坚持做人做事的基本底线和标准，那这个人肯定是可以依托、信赖之人。员工是酒店重要的组成成分与生产要素，他们的思想与行为直接影响酒店今后的发展。因此，招聘并培养有正确道德标准的人，才能保证对客的礼仪之心，将善良与美好留在顾客的心间。

3. 求美意识

世界上美的事物千姿百态，异彩纷呈。"美的本质，就是以宜人的形式呈现出对人的本质力量的确认与肯定。美的东西可以陶冶情操，美化人格，规范行为。虽然礼仪的制定与践行并不是审美的活动，但它的确又蕴含着美的因素。"在酒店，员工的言行举止、仪容仪态实际上就体现了对美的追求。这种从内而外的美，不仅为顾客留下了美好的画面，创造和谐氛围，更是员工自我认可、自我欣赏、自我提高的过程。因此，酒店员工只有始终保持礼仪服务理念，在不断追求卓越服务的过程中，才能创造美的思想和行为。

（二）酒店礼仪制度文化

酒店礼仪制度是为了维系酒店内外部良好关系、创建和谐有序的酒店秩序、提升酒店文明程度的规定和章程，属于酒店管理制度中的一种。它将酒店礼仪理念与礼仪行为有机地结合在一起，既反映了员工的礼仪意识，也规范了员工的礼仪行为。从产生的途径上看，酒店礼仪制度是在礼仪理念的指导下形成的，是由抽象的礼仪观念向具体的礼仪行为转化的重要环节。从规范行为的角度，酒店礼仪制度对酒店礼仪现象进行系统的归纳和总结，将具体的礼仪行为整合成为指导守则，是礼仪文化规则层面的体现。

1. 礼仪制度制定的科学性

礼仪规范是酒店制度体系中重要的组成部分。它的制定是一项严谨、科学的工作，由人力资源部门负责，需在其他部门的配合下，结合行业人士和专业人士的意见形成的。首先，礼仪制度制定要有一定的依据，借鉴行业已有的优秀礼仪规范守则进行重构，其内容主要设定在个人礼仪到社交礼仪，从公务礼仪到商务礼仪当中。其次，考虑酒店自身的经营及当地的特色文化对原有固定的制度模式变革。最后，将员工在日常发生的实践案例融入各个礼仪行为中，使其作为条文规定的实践说明。

2. 礼仪内容规范的全面性与针对性

礼仪规范包含酒店服务的各个方面，在制定过程中要考虑到包含内容的全面性，需详细分类，按照类别规范礼仪行为。主要包括基本礼仪类、酒店服务礼仪类、习俗礼仪类等。依照此思路继续细化，其中基本礼仪类包括仪容仪表礼仪、仪态礼仪、语言礼仪，酒店服务礼仪类包括客房礼仪、前厅礼仪、餐厅礼仪等。不同的酒店部门要有对应的礼仪规范要求，如餐厅员工需要掌握摆台技能、上菜礼仪、服务礼仪等；前厅部就需要极强的沟通技能和语言礼仪，并对入住、离店的服务流程了如指掌，熟练掌握电脑操作技能。同时，酒店在追求礼仪规范的全面原则上，还必须针对不同部门和岗位的特点，制定不同类型的礼仪规范。

（三）酒店礼仪行为文化

礼仪从本质来说，是将"礼"的精神"内化于心，外践于行"，是礼仪文化的主体和重心。无论是深层的理念文化，还是浅层的制度文化，最终都体现在礼仪行为上。在酒店行业，员工是礼仪行为的主体，是礼仪服务的实施者和参与者。因此，酒店员工在与顾客的交往中，应该把握交往的主动权，以礼貌的工作态度、有理有节的工作行为换取顾客的满意，以此来营造和谐氛围。具体的礼仪行为主要包括仪容、服饰、举止、语言、服务礼仪等方面。

1. 整洁的仪容

仪容主要指人的容貌，它是个人发式、面容以及人体所有未被服饰遮掩的肌肤等的统称。对客服务过程中，员工的仪容都会引起服务对象的特别关注，并将影响到顾客对酒店的整体评价。它是员工精神状态、朝气与活力最直接的表现，更是员工自身美的展现。良好的妆容与容貌使人看上去精神焕发、神采飞扬，而容貌不整，则会使人看上去萎靡、疲倦、无精打采。因此，员工要创造良好的形象，首先应当考虑的是仪容，通过清洁、保养、修饰等方式让自己的美赏心悦目。

2. 得体的服饰

服饰是服装和饰物的总称。服饰包含着丰富而深刻的文化内涵。一方面，它表现为有形的器物，即具有物质形态和使用价值，是人类社会物质进步的体现；另一方面，它表现为无形的文化，如人类的信仰、风俗、习惯、审美等均沉淀其中，具有非物质化和隐形的价值，是人类社会精神文明的结果。服务行业的服饰属于职业服饰，它不仅是自身审美的需要，而且是被服务者审美的需求，更是酒店提高知名度、塑造良好形象、突显文化特色的需要。因此，不同工作岗位的员工要着不同款式的职业服装，忌服装样式和色彩搭配杂乱，忌过于鲜艳的色彩，忌质地过于粗糙。

3. 礼貌的谈吐

谈吐即语言，它是人们用来表达意愿、交流思想感情的交际工具，人与人之间的联系交流都要借助语言这一工具才能实现。对于服务行业而言，语言是一种表达美、传递美的沟通方式，灵活运用语言的技巧可以有效缓解顾客焦急、躁动的心理状态，提高酒店服务质量、完善顾客体验满意度。酒店服务语言种类很多，如欢迎语、问候语、告别语、称呼语、祝贺语、道歉语、道谢语、应答语、征询语等。酒店员工在使用各种礼貌用语时，要做到谈吐文雅、语调轻柔、语气亲切、讲究艺术。要根据不同的接待对象，用好各种礼貌语言，要熟记和掌握所在部门的专业用语和常用的服务用语。

4. 优雅的举止

在形象塑造中，姿态美作为外表的一个重要组成部分，它是指人体的空间变化、活动样式所形成的美。从某种意义上讲，人的行为举止也是一种语言，是无声的，但有时比有声语言更丰富、更富有表现力、吸引力。酒店员工的举止包括基本的仪态和体态语言。酒店员工基本的举止仪态主要表现在站、坐、行等方面，在工作中要注意站姿要挺拔、走姿要端庄、坐姿要优美、手势要自然、蹲姿要优雅。酒店员工体态语言主要包括肢体语言和表情语言等，如引导方向、鼓掌欢迎顾客、友好的眼神、会心的微笑等。

第四节　酒店礼仪文化的作用、问题与建设路径

酒店礼仪文化不仅是员工对客服务的理念和规范员工礼仪行为的范式，还是为推动酒店良好形象传播，通过文化的渗入，将以往平凡的服务上升为一种艺术的媒介。只有通过强化酒店礼仪文化建设，使员工从内心深处和潜意识中认识到自己在岗位上的一言一行不是在进行简单重复性的体力劳作，而是对顾客的一种艺术展示时，才意味着酒店服务进入一个新的高度与层次。

一、酒店礼仪文化的地位与作用

（一）酒店礼仪文化是反映酒店精神的必要形式

酒店的经营理念和价值观，通过礼仪变成具体的约束酒店工作者行为的规范，成为指导员工的行为准则。礼仪使抽象的酒店哲学、信念、价值观、规范等，变得具体、形象、可读可解，有利于酒店价值观向员工个人精神世界的转化。礼仪也使那些抽象、枯燥、呆板的文化概念和文化式样，变为员工活生生的经验和感受。从这个意义上说礼仪是酒店文化"活"的要素。

（二）酒店礼仪文化是提高酒店服务质量的重要手段

随着社会的进步，顾客的消费品位越来越高，服务也越来越倾向于个性化，服务个性化是21世纪酒店业成功的关键。酒店引入企业文化管理理念中礼仪理念重要的原因就是要提高服务质量，服务质量提高有赖于员工素质的保证，因此，提高服务质量的关键首先在于培养员工的个人礼仪行为及建立互相尊重、和谐共处、以人为本的礼仪理念。酒店可以将礼仪文化注入员工的价值观念、敬业精神、职业道德等个体精神中，进而使这些礼仪文化通过仪态形象自然而然地展现给顾客。由于酒店员工扮演直接与顾客接触的角色，所以其所提供的服务直接影响到顾客对酒店的印象以及本次体验的满意

度。由此可见，酒店礼仪文化对顾客感知服务质量起到决定性的作用。

（三）礼仪文化具有美化酒店形象的功用

当今社会已进入形象和品牌消费时代。良好的企业形象一旦形成，就会成为企业的无价之宝。它不仅会产生巨大的经济效益，而且还会产生巨大的社会效益。在市场经济条件下，尤其是处在同等档次和水平的企业之间，塑造良好的企业形象，如同抢占制高点，是企业竞争的法宝。而酒店形象的打造，离不开酒店礼仪文化建设这个基础，离不开酒店礼仪要素在员工对客服务中的外部显现。通过员工优质的礼仪服务，通过酒店的仪式典礼，可以塑造酒店形象，提升酒店的美誉度。可见，酒店礼仪文化能增强酒店对员工的吸引力、凝聚力，在顾客和竞争伙伴的心目中留下美好而深刻的形象。

（四）酒店礼仪文化是创造酒店特色的需要

一个酒店是否有生命力，关键看它有没有优于别人而别人难以模仿或不能模仿的特色。而这些特色，归根结底来源于酒店组织的群体自身的行为观念及领悟能力，来源于酒店创造的文化氛围、礼仪理念、礼仪宗旨。酒店礼仪文化是酒店文化的一个核心内容，它是酒店文化的灵魂。一个酒店想要生存、发展、壮大，在激烈的市场竞争中处于优势，就必须要有一种精神。当然，各个酒店对礼仪文化的理解不尽相同，有的视其为服务顾客的无形产品，有的视其为一种规范化的个体行为，也有的视其为酒店的向心力、凝聚力。由于酒店对礼仪文化的理解各不同，进而对其外化的礼仪行为也不尽一致，因而就会形成不同的礼仪理念，也就形成了这个酒店不同于那个酒店的特色。鲜明的酒店特色是吸引顾客的一个很重要的因素。

二、酒店礼仪文化的现实问题

对于酒店企业来讲，其质量好坏主要是服务竞争，服务竞争的核心是人员素质的竞争。酒店业人员的敬业精神、技术水平、职业心理素质、高级管理人才和技术人才的组合效应，以及形成一支训练有素的人才队伍等，都影响酒店业的竞争力。从目前来看，我国内资酒店竞争力不强，关键因素不是技术问题，而是人员素质问题。

（一）酒店服务人员礼仪知识的缺失

酒店行业是劳动密集型产业，酒店员工的流动性较大，在行业繁忙时，酒店员工多数来自周边农村，学历、文凭较低，专本科学历甚少，这就导致酒店行业人员整体水平、基本素质、文化底蕴较差。在实际工作中，由于员工不了解国外宾客的风俗习性，尤其是外宾的忌讳，导致宾客不满意的事情时有发生。

（二）酒店员工对客服务行为不当

即员工在为顾客服务过程中应遵守的服务理念、服务语言、服务态度、服务仪表、服务技能、服务质量、服务效率、服务纪律及为客户提供服务过程中必须具备的站、走、坐等基本素质不到位。从礼仪文化的角度分析，员工的外在表现形式只有"仪"，而没有"礼",员工职业培训学到的只是形式和表面,并没有深入理解企业礼仪文化所包含的内容。良好的酒店形象,更能够塑造顾客欢迎的服务规范和服务技巧,并且让服务人员在与顾客交往中赢得理解、尊重和信任。学习和运用礼仪,已不仅仅是自身素质修养的需要,更是提高企业效益、提升核心竞争力的需要。

(三)酒店礼仪文化的渗透性不强

酒店员工每年都需要进行培训,但是在培训中发现,很多酒店流于形式,对酒店的历史、未来发展、酒店的特色及本酒店的优势讲解都很短浅,再加上酒店员工的流动性较大,员工培训反反复复。因此,很多酒店的培训就会没有计划性,对员工的职业生涯没有规划性,导致酒店企业文化传承不畅,礼仪文化就仅限于能模仿、会做、动作到位就可以了,但都不知其所以然,导致酒店的企业文化无法真正地体现出来。

(四)酒店企业自身的礼仪文化定位不清晰

酒店企业在推行相同的礼仪文化模式时并没有仔细去研究其礼仪文化酒店业的情况、具体发展战略与特色。酒店推出的礼仪文化产品与服务也仅仅局限于"头脑风暴法"的构想。这样显然是重复建设的一种表现,长期持续下去必然会导致恶性竞争,不利于整个礼仪文化产业的发展。调查中,我们了解到大部分酒店礼仪文化在形成礼仪文化特色前没有展开全面的市场调研,对消费者的消费心理、消费需求掌握不够,以致酒店的产品、提供的服务不能有效结合消费需求的情况,使企业很容易在激烈的市场竞争中落败。

三、酒店礼仪文化建设的原则

(一)尊重原则

尊重是礼仪的本质。孟子说:"敬人者,人恒敬之。"就是说,尊敬别人的人,别人才会永远尊敬他。尊重他人是一种美德,它意味着超越种种偏见、虚荣、敌意,客观公正地正确认识、评估对方。在酒店工作过程中,酒店员工对顾客的尊重,是自身良好品质和素养的体现,也是建立良好人际关系的基础,不尊敬顾客则是失礼甚至失职的表现。掌握了尊重原则,就等于掌握了酒店礼仪文化的要领。

(二)和谐原则

和谐是古人所讲的中庸之道,万事万物都要把握一个度,达到一个平衡就是最佳的状态。建设具有和谐氛围的酒店,是所有酒店员工共同追求的目标,也是酒店礼仪文化的核心理念之一。酒店员工在对客服务过程中,要以和谐相处为目的,根据自身的工作性质,将行为规范约束在一定的礼仪范畴中,各就其位,各尽其职,努力为顾客提供优质的服务,以融洽主客之间的关系,建立酒店和谐的氛围,促进酒店健康持续地发展。

(三)宽容原则

酒店员工在与顾客交流的过程中,要秉承"严于律己,宽以待人"的理念,为不同国家、不同地区、不同民俗的顾客提供如"家"一般温馨的服务。在对客服务中,面对性情急躁的顾客，员工须按酒店礼仪规范自己的行为，用柔中带刚、思圆行方的处事原则抚慰顾客，尽量满足顾客的合理需求。

（四）审美原则

礼仪具有美的属性。酒店礼仪文化意在达到一种内在的精神、心灵美的统一。酒店礼仪文化秉承了礼仪的一贯对美的追求，要求酒店员工在工作过程中，做到举止优雅、服饰得体、仪容整洁、语言礼貌等。这些礼仪行为规范，不仅体现了员工的审美情趣，更重要的是让顾客感受到一种美的享受和服务。因此，酒店礼仪文化必须坚持审美原则，才能为顾客带来心灵和精神的满足。

四、酒店礼仪文化的建设对策

（一）坚持"用心服务"，做到"诚实守信"

坚持"用心服务"是推行服务文化的宗旨。酒店服务贵在"用心、诚实守信"。"用心"可以使企业发现客户、了解并把握客户的所思、所想、所求，热情周到地接待顾客，为顾客排忧解难，使顾客感到方便、舒适和满意；"诚实守信"可以赢得和留住顾客。酒店经营者永远都会记得，丢失一个老顾客比发展一位新顾客，其损失要大得多。尤其在供求的天平已经倾向顾客这样一个市场经济氛围之下，更要知晓拥有客户市场的意义。"诚实守信"既是中华民族的传统美德，是立世之本，同时也是酒店的发展之基。"用心"就是一种较高境界和实实在在的服务文化，只要酒店做到并做好，顾客就会乐意接受酒店的产品，就会成为酒店的忠实客户。而诚信作为一种文化，亦是推行服务文化、增强酒店核心竞争力的根本。例如，希尔顿的员工将《宾至如归》一书视为"圣经"，而书中的核心内容就是"你今天对顾客微笑了吗？"，通过"微笑"这个行为，让顾客感受到希尔顿酒店的用心服务，微笑已经成为最基本的礼仪规范，它包括酒店的待客礼仪、经营理念、员工风度、环境布置风格以及内部的资讯沟通方式等内容。它通过点点滴滴的工作，赋予酒店这块顾客的"家外之家"以浓厚的人情味，这个简简单单的服务手段，包含着深刻的服务文化理念，吸引着消费者，也有效地促进了顾客对酒店的忠诚度。

（二）坚持"以人为本"，鼓励员工参与

重视员工的作用，以人为本，使员工自觉参与到酒店礼仪文化建设中来。酒店文化的核心精神最终会通过全体员工的行为表现出来并被顾客所认知，因此，没有满意的员工，就不可能有满意的顾客。酒店与员工、员工与员工之间应树立集体价值高于个人价值、协作价值高于单体价值、人的价值高于物的价值的价值观：关心员工、尊重员工，给员工以安全感、受尊重感和成就感，这使得员工真正体会到工作的意义，从而使他们能够在各种制度的约束下最大限度地发挥自己的能力和才能，服务好酒店每一位顾客。根据马斯洛的需求层次理论，人都有社交、尊重和自我实现的需求。以人为本就是要最

大限度地重视员工和尊重员工,以发挥员工的积极性和创造性,树立和培养员工的主人翁意识和强烈的酒店归属感,使之做到爱店如家、以店为家。这就需要酒店能真正形成民主气氛,建立自下而上的沟通渠道,把员工的意见和建议及时反馈到酒店管理者的手中,并能对其中中肯及有效可行的意见和建议付诸实施,肯定员工的价值。同时,酒店要给员工提供培训和成长的机会,提高员工素质,要及时地表彰员工的成绩与贡献,鼓励员工参与管理,树立用人唯贤的科学用人观。

(三)强化企业凝聚力,建设"和谐一家"

美国管理学家赫伯特·A.西蒙(Herbert A.simon)和詹姆斯·G.马奇(James G. March)提出的提高企业凝聚力的有效方法是,树立良好的企业形象,强化企业目标的共享意识,扩大企业内部信息沟通与交流的渠道,加强企业内部人与人之间的理解与信任等。由此可知,亲密情感、价值共识与目标认同是强化企业凝聚力的关键因素。因此,许多具有优秀礼仪文化的企业特别重视企业内部的情感投资,不断地满足企业员工的情感需求,加强企业对员工的吸引力。同时,企业礼仪文化又为企业内部员工提供统一的礼仪行为规范与准则,建立起在企业价值观基础上的行为模式,从而把员工的行为吸引到实现企业目标的轨道上来。酒店礼仪理念引导员工追求的崇高目标中除了要充分体现酒店的经营理念与经营宗旨外,还要广泛地容纳员工的利益要求,使酒店员工能够感觉到企业目标的实现也意味着个人利益需求的实现,这样员工就会同心同德,齐心协力,对酒店产生一种向心力。

(四)建立学习型企业文化,打造文化创新机制

酒店没有一般意义上的生产活动,其生产经营活动都是以服务为中心、文化理念为载体。在日趋激烈的文化竞争时代,酒店业要想在膨胀的经营对手中不断崛起,丰富酒店文化内涵、建立学习型机制、传承创新传统礼仪文化是促进酒店发展的重要途径与方法。首先,通过改善员工个人的心智模式,开辟新的心灵境界,使得员工的服务意识得到进一步的提升;其次,将学习活动和酒店的文化创新联系起来,引导和培养酒店员工在共同的酒店发展目标下形成学习和创新的共享意识,建立适应于学习型团队创新的管理机制。酒店通过倡导学习型酒店文化不断地创造与时俱进的服务理念,不仅能够丰富员工的服务礼仪内涵、激发员工的服务意识,更能改善员工对客服务质量,提高酒店知名度为酒店发展创造无限生机。

第五节 酒店礼仪文化的案例分析

马斯洛曾经把人的需求分为五个层次:生理的需要、安全的需要、归属和爱的需要、受尊重的需要、自我实现的需要。客人入住酒店不光为了满足基本的吃、住等生理

需要，而且希望可以获得更多的尊重。客人在酒店追求的不仅是一种物质满足，更是一种精神上的满足，他们更在意精神和心灵上的满足。针对客人的心理特征，酒店不仅要从硬件上满足客人的基本需求，还需用优质的服务来满足客人的心理需求。在酒店对客交往过程中，最直观最有效的服务就是礼仪服务，酒店员工的一个眼神、一个微笑、一句问候、一个动作，都能温暖客人的心灵，极大地满足他们的精神需求。

一、欣德勒霍夫饭店与顾客主动沟通的经营理念

欣德勒霍夫饭店坐落在德国巴伐利亚北部，位于纽伦堡、菲尔特及埃朗根三大城市之间。1984年，它开业的时候还只是一家小型乡村旅馆，如今已成为德国著名的饭店之一。欣德勒霍夫饭店自开业以来获得许多国际国内奖项。1998年，获得欧洲质量管理基金会授予的"欧洲质量奖"，同年还获得欧洲质量协会授予的"路德维格奖"；2003年因处理顾客抱怨的杰出性，再次获得欧洲质量管理基金会授予的"欧洲质量奖"。另外，欣德勒霍夫饭店被两家德国商业杂志评为召开会议的最佳饭店，还获得饭店市场协会授予的"营销奖"。欣德勒霍夫饭店运用自己独特的卡片评估系统，认真地处理每一位顾客的抱怨，增加客人的满足感，给顾客留下了极为深刻的印象，从而有效地提高顾客回头率和维持忠诚的顾客群，达到满足市场需求的目的。换句话说，欣德勒霍夫饭店采用主动的顾客投诉处理机制，赢得了顾客的青睐，保持了饭店经营的主动性。

（一）主动处理顾客抱怨的理念

欣德勒霍夫饭店认识到获取新顾客的费用要比保持现有顾客的费用高很多。在大多数餐馆中，一位客人来用餐一次价值是25欧元。在欣德勒霍夫饭店，即使顾客只花费25欧元，也会被看作价值10万欧元。欣德勒霍夫饭店认为，如果员工不仅让顾客满意，而且使他高兴，他将每年光临餐馆40次，这样就有1000欧元（40×25欧元）。如果饭店能够更进一步使这位顾客感到愉悦，下一个20年他将在欣德勒霍夫饭店进餐，就是20 000欧元（20×1000欧元）。客人将有可能告诉五个朋友：他是多么喜欢这家餐馆，从而，欣德勒霍夫饭店就拥有一位价值是100 000欧元（5×20 000欧元）的客人。

因此，顾客如果对服务感到不满意，欣德勒霍夫饭店将尽全力有效地处理抱怨，而且总是优先处理有关饭店基本技能的抱怨，诸如产品质量和服务质量等问题，从而稳固与顾客之间脆弱的关系。欣德勒霍夫饭店相信顾客抱怨是改进服务的有效信息来源，每一个抱怨被认为是一次改进的机会。饭店努力从抱怨事件中寻找饭店结构和管理过程中存在的问题，并发现新的市场机会，注重在各方面把握客人与饭店间的沟通，认为只有意识到问题的存在，才能有效地处理问题，提高工作质量，增加客人的满足感，减少投诉，改善酒店的社会形象，扩大酒店的销售额。

（二）饭店卡片评估系统

1987年，欣德勒霍夫饭店建立了卡片评估系统，这是评估顾客满意和不满意的最重要工具。欣德勒霍夫饭店设置的卡片格式简要而准确，因为卡片填写越容易，回收率就越高。客人能在餐馆、会议房间的门厅及所有房间中的任何桌子上找到卡片，并且每一张卡片都附注有发信人姓名、住址的回复信封。饭店每天从邮箱中会收到15到20张卡片，还有3到5张卡片是用电子邮件回复的。处理收集到的卡片是饭店管理者每天的职责之一。饭店加强意见的反馈跟踪工作，不仅使用标准的正文模块和个人签名对顾客表示歉意和对一些意见做存档工作，而且努力试图达到解决和改善，提高并要求尽可能简化程序，缩短解决的时间，提高工作效率，还想办法避免或减少今后再发生的可能性，使客人达到最高满意度。

（三）评估卡片的处理机制

欣德勒霍夫饭店将抱怨分配到相应的部门，征收赔偿费，并且把抱怨的原因划分为软件（人为错误）和硬件差错（加热器出故障等）。部门经理依据这种策略确定他们的目标，并决定如何对顾客的抱怨做出回复。他们必须确定抱怨的原因，处理并且消除抱怨。因此，部门经理必须精通解决问题的手段。欣德勒霍夫饭店的市场计划预算中有1万欧元是用来解决抱怨问题，而且饭店从来没有考虑要减少这项费用。这种策略可以减少抱怨的频繁发生，同时可以使预算资金运用于对顾客抱怨的赔偿，即便是一个小抱怨。例如，有一次，在饭店的会议区，通往一个会议室的楼梯正在安装橡皮条。由于橡皮条太滑，一个顾客摔倒了。当天，会议经理就让装修工人完成任务，并花了24马克买了两瓶香槟酒赔偿给顾客。

（四）不断改进评估系统

欣德勒霍夫饭店始终认为抱怨是改进饭店服务质量的价值源泉。评估卡片反馈的抱怨和投诉信息越是准确、及时、全面和符合决策的需要，饭店管理人的决策和控制的质量也就越高，从而有利于更好地处理问题，做出创新的举措。从评估卡片、顾客调查、顾客满意讨论中得到的意见、建议和抱怨，促使饭店获得改进的措施，制订执行方案和工作职责，最后得出许多提高饭店服务质量、保持市场占有率的策略。饭店还对那些给予良好意见和建议的顾客发放电话卡或优惠券等奖励。例如，欣德勒霍夫饭店旧式建筑内浴室的改进就是受一位顾客抱怨的启发。现在的浴室变得更宽敞，拥有更大的储藏空间，同时也安装了现代化的厕所设备、毛巾加热器、新的灯饰以及室内自动调温器等。可以看出，欣德勒霍夫饭店总是认真地对待顾客抱怨并利用抱怨信息寻找新的解决抱怨的方案，让顾客达到最佳的满意程度。

（五）启示

欣德勒霍夫饭店的许多经营文化是值得借鉴的。欣德勒霍夫饭店总是很乐意地去了解顾客的抱怨，从而有利于了解市场的需求状况，发现问题和机遇，使饭店能够按顾客需求确定计划，制定有竞争力的管理策略。它还积极吸纳顾客的意见和建议，这样就可以根据顾客的建议对饭店的硬件设施、服务项目、服务规格、住宿和餐饮结构等进行及时调整，更好地改进工作流程和服务质量，以适应顾客需要，尽可能多地获得销售收入。欣德勒霍夫饭店并没有认为顾客的抱怨既浪费时间又浪费金钱，而是觉得处理抱怨是一个保持将来市场的良好机会。

欣德勒霍夫饭店正确理解了市场理念，明确了饭店与市场的关系，意识到是市场决定了企业。在此基础上，还充分认识到保持市场是扩展市场的基础，主动地去保持自己已有的市场，努力提高回头率和稳固顾客群。高回头率和稳定的忠诚顾客群从客观上证明了欣德勒霍夫饭店的服务质量。事实上，"金无足赤，人无完人"，任何最熟练、最优秀的员工，在给客人提供接待服务的过程中都难免会出现差错，所以饭店管理层、饭店员工要充分认识到，在饭店经营管理活动中，在接待服务过程中，避免出现差错，积极有效地处理顾客的抱怨具有十分重要的意义。恰当地处理抱怨，对饭店目标的达成起着至关重要的作用。只有积极地处理顾客的抱怨，才能让饭店运作更加顺畅，才能提升饭店的市场竞争力与永续力。

二、凯悦管理理念之人本管理

凯悦酒店及度假村集团将礼仪文化运用到酒店内部管理，酒店遵循礼仪文化的发展轨迹，将礼仪文化的内涵渗透到酒店的各个角落。礼仪作为约定俗成的文化符号，是对人际交往行为、经验的高度浓缩或提炼，它在交往中能够帮助人们克服行为和情绪上的混乱和紧张不安，唤起交往所需要的真正情绪，抓住交往双方的注意力，从而提高人际交往的成功率。酒店是由多个部门组成的综合性组织，各个部门在工作过程中都是相互联系和相互制约的。如果每个酒店员工自觉讲究礼貌礼节，互相支持、互相体谅，对内可以调节酒店员工之间、部门之间的关系，对外可以调节酒店与其他企业部门的关系，从而形成良好的人际环境，为酒店创造更多的经济效益和社会效益的同时，也创造一个优美、宽松的工作环境。

凯悦酒店及度假村集团是一个在国际上知名度很高的豪华酒店管理集团，它由两个独立的集团公司组成：一是凯悦饭店集团，主要负责美国、加拿大及加勒比海地区的酒店经营；二是凯悦国际饭店集团，负责经营除美国、加拿大及加勒比海地区以外的所有酒店。现在，它旗下所属的豪华酒店和度假村分布于世界43个国家和地区的主要城市和旅游胜地，并形成了三个著名品牌，分别为凯悦（Hyatt Regengy）、君悦（Grand Hyatt）和柏悦（Park Hyatt）。凯悦酒店有其独特的企业文化，由以员工为本和以顾客为本的管理理念组成。

（一）以员工为本的管理理念

凯悦的管理哲学观：正是集团的所有员工使凯悦拥有了卓尔不凡的经历。

凯悦集团努力为世界各地的员工营造一个公正且与道德标准相符合的工作环境。在凯悦的管理理念中，员工是集团的基本资产，他们对凯悦集团价值观的认同才使凯悦能够与众不同。凯悦相信充满激情的员工是实现企业经营目标的有利保证，集团要尽力吸引并保留一支能够提供优质服务的生力军——他们以顾客为中心，富有创新精神，充分体现当地文化。在集团价值观的引导下，凯悦不仅努力帮助员工很好地完成工作，更重要的是帮助他们发展其职业生涯。凯悦集团对员工的基本价值给予了充分的肯定，围绕着"以人为本"的管理思想对员工进行管理和培训。

1. 多元性培训

凯悦酒店和度假村每天接待的客人可能来自世界各地，这些客人也许会有一些与众不同的、特殊的需要，为了能给客人提供满足其个性化需要的服务，凯悦酒店和度假村对员工实施常规的多元化培训。为了使员工熟悉在给特定团体的客人提供卓越服务时可能出现的障碍，酒店会提前与特定团体进行沟通和交流，了解他们的相关信息，制订相应的培训计划。这些培训可以增强员工服务过程中的信心，使他们面对任何情形都能够得心应手，集中精力为客人提供最优质的服务，完成他们最重要的工作。同时，多元化培训的实施也可以提升顾客的体验，实现员工与顾客的双重利益。

以芝加哥的凯悦丽晶酒店为例，酒店将要接待一批参加国际皮革会议的客人，在所接会议召开的前六个星期，酒店召开了准备会议，由100名管理人员为员工介绍所接会议的目的、活动内容和会议期间的演出节目等相关事项，并为各相关部门员工提供必要的培训，教给他们为这些客人服务时所必需的技巧，目的是让员工为应付任何可能出现的情况提前做好准备，以便在任何时候都能满足顾客的需要，为其提供卓越的服务体验。

2. 管理部门的培训计划

凯悦酒店管理部门培训的目标着眼于满足每一个员工的具体需求，其培训设计通常针对某个专门部门开展，为员工提供与某个部门相关的专门训练和实际操作培训，并同时提供到各相关部门见习的机会。管理人员培训会从酒店内部或外部选拔人才。接受培训的人员需要满足一定的条件：如文化程度大学毕业或大学毕业以上，能够提供具有酒店管理方面职业潜能的证明。培训见习通常情况下限定在某一部门，而培训项目的长短根据培训目标、受训人员的工作经验、教育程度、个人目标和公司的目标等因素确定，其中培训目标是首要的、起决定性作用的因素。

3. 公司培训计划

凯悦的公司培训计划与管理部门的培训计划不同，它主要是针对那些素质较高、有潜力成为公司高层管理人员的大学毕业生——他们通常具备酒店管理、企业管理、市场营销等专业学位或同等学力，且有良好的英语水平并熟练掌握另外一门外语。集团会为他们提供一些额外的培训，培养他们承担管理责任所需具备的能力和素质，并促进他们和公司共同迅速地发展。

培训的课程通常颇具挑战性，主要包括两个阶段的内容。首先在酒店各部门实习，然后对接受培训者感兴趣的方面实行强化培训。一般是根据受训者的需求和工作经历以及个人的目标来制定，目的是让学员通过培训获取一定的实践经验，并在不同的学习环境中发展人际管理技能，在使受训者达到公司专业标准要求的同时帮助他们实现其个人职业生涯。培训计划的持续时间根据个人的需求和已有的经验而定，一般为6~12个月不等。

（二）以顾客为本的管理理念

在对客服务上，凯悦的口号是"时刻关照您"，目的是尽力向所有顾客提供最佳的服务，用优质的服务创造独特的"凯悦风格"。提供高水平的个性化服务，使顾客感觉舒适和满意是凯悦的一大宗旨。对于顾客的每一项要求，饭店都会特别留意并尽量满足，同时凯悦还积极进行产品和服务创新，以满足顾客不断变化的需求。

饭店前台服务中的登记手续办理通常耗时很多，经常遭到顾客的投诉，凯悦多年来一直致力于发展更快、更有效的登记服务，最后在海特高科技公司的协助下研制出一种"一触即可"的自助登记系统。该机器由键盘、显示器、读卡仪、打印机和钥匙传送器构成，并安装在一个特制的黑色架子上。该机器操作起来很简便，顾客只需要输入信用卡和身份证明，然后确认姓名、房间类型，完成后机器便自动传送出1~2把钥匙，同时打印出一份印有房号及客房路线图的登记单。这一系统的应用大大提高了办理登记手续的效率，节省了顾客等候的时间——一般来说，凡有预订的客人只需60秒，而事先无预订的也只需不到90秒。

为了满足商务旅游者的需要，凯悦集团实施了"凯悦商务计划"，对饭店的设施和服务进行了整体改造。在凯悦的许多饭店中都有"商务计划房间"，这些房间都经过了特殊的设计，配备有打印机、复印机、传真机等办公设备，并提供免费早餐以及其他富有特色的服务，目的是保证商务游客在旅途中的良好工作效率。

凯悦还有其他一系列独一无二的产品和服务，用来满足特定顾客的专门需求。例如，为了给会议旅游者提供高水平的服务而实施的多项创新措施，其中包括专门针对会议策划者和参加者所提供的"会议金钥匙"服务，还有为提高会议策划的服务质量和增加顾客的满意度而设计的顾客关注运动（The Customer Care Initiative），以及用来奖励会议的策划者会议红利政策（Meeting Dividends）等。另外，饭店开展了一项与专业会议管理协会（PCMA）的合作计划，旨在证明凯悦的会议服务人员都是这方面的专家。

考虑到有孩子的家庭的需要，凯悦于1989年开始了"凯悦营地活动"。这是饭店为孩子们设计的一项很广泛的教育活动，适合幼儿到十几岁的青少年，活动内容包含一些寓教于乐的游戏和其他文化活动，能使孩子们在活动中学到很多知识。在这个项目中，家长能以半价为孩子们订到一个小房间，并且饭店将会安排适合孩子们的食谱和客房服务等。

(三) 启示

饭店业是服务性行业，服务质量的高低对饭店的经营绩效有着重要影响；而员工是饭店服务的主体，在饭店运营的重要作用已被逐渐认识，以人为中心的管理思想在饭店管理中也日益受到重视。

凯悦在其管理理念中提出的"正是集团的所有员工使凯悦拥有了卓尔不凡的经历"，这句简短的管理理念，包含着丰富的内涵，它充分体现了集团对员工的尊重，把员工看成是饭店经营的核心要素和重要资源，肯定了员工在集团中的主人翁地位，同时也强调了饭店与员工的共同发展。

对员工的尊重是饭店塑造"以人为本"管理文化的重要前提。从凯悦集团管理理念的表述中可以看出，它充分尊重和重视员工。认识到员工不是只追求经济利益最大化的"经济人"，而是有着"经济需要"、"社会需要"和"精神需要"等多方面需求的社会人，并采取各项措施满足员工的需要，努力为员工营造一个合乎道德的工作环境。

对员工进行培训是饭店塑造"以人为本"管理文化的关键环节。培训是饭店提高服务水平和服务业绩的保证，也是饭店吸引和留住最好员工的一种行之有效的方法。如果员工对饭店业充满兴趣，决心长期在饭店业发展，他在选择工作机会时会更倾向于能够提供各种培训以促进其事业发展的饭店，并希望饭店为其提供终身学习的机会。无力为员工提供更多学习、发展机会的饭店，自然无法留住这样的员工，即使短时间内留住了，也难以获得他们对企业的忠诚。培训还能帮助员工更好地理解和接受企业的奋斗目标和价值观念，使他们愿意留在企业工作，为企业服务，从而增强员工对企业的奉献精神。

以人为本的管理理念，不仅要在管理中以员工为本，还应该以顾客为本。顾客是饭店文化设计和塑造的核心，"以顾客为本"已成为饭店经营和管理中的重要指导思想。以客为本就是要尊重客人、信任客人，并尽量满足客人的需要，为其提供安全、舒适的服务，用发展的眼光培育忠诚顾客，寻求与顾客的共同发展。凯悦酒店从顾客的需求出发，努力改进自己的服务以使顾客更加满意，从发展的角度预测顾客需求的变化，不断改进自己的产品和服务，以实现和顾客长期的共同发展，培育顾客的忠诚。

综上所述，酒店礼仪文化已不再是抽象的理论阐述，在现代酒店管理中，礼仪文化已经作为一种管理方式，从理念、从制度、从行为等方面提高酒店内外管理水平，加强酒店竞争实力，是酒店必须保持和加强的管理手段。

参考文献

[1] 胡锐. 现代礼仪教程 [M]. 杭州：浙江大学出版社，2004.

[2] 李欣. 旅游礼仪教程 [M]. 上海：上海交通大学出版社，2004.

［3］胡静.实用礼仪教程［M］.武汉：武汉大学出版社，2007.

［4］田光占.旅游礼仪［M］.成都：西南财经大学出版社，2001.

［5］周丽洁.饭店管理概论［M］.长沙：中南大学出版社，2005.

［6］Pauline J Sheldon, Chuck Y Gee. Training needs assessment in the travel industry［J］. Annals of Tourism Research, 1987, 14（2）：173-182.

［7］Roy C Wood. Hotel culture and social control［J］.Annals of Tourism Research, 1994, 21（1）：65-80.

［8］Michelli Joseph A. The New Gold Standard：5 Leadership Principles for Creating a Legendary Customer Experience Courtesy of the Ritz-Carlton Hotel Company［M］. McGraw-Hill Professional：McGraw-Hill, 2008：250.

［9］Feiertag Howard. Capture sales by properly handing inquiry calls［J］.Hotel Management, 2006（2）：10.

［10］尹菲，宫宇宁.形体礼仪在酒店服务中的应用与培养［J］.商场现代化，2007（10）：150.

［11］陈妍如.酒店文化的精神品格和社会价值［J］.山西农业大学学报，2008（3）：268-270.

［12］酒店服务礼仪在工作中的具体应用［C］//教育理论研究（第七辑），2019：137.

［13］马波.现代旅游文化学［M］.青岛：青岛出版社，2001.

［14］夏林根.旅游经营资源概论［M］.太原：山西教育出版社，2003.

［15］陈菲.商务礼仪视角下我国酒店企业礼仪文化体系的构建［J］.智库时代，2019（9）：211-212.

［16］曲军.关于对饭店员工进行礼仪素质培训的思考［J］.旅游学刊，1996（5）：63-65.

［17］吴铀生.东西部旅游营销管理分析比较［J］.北京大学学报，2001：206-211.

［18］禄俭.培养旅游业管理人才的思考［J］.中国水运，2003（10）：45.

［19］刘璐.传统礼仪文化与现代酒店服务理念的建构［J］.现代职业教育，2018（9）：263.

［20］熊锦.酒店管理中的礼仪文化［J］.湖南商学院学报，2010（3）：59-62.

［21］姜魏.现代星级宾馆酒店培训体系研究［D］.长春：吉林大学，2009.

［22］（英）马林诺夫斯基.文化论［M］.费孝通，译.北京：华夏出版社，2002.

［23］熊锦.酒店礼仪文化体系构建及应用研究［D］.长沙：湖南师范大学，2009.

［24］来逢波.酒店文化与酒店竞争力互动创新模式的构建研究［J］.商场现代化，2005（27）.

［25］黄大勇.我国酒店业服务人员培训中存在的问题及对策［J］.重庆工商大学学报：社会科学版，2006（5）：69-71.

［26］李欣.职业形象塑造中的礼仪修养探究［J］.现代职业教育，2020（1）：230-231.

［27］胡静，史彦雍.文化素养与礼仪教育［J］.山西教育：教育管理，2006（1）：43.

第三部分
酒店制度文化研究

第六章　酒店管理文化

酒店文化是在科学的酒店管理基础上，将酒店的价值观、服务宗旨、管理行为等文化内涵渗透到酒店日常管理工作中，并以此规范、引导、支配员工工作的一种文化管理行为，是酒店管理的最高境界。酒店管理文化在酒店文化中具有重要的地位和作用，它既是培育酒店竞争优势、实现自身发展的关键环节，也是酒店生存和可持续发展的保障。

第一节　酒店管理文化概述

酒店管理文化诞生于优秀酒店的成功管理实践中，并贯穿于酒店经营管理全过程，直接影响酒店的管理水平、服务品质及其可持续性发展。因此，研究和探讨酒店管理文化的发展状况及其特点，对于全面认识和理解酒店管理文化具有较为重要的意义和价值。

一、酒店管理文化的兴起与发展

（一）国外酒店管理文化的兴起和发展

国外的酒店管理文化是西方酒店业发展到一定阶段的产物。始于20世纪初的有关酒店管理的研究和探索在一定程度上标志着国外酒店管理文化的兴起。此后，国外的酒店管理文化经历了一个逐渐发展和壮大的过程。

历史上，西方酒店业经历了客栈时期、大饭店时期、商业饭店时期和现代饭店时期等不同的发展阶段和历程，使得国外的酒店管理文化也经历了一个不断发展和提升的过程。第二次世界大战后，自驾游在欧美国家越来越成为一种时尚。世界各国为此都建造了四通八达的公路网，从而为驾车出游的人们提供方便。此时，一种专为驾车旅游者提供食宿方便的汽车旅馆便出现并迅速发展起来。这一时期饭店广泛采用最新的科学技术和科学材料来装饰，饭店经营者也开始应用科学的经营与管理方法，注重市场研究，服务也逐步面向大众，讲究技巧与标准化，从而促进了酒店管理文化的内涵发生了新的变化。目前，酒店、饭店作为现代化的产物除了极具现代化特点外，已经形成国际化的发展趋势，其管理文化也随之不断发展和变化。因此，综观西方旅游饭店业的发展史，它既是世界现代文明进步历程的缩影，也是现代酒店管理文化不断发展进步的标志。

作为一种人类有意识的行为或活动，管理的每一种表现形式都和一定的社会形态相联系，都是某一特定时期经济基础的反映，并且体现出那个时代、那个地方经济体制的特点。酒店管理也是如此，酒店管理理论不但同社会的发展、人类的进步具有直接的关系，而且同管理理论的进步和完善密切相关，是西方先进的管理规章制度、科学的管理技术、操作规程等酒店管理实践密切结合的必然结果。西方旅游饭店业的迅猛发展自然需要与之相配套、相适应的管理方式，否则，整个酒店经营就无法有效地运转下去。从酒店管理文化的发展过程来看，正是在管理理论从古典科学管理理论到行为科学再到当今的现代管理理论，从对物的科学研究转向对人的研究与开发的突破性发展的背景之下，泰勒的科学管理理论、霍桑的实验结论、马斯洛的层次需要论，以及系统理论、决策理论、社会技术系统理论、运筹学等，纷纷被应用到酒店管理实践中来，成为酒店管理理论的重要组成部分，从而有效地促进了酒店管理文化的发展和进步。

（二）国内酒店管理文化的兴起和发展

国内酒店管理文化的兴起和发展与我国现代酒店业的兴起和发展历史一脉相承。1978 年党的十一届三中全会后，中国的现代酒店业开始步入正轨，酒店管理文化也初露峥嵘。1982 年，中国第一家中外合资酒店——北京建国饭店正式开业，首次引进了境外的酒店管理公司——香港半岛酒店管理集团。半岛集团在思想观念、管理方式、用工制度、促销手段等方面的新变化，促使国内酒店经营者逐渐意识到作为生产和出售服务商品的酒店业要生存和发展，就必须将国际国内市场紧密地联系在一起，实行科学管理，提高服务质量。在此背景下，国内酒店业开始向发达国家的酒店业学习，学习其先进和科学的酒店管理规章、制度、程序、规范等，以保障酒店业的良好运行，从而大大丰富了国内酒店管理文化的内涵。

自 20 世纪 80 年代以来，众多的境外酒店管理公司来华，它们带来了先进、规范的管理方式，也为国内酒店业培养了一大批专业管理人才，为国内酒店管理文化的发展和进步奠定了坚实的基础。当然，由于我国的酒店管理文化不但受中国传统文化，特别是其中的价值观念的影响，还同计划经济时期的社会意识形态、经济基础紧密相关，使得当时的国内酒店管理在短时间之内尚难以达到预期的效果。

经过四十余年的发展，国内酒店业的发展取得了较为辉煌的成就，酒店管理文化也实现了一定程度的完善和提升。但就目前国内酒店文化建设的实践来看，如何实现科学管理，即建立科学管理的思维观念和思维方式，而不是仅仅满足于建造一座现代化饭店、购置一些现代化设备、引进或建立一些规章制度等浅层的"模仿"和"复制"，都是目前国内酒店经营和管理者亟待思考和解决的问题。

二、酒店管理文化的内涵与特征

酒店管理文化是管理文化在酒店管理行业的应用和发展,它虽基于管理文化,但又不限于管理文化。因此,同一般意义上的管理文化相比,酒店管理文化包含独特的文化内容与鲜明的个性特征。

(一)管理文化的本质与内涵

作为人类文化体系的一部分,管理文化是伴随着人们管理活动的产生而产生的。在管理活动中,人们总会表现出一定的行为模式、价值观念、道德规范、精神风貌等特征,并深深地根植在管理过程中,形成了所谓"管理文化"。被誉为"现代管理学之父"的美国学者彼得·德鲁克(Peter Drucker)认为,"管理不只是一门学科,还是一种文化,有它自己的价值观、信仰、工具和语言"。随后,吉尔特·霍夫斯泰德(Geert Hofstede)在《文化的效应》一书中提出了管理文化的四个维度。他认为,"文化是在一个环境中的人们共同的心理程序,不是一种个体特征,而是具有相同的教育和生活经验的许多人所共有的心理程序。不同的群体、区域或国家的这种程序互有差异。这种文化差异可分为四个标准维度:权力距离,不确定性避免,个人主义与集体主义,男性度与女性度"。菲利普·哈里斯(Phillip Harris,1978)认为,管理文化主要是指"管理思想、管理哲学和管理风貌,它包括价值标准、经营哲学、管理制度、行为准则、道德规范、风俗习惯等"。林峰(2008)将管理文化定义为:管理文化是由企业领导层倡导、上下共同遵守的文化传统和不断变革的一套行为方式,它体现为企业价值观、经营理念和行为规范,揭示文化对管理的影响,它渗透于企业的决策、组织、激励、领导等管理全过程中,提倡文化与管理匹配的最佳模式。柴勇(2018)认为,管理文化就是在管理领域产生,具有特定指向的文化倾向,即通过管理实践活动所形成的管理精神文化、管理制度文化及管理模式文化的总和。上述中外学者对管理文化的本质与内涵的探讨,对于认识和理解酒店管理文化的概念与内容具有重要的理论指导意义。

(二)酒店管理文化的概念与内容

作为劳动密集型行业,酒店具有其特殊性,即酒店产品的生产制造需要依靠大量的人力来完成。因此,酒店管理区别于一般企业管理的最鲜明的特征就是强调服务。因此,我们可以将酒店管理文化界定为酒店管理者以服务为出发点和归宿点,在经营服务、公共关系和人际关系等方面的管理活动中所产生的文化现象。

酒店管理文化的内容丰富而复杂,按照其内在结构的构成层次来划分,可分为管理理念、管理模式和服务体系三个主要部分。

酒店管理理念是在酒店管理过程中不断总结、提炼,并用于指导酒店管理实践的有关酒店管理的理性化的看法、思想或观念,主要包括企业目标、价值观、经营哲学、经营宗旨、企业精神、道德等要素。管理理念为酒店管理文化的精神层面,是酒店文化的核心内容，也是酒店管理的灵魂所在，具有指引着管理模式与服务体系的方向的作用。只有在正确的管理理念的指引下，酒店才能充分发挥人员、技术、资金的作用，使酒店在不断变化和竞争激烈的市场中实现持续和健康发展。希尔顿酒店的"宾客第一，员工也第一"、雅高集团和洲际酒店的"以人为本"等管理理念都曾在引导企业不断发展壮大，并成为世界知名酒店品牌的过程中发挥过至关重要的作用。酒店管理理念来自酒店管理实践，又对酒店管理实践具有重要的指导作用。

酒店管理模式是在酒店管理理念指导下，由管理方法、管理制度、管理程序等组成的管理行为体系。目前，常见的酒店管理模式主要有委托管理、特许经营、带资管理、联销经营。国外的酒店业一般以联销经营管理模式为主，特许经营为辅，委托管理为次，带资管理为末。国内酒店业以带资管理模式为主，委托管理为辅，顾问咨询为次，联销经营为末。一般说来，酒店管理模式的选择既要考虑酒店的经营管理状况，也要考虑酒店所处的市场环境，是酒店内部管理与市场竞争需要共同作用的结果。酒店管理模式在酒店的经营发展中具有极为重要的作用。管理模式是酒店管理文化的制度层面，处于管理理念和服务体系之间的中间层次，它将管理理念和服务体系连接为整个酒店管理文化，进而保证整个酒店经营服务的运作和发展。良好的酒店管理模式可以在实现既定目标的基础上，提高各部门工作效率及酒店经济效益和社会效益，使酒店逐步走向正规化、社会化，使酒店管理走向长远发展。

酒店服务体系是由酒店各个服务部门共同构成的一个综合性的服务系统，是酒店管理文化的行为层面，表现为各种具体的酒店服务行为或活动。无论是新筹建的酒店，还是正在运营中的酒店，都必须首先建立起一套严密的酒店服务体系，以保证提供优质的酒店服务。只有拥有完美服务的酒店，才是顾客永远用行动和货币去支持的酒店。只有使顾客满意，酒店才能做大做强，保持旺盛的生存能力和持续的发展能力。同时，服务是酒店参与市场竞争并获得最终成败的关键因素。随着市场的竞争日益激烈，酒店只有不断完善和提高服务质量和水平，才能在市场上具有更强的竞争力。当然，随着社会经济与科学技术的发展，特别是酒店竞争的不断升级，酒店业也必须适应时代发展的需要不断更新服务理念，完善服务体系，将服务质量的提升上升到战略高度来认识，不断追求高标准，提升服务品位，创造服务特色，打造服务品牌。

（三）酒店管理文化的特征

酒店行业的特殊性使得酒店管理文化同其他类型的管理文化相比具有较为鲜明的个性特征，主要表现为酒店指向性、结构层次性、持续发展性、规范导向性和制度保障性。

酒店管理文化具有鲜明的酒店指向性，它是酒店所独有的，区别于其他酒店的个性化的管理文化，具体表现在酒店的环境管理、制度管理、服务管理、品牌管理等不同的层次和层面。在日益激烈的市场竞争中，酒店拥有个性化和特色化的管理文化，不但会提高酒店的知名度和美誉度，还会增强其在市场上的吸引力和竞争力。一般说来，酒店的特色和个性常常通过酒店的建筑、环境、标识、服务等物质层面表现出来，它们既是酒店在社会上的外在形象，也是酒店文化结构中最活跃、最生动的层面，如何对这些酒店元素进行规划和管理，进而塑造酒店的个性与特色，常常是酒店管理文化的重要内容。如以外国友人及华侨为目标顾客的广州白天鹅宾馆，在建设之初便利用岭南地域文化与落叶归根的思乡文化，设计建设了跨越三层楼高的"故乡水"，从而使来广州白天鹅宾馆看"故乡水"成为许多人的梦想，深受顾客，特别是海外华侨的欢迎。因此，酒店管理文化的酒店指向性，不但是酒店管理文化最为鲜明的特征，也是增强酒店个性，提高其竞争力的关键因素。

酒店管理文化的结构层次性，主要表现为它是一个有内在层次与结构的理论体系，既涵盖酒店的前厅、客房、餐厅、康乐、工程等不同的部分，也包含品牌、管理、服务、餐饮、营销、建筑、礼仪、康乐等不同的文化类型或类别。上述不同的部门与文化类型，具有各自独立的空间范围和结构层次，同时相互联系、相互渗透，共同组成一个更大的综合性的酒店结构综合体。按照顾客满意度"100-1=0"的理论，在酒店管理中任何一个环节或部门出现失误都会使整个酒店的正常运转受到影响。因此，为保持酒店的正常服务供给及其质量，在酒店管理过程中就必须统筹考虑酒店的各个部门与环节之间的有效衔接和组合，既要考虑酒店各部门的局部状况，也要考虑酒店的整体状况。上述管理实践与要求，自然使得酒店管理文化呈现出一定的结构层次性，酒店管理文化是各部门和不同类型文化的整合，是一个有机的整体的文化系统。

酒店管理文化的持续发展性，表现为随着时代和酒店管理活动的变化而呈现出一种持续的调整、优化和发展的过程。一般说来，酒店管理文化建设受酒店高层管理者个人行为的影响较大，一旦管理者离职，酒店管理文化难以为继，新的管理者便不得不重新树立一种与过去不同的酒店管理文化，从而使酒店管理文化呈现出一种动态的变更和调整过程。实际上，仅就一段时间内相对稳定的酒店管理文化而言，其建设和发展也是长期的日积月累和磨合中完善提升的结果。随着时代的发展和社会的变迁，为适应新环境、新市场和顾客的需求变化，酒店管理活动必须进行及时地调整和更新，从而使酒店管理文化呈现出一种持续的变化状态。在这一调整和变化过程中，酒店管理文化将不断吸收和积累酒店经营管理过程中的新理念、新模式、新方法、新技术、新经验，进而实现酒店管理文化内涵和形式的全面提升与优化。酒店管理文化的持续发展性，既是酒店文化能够传承、延续和优化的坚实保障，也是提高酒店管理水平和市场竞争力的重要支撑。

酒店管理文化的规范导向性，是指酒店管理文化具有规范酒店管理行为和引导酒店经营管理方向的作用。一般来说，酒店管理文化的制度层面均会对酒店管理行为与酒店服务行为提出一些具体的原则、要求和标准，从而使酒店管理行为与酒店服务行为在严格的规章制度和行为规范的约束和限定下进行。当然,酒店管理文化的规范性的目的并不仅仅在于约束和规范管理者和员工的行为,最重要的目的还在于通过规范来提高管理和服务的质量与水平。酒店管理文化的导向性主要表现为它通过设定酒店管理的目标、愿景等引领酒店管理的方向与管理服务行为。具体来说,酒店管理文化强调以文化为导向,将酒店精神、价值观、服务宗旨等融入具体的酒店管理过程与酒店服务过程中,以充分发挥酒店管理文化的引领和导向作用,进而提升酒店管理的质量和酒店的竞争力。

酒店管理文化的制度保障性,是指酒店文化具有通过规章制度来保障酒店管理和酒店服务正常运行并不断提升质量的作用。从一定意义上来说,酒店管理活动是一项非常复杂的、需要多个部门多个环节密切配合和协作的过程,而要保证各部门、各环节的完美协作与配合,就不能仅仅依靠人与人之间的相互关系和情感等主观性因素,而必须将其建立在客观的制度保障的基础上。因此,现代酒店,特别是星级酒店在管理制度建设方面,必须设立科学、适宜的酒店组织机构和部门组织机构,并建立有关酒店管理的规章制度、服务标准、管理规范、操作程序、运作规范等。这些规章制度,既是国家标准《旅游饭店星级的划分与评定》(GB/T 14308—2010)对星级酒店管理的总体要求,也是酒店保证员工权益和提升服务质量的制度保障,从而使酒店管理文化呈现出制度保障性特点。

三、中外酒店管理文化的比较分析

自20世纪80年代开始,我国酒店开始引进西方先进的管理技术和管理模式。此后,经过多年的学习、模仿、借鉴和提升之后,中国国内的酒店管理水平虽然同国外相比尚存在一定的差距,但也逐步形成了具有中国特色的酒店管理模式,从而大大改变了国外连锁酒店凭借先进的管理经验和强大的资本垄断中国酒店市场的局面。分析和比较中外酒店管理文化在管理理念、管理模式和服务管理等方面的差异,对于更好地吸收和借鉴国外先进的酒店管理经验,提升国内酒店的管理水平具有重要的理论与实际意义。

在管理理念方面,国外酒店的管理理念虽然强调股东、员工、顾客三者利益的统一,但首先主张维护顾客的利益,以吸引和招徕更多的顾客。除了始终坚持"顾客第一""顾客至上""顾客总是对的"等原则外,不少国际酒店的管理者也注重以义取利,实施较多的优惠政策,并为顾客提供免费服务等。由于这些政策与服务的最终受益者是酒店的顾客而非其他人,就大大增加了顾客对酒店的依赖感,也提升了酒店的满意度和美誉度。相比较而言,国内酒店的管理虽然也强调"以人为本",但在具体的对客服务、满足顾客需要的细节化、情感化的服务举措与管理规范方面与国外酒店相比尚存在一定的差距。特别需要强调的是,国内的很多酒店仍未能按照真正意义上的商业酒店的模式来运行,也未能更好地为顾客提供优质的酒店服务和满足顾客的需要。

在管理模式方面,国外的酒店管理思想在20世纪时发展成为以企业为中心,以明确的计划、控制、组织为内容，形成了以经济利益为主的西方各种管理学派和理论。在具体的管理方式上，很多酒店都采用制度管理法、走动管理法，并取得了巨大的成功，并迅速占据中国酒店市场。实际上，上述内容也正是国外酒店的管理体系在制度化、程序化、透明化方面的外在显现。与国外的重视制度管理相比，中国的酒店管理则一直强调"人管人"，主张依靠领导者的模范力量和道德感染力来调动和团结员工来达到管理目标。同时，国内的酒店管理还特别强调情感与理性的互相补充。在此环境背景和文化氛围之下，我国的酒店管理在管理方式上特别重视感情管理法、经济和教育管理法等。

在服务管理方面，对于酒店来说标准化是基础，个性化是趋势。目前，国外大部分酒店已经在标准化基础上推行了个性化的服务，其优点在于：更容易令顾客满意，可以同顾客建立密切关系促成额外销售，增加顾客的忠诚度，强化顾客对酒店的依赖感。同国外相比，目前国内酒店的服务管理总体上属于标准情绪化管理，其弊端是服务质量波动大、一致性差。实际上，标准化就是要用数据说话，不仅要求制定服务程序、服务标准、奖惩规则与操作规范，还要求尽量使标准具体化、详细化，以易于评判考核和监督。就目前国内酒店业的标准化发展程度来看，尚属于初级标准化，不全面、不系统。加之，酒店管理者的标准化管理的意识不强，致使许多标准成为摆设，难以收到预期的效果。

在酒店竞争方面，营造和培养市场氛围是一个非常艰辛的过程，尤其是当市场规模达到一定程度的时候，必然会有其他的对手进入竞争区，从而引起酒店行业的激烈的市场竞争。虽然酒店与酒店之间的竞争主要表现为硬件价格、社会知名度和管理水平的竞争，但中外酒店在竞争策略与手段的选择上还是存在较大差异。总体上来说，国外酒店的竞争主要依靠管理技术、企业品牌和服务质量。国外酒店特别重视营造出属于自己的酒店品牌，以达到提高服务质量的目的；注重酒店产品的差异化，寻找独特的消费形式，使酒店在顾客心中形成特殊的消费定位；酒店以创新为主旨，注重提升创新技术和竞争优势，旨在通过网络化竞争、集团化竞争使酒店在市场竞争中立于不败之地，而不是一味地降低价格。反观中国的酒店，一些酒店基本上把价格竞争当作酒店参与市场竞争的唯一手段，常常通过淡季降低价格，旺季增加价格的方式来吸引顾客，以赢得市场的份额。虽然也有部分酒店较为看重产品质量和服务水平的提升，但相对于多数酒店都通过降低价格来参与市场竞争的总体态势而言，显得形单影只。由于价格竞争在本质上是一种档次竞争而不是一种差异化的竞争，使得中国酒店的经营模式总体上呈现出一种高度同质性特点，缺少特色。加之中国酒店的竞争还深受人际关系的影响，特别看重哪家酒店的人缘好、谁的社会知名度高，并将其视为参与市场竞争的重要因素，从而使得中国的酒店竞争与国外酒店在竞争方面存在更大差异。

为进一步认识和理解中外酒店在管理文化方面的差异，现以洲际酒店集团和开元酒店集团为例，并以表格的形式列出中外酒店在经营模式、经营品牌、服务理念、经营理念、服务特色、常客计划等方面的不同（见表6-1）。

表 6-1 中外酒店管理文化的差异

	欧美酒店集团 以洲际酒店集团为例	中国酒店集团 以开元酒店集团为例
经营模式	世界排名第一的国际酒店集团。其中特许经营约占 88.9%、委托管理约占 6%、带资管理及其他约占 5.1%	开元酒店集团是中国最大的民营高星级连锁酒店集团,位列最具规模中国酒店集团第二名
经营品牌	拥有多个酒店品牌,包括洲际(R)酒店、皇冠假日(R)酒店、假日(R)酒店、假日快捷(R)酒店、Stay Bridge Suites(R)、Candle Wood Suites(R)和 Hotel Indigo(TM)	拥有开元名都(豪华商务酒店)、开元度假村(豪华度假村)、开元大酒店(高档商务酒店)和开元·曼居酒店(中档商务酒店)、开元文化主题酒店(大禹·开元)五大产品系列
服务理念	一切为顾客着想,不断创新服务,并实施标准化的管理。	时刻关心,高效便捷,无微不至,喜出望外
经营理念	洲际酒店的广告语为:"We know what it takes." 意思即:"明白所需,满足所想。" 旗下每一个品牌经营的特色和理念各不相同。如皇冠假日酒店:以合理的价格提供高档的酒店住宿设施。它专为满足今日精明的旅客的需求而设,并以提供更优质的服务及设施来迎合那些追求物有所值的商务旅客	公司使命:营造中国品质,创造快乐生活 经营理念:建立良好的投资原则,具有丰富的行业经验,发挥创造力,精诚合作,吸引优秀的专业人才
服务特色	从细微之处满足挑剔的旅客对酒店的需求。酒店员工为客人提供 24 小时的贴身服务。包括"店内礼宾服务"和"环球联络"在内的细致周密的服务内容使得洲际品牌屡获殊荣 提供"洲道计划"(中国)始终在您左右,为您献上最周到的服务:中文服务、银联刷卡,酒店及周边中文导引服务,会员免费网络,特选中文频道,便利日常用品,醇香中国茶,中式精选早餐	"以客为尊"的款客精神,和对不断变化的宾客需求的精心揣摩及悉心迎合。它包含了三个方面的含义:殷切贴心的个性服务,国际水准的现代设施,富有民族特色的优雅环境 特色服务:天逸之床,开元香氛,开元《和·雅音》(音乐),还木开元(环保),开元店酒(红酒),宴会服务师
常客计划	洲际优悦会,分别有皇家大使、白金大使、黄金大使、会员(普卡,优越会)等	开元商祺会,包含开元商祺卡和开元金爵卡。商祺会是专为独具个性的顾客推出的一种特殊的礼遇,商祺卡的丰厚积分与金爵卡的价格优惠,将使顾客在获得专享服务的同时彰显尊贵身份

当然,我们分析中外酒店管理文化差异的目的,并不是要完全照搬照抄西方酒店的管理方式,而应以西方先进的管理方式为基础进行吸收、借鉴、提升和创造。只有不断创新酒店管理模式,丰富酒店管理文化内涵,才能使国内的酒店在激烈的国内和国际市场竞争中立于不败之地,并实现可持续发展。

第二节 酒店管理文化的理论基础

酒店管理文化建立在酒店的管理活动之上,与酒店管理组织生活方式、基本观念思维和社会的发展水平密切相关,体现出人们在管理中的智慧和能力。由于管理活动在不同的文化中呈现不同的过程和形态,管理文化也就存在着巨大的差异。总结和梳理国内外酒店管理文化的理论以及相关研究成果,对未来酒店管理文化的进一步发展具有重要的意义。

一、管理学理论

虽然自从有了人类的集体劳动便有了管理活动,但从管理实践到形成一套比较完整、系统的管理理论,则经过了漫长的历史发展过程。自19世纪末至20世纪初管理学形成后,管理学先后经过了20世纪初到20世纪30年代行为科学学派出现前的古典管理理论阶段、20世纪30年代到20世纪80年代以行为科学学派及管理理论丛林为代表的现代管理理论阶段和20世纪80年代至今的当代管理理论三个阶段,其学科体系完善、理论内涵丰富,对人类的管理活动,特别是对现代和当代的管理活动产生了极为重要的影响。

随着酒店业的兴起和发展,在尚未形成完善、系统的酒店管理理论的背景之下,吸收和借鉴成熟的管理学理论,并将其具体应用到酒店管理实践中,对于提高酒店管理的质量和水平,无疑具有重要的意义和价值。实际上,国际上许多著名的酒店集团,也正是在管理理论的指导之下,才使得酒店管理日益科学化、规范化和高效化,并获得了巨大的成功。

相对而言,虽然被应用到酒店管理中的管理学理论较多,但管理控制理论、激励理论、本土化战略理论和人力资源理论在酒店管理中则较为常见,并具有一定的代表意义。

(一)管理控制理论

管理控制是企业管理者影响员工以实现企业战略和目标的一种内部控制机制,包括制定计划、实施计划和经营控制等一系列方法与程序。管理控制的核心是按设定的标准来衡量和评价计划的执行情况,并通过对执行偏差的纠正来确保计划目标的实现。因此,计划和控制是进行管理控制以实现企业目标的两个核心要素。管理控制理论对于酒店管理具有重要的指导意义和应用价值。首先,管理控制具有整体性特点,涉及企业的所有管理者、一线员工及部门机构,控制内容包括员工的精神状态、工作作风、工作程序、成本预算、产品质量、销售渠道等众多的内容。因此,在酒店管理中应用管理控制理论,有助于强化酒店管理的系统性和完整性。其次,管理控制理论具有动态性特点,包括事前控制、事中控制和事后控制,并可根据管理活动的变化及时调整和变更控制的内容和形式。因此,在酒店管理中应用管理控制理论有助于管理和控制酒店管理的每一道程序和每一个细节,进而会大大提升酒店管理的质量和水平。最后,管理控制具有规范性,包括三个基本步骤,即制定标准、衡量成效和纠正偏差。因此,将管理控制理论应用到具体的酒店管理过程中,有助于及时发现和纠正酒店管理中的问题,也有助于增强员工的规范意识和程序意识，进而提升酒店管理与服务的质量。

（二）激励理论

管理学中的激励理论，就是如何调动员工的工作积极性的理论，主要研究如何满足员工的需要和调动员工的工作积极性的原则和方法。激励理论认为，企业员工的工作效率与员工的工作态度有直接关系，而工作态度的积极与消极则取决于其个人需要的满足程度和激励因素，即：员工绩效＝员工能力 × 激励程度。这一公式表明，在员工能力一定的情况下，其所受到的激励水平越高，其绩效表现水平也越高。管理学中的激励理论对于酒店管理具有重要的指导意义。首先，激励理论有助于正确认识和理解员工在酒店管理中的地位和作用。虽然酒店的宗旨在于为顾客提供优质的酒店服务，但酒店服务是由一线的员工来完成的。只有一流的员工，才有一流的服务。如果对员工缺少应有的尊重，不满足其基本的需要，而一味地要求员工"奉献"和"付出"，再漂亮的口号，也难以调动员工的积极性，也自然难以保证服务的质量。因此，在酒店管理中，不能因倡导"顾客就是上帝""顾客总是对的"等营销理论而忽视员工在酒店服务中的作用和价值。其次，要提高酒店服务的质量和水平就必须满足员工需要，并调动其积极性。根据激励理论的原理，酒店员工的服务质量（工作效率）取决于其服务态度，而服务态度则取决于其需要的满足程度，即激励程度。因此，在酒店管理过程中只有深刻认识和理解"酒店员工从事服务工作的动力是什么？""酒店员工的服务行为是如何被导向服务目标的？""应如何维持员工的服务行为？"，才能在具体的行动上充分尊重员工、满足员工的需要，进而调动员工的积极性，从而为顾客提供更加优质的酒店服务。

（三）本土化战略理论

所谓本土化战略，是指企业的海外子公司为适应东道国的经济、文化、政治环境，而在人员招聘、资金筹措、零部件采购、产品设计、技术开发等方面实施当地化策略，使之成为当地公司的一种发展战略。本土化战略理论的核心是：企业的一切经营活动必须以消费者为核心，要随地区性变化引起的顾客变化而改变，而不是以商家的喜好、习惯为准绳，即所谓"入乡随俗"。只有这样，企业才能适应东道国的环境氛围和市场需要，进而获得更大的发展空间和发展动力。本土化战略理论对现代酒店的经营与管理具有重要的指导意义和应用价值。目前，多数国际酒店集团均在某种程度上实践和实施了本土化战略，在人员的配备上，除了董事长和总经理等主要领导由集团直接选派和任用外，副总经理、总监、部门经理等均由东道国国民来担任，从而大大降低了酒店海外人员派遣方面的费用；在原材料和实施设备的采购上，基本上都实施本地化，从而大大降低了酒店的经营成本；在产品销售方面，本土化经营战略的实施，使酒店产品和服务能更好地满足本土消费者的需要，扩大销售额和营业收入；在文化融合方面，本土化经营战略的实施，使企业与当地的社会文化与风土人情更好地融合，从而有效地减少了酒店发展中的文化阻力。当然，酒店本土化战略的实施，不仅有助于酒店自身的成长和发展,也有助于促进东道国经济、社会、就业和国际化等方面的发展和进步。因此,本土化战略无论是对企业自身发展,还是对东道国的发展,都是一个共赢的选择。

(四)人力资本理论

人力资本理论由美国经济学家西奥多·舒尔茨(Theodor W. Schultz)和加里·贝克尔(Garys Becker)于20世纪60年代创立。该理论将资本分为物质资本和人力资本两类:物质资本是物质产品上的资本,如厂房、机器、设备、原材料、土地、货币、有价证券等;而人力资本则是体现在人身上的资本,是蕴含于人身上的各种生产知识、劳动与管理技能以及健康素质的存量总和。人力资本理论的核心是将企业中的"人"作为资本来进行投资与管理,并根据人力资本市场和投资收益率的变化及时调整管理策略,以获得长期的价值回报。因此,人力资本理论开辟了关于人类生产能力的崭新思路。将人力资本理论应用于现代酒店管理中具有重要的理论与实践意义。首先,将"人"视为资本,主张根据人力及其变化来对酒店员工进行恰当的培训、组织、协调,有助于提升酒店员工的服务素质和服务技能,进而提升酒店的服务质量。同时,酒店管理将人力资本和物质资本保持最佳的比例和有效的结合,能使酒店的"硬件"设施和"软件"服务都能发挥出最佳的效应,从而提升酒店的整体形象和美誉度。其次,将酒店员工视为一种"资本"进行管理,特别是采用现代科学方法对员工群体和个人的思想、心理、行为进行有效的管理与调控,既有助于调动酒店员工的工作积极性和主观能动性,也有助于实现服务工作的规范化和标准化,进而有效地提高酒店服务的效率和质量。也正因为如此,在现代酒店管理中都特别重视通过员工的招聘、甄选、培训、报酬、奖惩等环节,强化人力资本的管理,以提高经营管理与服务水平,实现酒店的发展目标。

二、企业文化理论

随着文化在企业经营和发展中的地位的提升和影响的扩大,自20世纪80年代开始,企业文化理论日渐风行全球,并在世界范围内掀起了企业管理理论上的一场革命。国外一批专家学者对企业文化进行了广泛深入的研究,并以论文和专著的形式发表了他们的研究成果。同时,一些企业家也纷纷总结企业管理的实际经验,从不同角度提出并阐释了企业管理文化的基本理论问题。在此背景之下,企业文化领域产生了众多的具有代表性的理论,如7S理论、Z理论、五因素四类型说、四指标说等,从而极大地促进了企业文化研究的深入和企业管理实践的发展。

(一)7S理论

1981年,理查德·帕斯卡尔(Richard Pascal)和安东尼·阿索斯(Anthony Assos)合著的《日本企业管理技术》一书问世,该书在对34家美日企业进行深入调查和对比研究的基础上提出了著名的"7S理论"。7S代表7种以英语字母S开头的因素:Structure(结构)、Strategy(战略)、Systems(制度)、Skills(技能)、Style(风格)、Staff(人员)和 Superordinate Goal(最高目标)。7 个 S 构成一个以最高目标为核心的网络,忽视任何一环或各个网络之间的协调都必然影响管理成效。7s 理论中的战略(Strategy)、结构(Structure)、制度(Systems)是硬性因素,人员(Staff)、技能(Skills)、风格(Style)和最高目标(Superordinate Goal)是软性因素。他们的研究发现,美国企业过去都非常重视 3 个硬 S,而较为忽视 4 个软 S,然而成功企业的奥妙则在于,这些企业根据企业自身的情况和方式形成独特的企业文化,很好地运用了 7 个 S,并使之相互协调一致。

(二) Z 理论

1981 年,威廉·大内(William Daene)《Z 理论——美国企业界怎样迎接日本的挑战》一书的出版,标志着 Z 理论的诞生。在 Z 理论形成过程中,大内选择了美国和日本两国的一些典型企业进行了研究。他将由领导者个人决策、员工处于被动服从地位的企业称为 A 型组织,而将由集体研究决策、集体负责的企业称为 J 型组织。按照这一标准划分,大内当时所研究的大部分美国企业都是 A 型组织,而大部分日本企业则属于 J 型组织。在分析对比 A 型组织和 J 型组织的基础上,大内提出了一种既符合美国情况,又吸收了日本企业管理优点的理想企业模式,即 Z 理论。Z 理论重在研究人与企业、人与工作之间的关系,认为一切企业的成功都离不开信任、敏感与亲密,应以坦白、开放和沟通作为基本原则来对企业实行"民主管理"。

大内认为,无论是以"经济人"为基础的 X 理论,还是以"自我实现人"为基础的 Y 理论,虽各有其合理的一面,但又都不太适合实际情况。原因在于,人是复杂的人,人的性格和价值观念不但因人而异,而且还随年龄、时间、地点、环境、知识、技能、健康状况等的不同而不同。人的需求也是多层次的,而且随场合、环境的改变而变化,人在同一时间内会有各种需要和动机,它们相互融合为一体,形成错综复杂、动态多变的动机模式。因此,企业设计一套普遍有效的管理模式是不现实的。此外,X 理论和 Y 理论都是将管理者和被管理者放在相互对立的位置上,而 Z 理论则是从管理者与被管理者相互依赖、相互一致的关系出发,通过将二者融为一体来寻求工作、组织、个人三者之间的最佳协作。

Z 理论作为西方行为科学中有别于 X 理论和 Y 理论的管理理论,强调在组织管理中加入东方的人性化因素,是东西方文化和管理哲学的碰撞与融合,得到各国管理界和管理学者的广泛关注,并产生了深远影响。

(三) 企业文化五要素四类型说

企业文化五因素四类型说源于特伦斯·迪尔(Trace Deere)和艾伦·肯尼迪(Alan Kennedy)1989 年合著出版的《企业文化——现代企业精神支柱》。该书收集了美国数百家企业的丰富资料,分析了美国企业的核心——价值观及公司的要素等,并介绍了各大公司在识别、判断、管理、塑造和革新等方面的经验及其成功秘诀。

作者认为，企业文化由企业环境、价值观、英雄、习俗和仪式、文化网络五个要素组成，这五个要素的作用各不相同。其中，企业环境不单指企业的内部环境，还包括市场、顾客、竞争者、政府、技术等广阔的社会和业务环境。价值观指一个组织的基本概念和信仰，它以具体的文字表述给职工规定出成功之路，并在组织内制订出成功的标准。英雄，即企业楷模，它是企业价值观的化身，既是人们所公认的最佳行为和组织力量的集中体现，又是企业文化的支柱和希望。习俗和仪式是程式化后有形表现出来并显示内聚力程度的文化因素，它在企业日常活动中反复出现，人皆知晓却没有明文规定。文化网络是指企业内部以逸事、机密、猜测等形式来传播消息的非正式渠道，是企业价值和英雄式神话的"载体"。

作者还提出了由市场环境所决定的四种文化类型，即强人文化、"拼命干、尽情玩"文化、攻坚文化和过程文化。其中，强人文化形成于高风险、快反馈的企业，如影视、出版企业，要求人必须坚强、乐观，保持强烈的进取心，树立征服信念。"拼命干、尽情玩"文化形成于风险极小、反馈极快的企业，如房地产经纪公司，要求人干的时候拼命干，玩的时候尽情玩，发现需要应及时满足。攻坚文化，又叫赌博文化，形成于风险大、反馈慢的企业，如航空航天企业，要求人仔细权衡，深思熟虑，下定决心后不可轻易改变初衷。过程文化形成于风险小、反馈慢的企业，如银行之类，要求人遵纪守时，谨慎周到。通过对上述四种类型文化的特征、群体习惯及优缺点的分析比较，作者的结论是：强有力的文化是企业取得成功的"金科玉律"，企业文化就是力量。

（四）企业管理文化四维度说

20世纪60年代，社会心理学家吉尔特·霍夫斯泰德（Geert Hofstede）通过对IBM公司在72个国家分公司不同层级的员工进行问卷调查，从态度和价值观方面分析了各国员工表现出的国别差异。根据研究成果，吉尔特·霍夫斯泰德开创性地提出了测量管理文化的四个指标，即管理文化四维度，包括权力距离（power distance），不确定性避免（uncertainty avoidance index），个人主义与集体主义（individualism versus collectivism）以及男性气质与女性气质（masculine versus feminality）。

其中，权力距离是指在一个企业机构或组织中，普通弱势员工对于不平等的权力分配的接受程度。在低权力距离国家里，组织中的成员对分工不同、权力分散和自主决定的重视程度要高于权力地位；而高权力距离国家由于体制关系，其大多数组织机构中权力集中，有较为森严的等级制度。

不确定性规避是指在某种企业文化中，成员面对不确定事件和非常规环境威胁采取措施进行避免或控制的程度。一般来讲，规避程度高的文化希望提供较大的职业安全，建立更正式的规则；而规避程度低的文化对于反常的行为和意见比较宽容，规章制度少，允许不同主张的同时存在。

个人主义与集体主义维度是衡量某一组织群体是倾向于关注个人利益，还是集体利益。个人主义倾向的企业中员工之间关系松散，员工倾向于关心自己及小家庭；而具有集体主义倾向的企业则注重团结合作，强调牢固的集体关系，个人必须对集体绝对忠诚。

男性气质与女性气质维度主要看某一企业的品质更倾向男性气质（竞争性、独断性），还是女性气质（谦虚、关爱他人），以及对男性和女性职能的界定。男性度指数（MDI：Masculinity Dimension Index）的数值越大，说明该企业的男性气质倾向越明显；反之，则说明该企业的女性气质突出。

吉尔特·霍夫斯泰德的研究极大地提高了管理文化的测量水平，是管理文化研究的一个重要里程碑。其文化四维度对企业管理的领导方式、组织结构和激励内容产生了巨大的影响。

三、国内酒店管理文化的相关研究

（一）酒店管理理论研究

近年来，随着酒店业集团化、专业化、连锁化发展趋势日益显著，我国学者在酒店管理理论研究，特别是在提升酒店整体管理水平、做大做强酒店集团、参与国际酒店集团竞争方面进行了深入的研究和探讨，涌现出一批较有代表性的研究成果。

蔡雪洁（2014）在结合国内外知名酒店管理经验的基础上，引入和谐管理理论的核心理论，对其在酒店人力资源管理中的作用及影响进行分析。她认为，酒店企业应有效利用和谐管理理论在招聘中的应用并及时培训员工，建立完善的绩效管理系统，实施科学的职业生涯管理，建立"以人为本"的企业文化，创造良好的支持性的工作环境，沟通并设计有效的激励方式，从而合理配置酒店人力资源，推动酒店管理的发展。

蔡明港（2014）认为，酒店生命周期的变化对酒店人力资源管理的影响正逐渐引起人们的重视，因此基于生命周期理论分析酒店生命周期各阶段的特点以及影响员工管理的因素，并提出应建立基于酒店生命周期理论的员工管理机制，根据酒店生命周期的不同阶段采取相应的经营管理行为与对策。

姜国华（2017）通过对亚洲品牌酒店的考察以及根据全面流程管理内容对亚洲品牌酒店及部分欧美品牌酒店高管进行访谈，发现酒店管理范式研究可以在企业管理范式的研究框架之下进行；管理学理论对研究酒店管理范式的形成提供了理论依据；具有显著亚洲特色的酒店管理范式正在形成，比如"殷勤待客"的好客之道，家庭观念浓重的相处之道和直指人心的"心件"式亚洲特色服务等。

叶忠康等（2020）基于马斯洛理论，科学解读分析星级酒店职工认同感的影响因素，认为酒店应着实满足酒店员工不同层级的需要。通过提高酒店员工职业认同感，进行物质鼓励，满足员工生理需要；通过加强各种福利，保障满足员工安全需要；营造良好的工作氛围来满足员工社交需要；提高奖励和表扬频率满足员工尊重需要；拓宽员工晋升渠道，满足其自我实现需要。

唐健雄、孙婧瑶（2021）以社会认知理论和自我决定理论为理论基础，构建绿色人力资源管理模型，即通过绿色自我效能与内在绿色动机作用于酒店员工绿色行为的链式多重中介模型。最终研究表明绿色人力资源管理能够显著正向影响酒店员工绿色行为，绿色自我效能与内在绿色动机均发挥部分中介作用。

（二）酒店管理模式研究

酒店管理模式，在酒店经营管理中具有重要的作用和影响，也是酒店管理文化的重要组成部分。因此，学者们对国内酒店管理模式问题也进行了较为深入的探讨。

刘喜华（2012）认为，循环经济背景下酒店实施绿色管理具有必然性，基于循环经济理念酒店实施绿色管理模式的内容主要包括：绿色企业文化、绿色设施设备、绿色生产、绿色营销、节源控制和绿色服务，并且在构建绿色管理模式时须遵循循环经济减量化、再使用、再循环、经济和生态的原则。

陈晗（2013）依据冲突层次理论与文化维度理论，深入分析了管理合同酒店跨文化冲突的成因，主要由国家、酒店与个人三个层面的文化差异所导致。通过实证研究提出我国管理合同酒店应采取"融合"策略进行酒店的跨文化冲突管理。

王晓洋、卜燕红（2014）从低碳旅游视角切入，认为酒店管理除坚持以服务第一、宾客至上为服务宗旨外，更需要通过低污染、低能耗以及低碳排放的要求为宾客提供优质服务。为保障酒店在低碳旅游背景下健康稳定发展，要依据低碳标准，制定相应的监督体系以及质量标准，同时提高员工服务意识，构建专业化的人才队伍，并加强酒店的文化建设。

沈建龙（2017）将精细化管理模式嵌入酒店管理中，认为酒店精细化管理具有全员性、基础性、制度化的特点，精细化管理模式应秉持全面性、可操作性以及动态原则，以控制酒店成本投入，提高资源利用率，提高酒店服务质量，响应政府号召推进环保为目标。

陈媛（2017）对委托管理模式下的酒店激励机制现状进行分析，认为委托方与管理方有必要共同协作建立高管激励机制，主要包括高管绩效考评管理体系，物质激励、精神激励相结合，适度的约束机制三部分内容。应设置高管绩效管理体系，建立具有竞争力的薪酬体系，建设积极向上的工作激励机制和适度的激励约束机制来建成酒店高管激励机制。

（三）酒店管理人才培养研究

高素质高忠诚的酒店员工是酒店持续发展的动力和源泉，培养专业的酒店管理人才还需考虑企业自身与市场的需求。对于酒店员工能力结构的提高与高素质酒店人才队伍的建设，不少学者进行了研究分析，并基于不同背景和理论提出了合理的人才培养路径。

常亚平（2015）引入植物学中树的生长和光合作用的机理，来表现高星级酒店核心员工的职业成长过程：根据职位、从业年限、角色、能力、社会关系、工资水平和下属员工人数等八个因子将高星级酒店核心员工的职业成长划分为依赖期、成长期、独立期、繁盛期四个阶段。酒店应根据不同阶段的能力要素设计包括培养方式、培养理念、企业文化、激励机制四个方面的培养要素，构建含有员工能力要素、培养要素的培养体系，才能达到人才管理事半功倍的效果。

沈雅雯（2011）基于"定向—双轨制"对高校酒店管理人才培养模式进行实证研究，通过人才培养模式的四个构成要素构建测度模型并进行调查研究与评价，认为酒店人才培养模式的基础应基于学生、企业、学校"三位一体"的产学研合作，并依此构建人才培养目标、培养过程、培养制度和培养评价的全方位合作体系。

叶瑶等（2016）通过对某酒店高忠诚核心员工的深度访谈，探索民营企业高忠诚核心员工成长的影响因素并归纳提取了三个核心范畴：个人层面、环境层面、交互层面。基于核心员工职业成长的"进入、成长、稳定"三阶段，提出应重视建立核心员工忠诚的动态管理体系，使其对事业的忠诚进一步转化为对组织的忠诚，实现企业与员工的互利共赢。

詹岚等（2020）基于"双创"时代背景下的消费升级和科技发展倒逼酒店业转型升级，认为酒店业需要大量创新创业型人才。通过"四螺旋"理论模型，在分析酒店管理业实施创新创业教育必要性的基础上，提出目前主要的现实障碍，并提出从政府、企业、学校和协会四个主体入手，协同培养酒店管理人才。

（四）酒店战略管理研究

战略管理是决定企业经营好坏、实现企业发展目标的先决条件，也是酒店管理公司必须要面对的核心问题，掌握系统精髓的战略管理可为企业长久高效发展奠定基础。因此，不少学者围绕战略管理学派、战略性人力资源体系、内外部环境的应对等对酒店公司的战略管理进行分析研究。

潭江（2007）依据企业战略管理理论对酒店战略管理进行了研究，他将企业战略理论体系的形成划分为萌芽阶段、古典战略理论阶段和竞争战略理论阶段，并将战略管理学派划分为设计学派、计划学派、定位学派、企业家学派等十种学派，在此基础上阐述了如何定位方向、如何实施方法、由谁负责领导等酒店战略管理基本问题。

周艳丽、刘海清（2013）对海南酒店业人力资源发展进行SWOT分析，提出构建海南酒店服务业战略性人力资源管理体系，包括制定人力资源规划奠定人才储备的基础，构建胜任力素质模型，配置战略性人力资源并进行开发，以及构建战略性绩效管理体系和薪酬体系。

陈子燕（2015）运用PEST分析法研究中国酒店业的内部环境和外部环境并分析其发展战略及政策走向。以J酒店管理集团为研究对象，制定了该酒店集团的SWOT分析模型,并认为该酒店应从品牌管理、集团化网络营销、集团信息化平台建设、人力资源管理、产品与服务管理、集团化经营管理等方面进行战略性的保障,从而提高酒店竞争力。

吴洪波(2020)通过QSPM矩阵分析,选择贯穿酒店设计、酒店建设和酒店管理的纵向一体化发展战略有利于WD酒店利用自身优势抓住机遇。并认为只有建立统一业务平台,实现全产业链的良性循环,在组织架构、企业文化、人力资源、财务健全以及科技创新和持续发展方面制定战略保障措施,才能全面推进酒店战略管理的实施。

李浩铭、曾国军等(2021)从外部正式制度环境、外部非正式制度环境、内部正式制度环境和内部非正式制度环境四个方面诠释了酒店动态能力构建过程。研究发现:制度环境变迁下的酒店业应根据不同的制度环境,结合自身发展特点,构建适应性战略模式;在酒店动态能力的构建过程中,企业家精神与创新意识是酒店经营有序不紊的根本动力;面对制度环境逆境,酒店业不仅需要重构自身内外部资源,还应重视各方利益相关者诉求,共同抵御冲击,推动企业持续成长。

(五)酒店绩效管理研究

人力资源的开发与管理是酒店管理的核心内容之一,而绩效管理是整个人力资源管理工作的关键核心步骤,科学合理的绩效管理对于酒店发展壮大作用关键。因此,学者们对国内酒店绩效管理也进行了一定研究。

龙祖坤、王微(2014)将可拓预警模型运用到酒店绩效管理工作的考评中,通过建立可拓预警指标体系、可拓预测子模型以及可拓预警子模型对绩效管理工作进行量化处理评价,综合得出酒店绩效管理工作所处的预警等级。

努诺和弗朗西斯科(Nuno & Francisco, 2018)研究了评估绩效管理(PM)系统开发的可行性。该系统以软件即服务(SaaS)的形式提供,专门针对酒店业并评估其效益。该模型在四家酒店部署,重点评估系统技术特性和业务效益。结果表明,酒店对该系统非常满意,构建原型并以SaaS的形式提供可使商业智能(BI)进一步提高酒店管理绩效。

孟明星(2018)基于平衡计分法(BSC)基本思想,借助层次分析法,构建基于BSC的上海锦江国际酒店绩效管理体系,通过对上海锦江国际酒店现有绩效管理方法进行剖析,指出其存在的问题并提出相应的改进建议。

唐孝政(2020)以DB度假酒店为例,针对酒店的部分管理层和员工访谈、调查,对分店部门的绩效管理情况进行了分析,针对发现的问题,提出酒店应紧密依托战略目标来优化绩效指标、根据绩效考核的结果完善相应的激励体系、强化绩效管理方面的培训和沟通、重视并完善绩效反馈,进而优化酒店的绩效管理。

(六)酒店管理文化研究的评价

以上研究从不同角度对酒店管理文化进行了探讨,经归纳分析,主要可分为酒店管理理论研究、酒店管理模式研究、酒店管理人才培养研究、酒店战略管理研究以及酒店绩效管理研究等几个层面。酒店管理理论研究方面，有学者将国外知名酒店管理经验及理论与国内酒店管理经验案例相结合，引入管理学理论、心理学理论以及其他跨学科理论，对酒店管理整体水平、管理机制以及管理范式进行研究，并提出推动酒店管理发展的相应对策建议。酒店管理模式研究方面，不同学者从不同角度切入研究，深入分析绿色低碳化管理、精细化管理、合同制管理以及委托式管理等多种酒店管理模式，研究发现不同模式均存在着优点又潜藏着相应的劣势问题。酒店管理人才培养研究方面，有学者运用跨学科知识类比职员成长机理并分析职员的不同成长阶段，有的重点分析酒店人才的培养模式、培养机制以及影响员工成长的因素，并提出培养酒店人才的有效方式。酒店战略管理研究方面，多数学者一致认为战略管理是决定酒店经营好坏的先决条件，也是酒店重点应对的核心问题。有的将酒店的战略管理划分成不同阶段并进行阐述分析；有的运用不同的企业管理分析方法，构建模型来分析酒店战略管理现状，并提出促进酒店运营发展的突破点及保障措施。酒店绩效管理研究方面，许多学者深入调查不同酒店绩效管理的现行情况，有的对酒店的绩效管理体系进行评估，有的建立模型构建新型酒店绩效管理体系等，从而做出创新性成果。

前文所述的酒店管理文化的相关研究的观点和见解虽各不相同，有的研究对象细微独特；有的运用质性研究、定量研究或者质性量化相结合的方式进行研究，研究方法新颖，体现出合理规范的科学精神；另有学者利用跨学科思维将不用理论与酒店企业管理文化相结合，如文化学理论研究、纯经济学理论研究甚至生物学相关理论等，弥补了酒店管理文化研究的许多空缺；有的以文化传统、企业传统为基础讨论企业文化，有的用现代大文化观讨论企业文化，一定程度上创新型地实现了古今中外管理文化研究成果融会贯通，取长补短。前人的相关研究都在一定程度上触及了企业管理文化中的一些重要而根本的问题，填补了酒店管理文化研究领域的一些空白，使酒店管理文化研究由贫瘠逐步走向丰润，对于加强酒店企业管理文化建设具有重要的理论引导作用，也丰富了酒店企业文化研究的理论内涵。

当然，从现有基础理论和研究文献来看，虽然酒店管理文化作为一种有效的管理文化正逐渐被我们认识和理解，但其所应有的民族性和服务性却未被深刻挖掘出来，致使酒店管理文化研究还是较为薄弱，并突出地表现在研究文献的数量较少，研究内容与角度有待深入挖掘，研究质量也亟待提高等方面。总体上看，国内外学者从不同的角度对酒店管理文化进行了研究，内容涉及酒店经营与管理的诸多方面，正面倡导的多，但深入分析的少。特别是将酒店文化和管理职能紧密结合，深入分析文化因素在管理职能中的作用并探讨其根源类的文章更是较为少见。由此带来的直接后果是，酒店管理文化流于空洞和泛泛，管理者更难以从管理的角度深入探讨和应用下去。因此，如何揭示管理文化对管理活动或行为的影响，为管理者提供文化与管理匹配的最佳模式，使管理文化更加具体化和具有可操作性，是今后酒店管理文化研究应重点探讨的问题。

第三节　酒店管理文化的现实困境

自 20 世纪 80 年代开始，我国酒店开始引进西方先进的技术和管理模式，但很长时间内对于国外酒店的管理经验只是单纯地模仿，未能使其真正转化成为自己本身的管理经验。在管理文化方面，虽然经过几十年的发展，我国酒店业积累了一定酒店管理经验与文化底蕴，但各个酒店对酒店管理文化本质与内涵的认识理解尚存在较大的差别，致使酒店管理文化始终处于一种困境之中，存在问题较多。这些问题主要表现在专业人才储备不足、管理模式不成熟、忽视员工参与、培训方式老化、管理监督不到位等方面。

一、专业人才储备不足

经过 30 余年的发展，虽然我国酒店业经过汲取一些国际酒店集团先进的经营管理经验，培养了一大批拥有丰富管理实践经验的专业人才，但酒店业对现代酒店管理的专业化认识尚显不足且不能成熟地招徕并锁住人才。虽然当前酒店的人力资源供过于求，但人才资源供不应求，尤其缺乏专业技术岗位和高层次管理人才，员工学历大部分为初高中文化水平，而高学历人才稀缺，这是全国酒店行业普遍存在的问题。再加上不少酒店集团对管理人才的培训总是"说得多、做得少"，舍不得投入资金，进而造成酒店人力资源缺乏，人才储备不足。不仅如此，每当酒店集团新发展一个成员酒店时，只有派出管理人员充当成员酒店的管理骨干，才能将集团的规范管理模式完整地引入成员酒店，进而使酒店本已不足的人才储备问题显得更加的紧张和严峻。另外，酒店人才流动率普遍较高，直接影响专业人才储备。张贝贝（2017）调查研究表示，企业的员工流动性在 8%~15% 较为正常；而中国产业网数据显示，国内酒店员工流动率普遍在 20%~40%，甚至北上广深等一线城市部分酒店的离职率高达 45% 以上，远超正常标准。合理的人员流动可以为酒店输入新鲜血液，但高频率的人员流动则会造成人才流失从而导致专业储备不足。我国酒店管理人才储备的不足，尤其是高素质经营管理型人才的缺乏，使酒店难以吸纳和借鉴国际酒店集团的管理模式，阻碍了我国酒店集团国际化的发展进程。

二、管理模式不成熟

一般说来，快速、有效、低成本的酒店集团扩张方式是委托管理与特许经营，但这种扩张方式的关键是酒店集团要拥有一系列过硬的酒店品牌，一整套科学、有效、系统化的管理模式和一支职业化、高水平、经验丰富的专业管理人员队伍。从我国酒店管理模式的形成实践来看，同国外相比，我国现有的酒店管理业起步较晚，还完全未形成自己独特的发展思路和成熟模式。虽然不少酒店管理公司已经积累了一定的管理经验，但仍存在诸如管理模式不固定、管理水平参差不齐、技术实力不足等问题，严重影响了我国酒店集团经营管理水平的提高和品牌形象的塑造。在经营思想方面，相对于国外酒店强调顾客利益，国内酒店则更注重酒店经营的社会效益，因此呈现我国酒店经营宗旨不明确的特点，从而造成国内酒店员工较国外酒店员工服务意识较差的现象。组织结构上，我国酒店是典型的层级式结构，组织沟通隔阂过厚，决策反应相对滞后。管理体制方面，我国多数酒店所有权与经营权分离不彻底，行政干预随意性大，因此造成酒店业管理水平参差不齐。同时，我国酒店的技术实力有待增强，如今酒店的技术研发多以模仿创新为主，同质化产品泛滥，虽提倡个性化、定制化服务，但受制于员工素质服务质量并不稳定。

三、忽视员工参与

目前，国内酒店业普遍存在片面理解酒店管理文化的问题。不少酒店认为酒店的管理文化是老板的事情，是老板的文化；酒店管理文化是精神层面的理想、信念和价值观，外在表现为可视的宣传语、横幅口号，只要通过强制的宣传就能达到效果，忽视酒店管理文化中动态的员工行为和仪容仪表、规章制度等静态形式。又如在经营决策方面，相对于西方酒店上级可以接受下级的建议或质疑，下级员工在自己职责范围内具有一定自主权；而国内酒店员工参与度较低，工会组织的地位与作用无足轻重，往往决策权存在于上级手中。随着社会的发展，酒店管理文化为适应现代社会的发展需要拥有独特的个性和风采，但必须高度重视管理文化中"人"的因素，特别是一线员工的情感表现和行为举止。因此，在酒店管理文化的塑造和发展的过程中，必须充分调动员工的积极性，切忌"标新立异"，忽视员工的参与和感受。如有的酒店在文化发展的过程中有意吸纳国学的元素，以丰富企业文化的内涵，但却硬性规定通过考试的方式来督导员工学习，导致员工私下不满情绪蔓延，不但严重影响了工作氛围，也难以收到良好的预期效果。

四、培训方式老化

酒店企业的培训内容、培训观念、培训体系极大影响着酒店员工接受和理解酒店企业文化的程度，然而，当前多数酒店的培训方式老化成为酒店管理文化赓续发展的一大阻碍。首先，培训内容单一，缺少针对性和实用性。现实中的酒店企业多是在连续几天内将培训集中完成，学习方式几乎千篇一律，如参观酒店、学习酒店内部资料或者是高层管理者统一授课讲解。加之员工接受酒店管理文化的方式属于"填鸭式"，不能结合自己的工作去贯通和思考，培训效果大打折扣。其次，酒店培训观念亟待更新，缺乏系统性和创新性。多数酒店缺乏系统的培训，观念仍停留在新员工只需了解酒店的基本情况即可，使员工无法理解酒店管理文化的来源、内涵、发展以及与行为的联系。最后，培训体系不完善，缺乏凝聚性和激励性。当前大多酒店对员工培训不够规范，突出问题是酒店的培训资料没有专人进行汇总归档。培训应建立一套完善的体系，必须有一定的约束机制和奖惩方案，避免出现新旧培训经理交接断层，培训内容空缺或重叠。因此，要使酒店文化真正融入员工，特别是新生代员工的心中，提高他们对酒店管理文化的认同度，就必须及时更新老化和陈旧的培训方式。

五、管理监督执行不力

管理者是连接上级管理部门和员工的重要纽带，他们在管理和监督方面的执行力更是影响酒店管理文化能否落地的核心因素。同时，管理者的行为示范也是员工理解管理文化、执行管理文化最直接、最有效的参考标准。因此，酒店管理者的管理和监督在保障和提高酒店服务质量过程中具有极为重要的作用。目前虽然多数酒店建立了严格而规范的规章制度，但具体落实差异较大。不少酒店管理者，特别是基层管理者，认为在酒店中推进管理文化落地增加了自身和团队的工作负担，于是便凭借自己的主观判断来选择性地传达和沟通信息，导致酒店管理文化落地的中层力量不足和断档，管理意图执行不力或目标不统一。基层的管理与中层监管督查配合往往从开业之初随着时间蔓延慢慢松懈，甚至出现标准越发模糊、利用经验代替督查监管等问题，而这些问题则源于中国管理岗位根深蒂固的"能上不能下"思想导致的松懈以及员工个人素质与产品质量意识缺失。因此，要使酒店管理文化真正发挥效应，就必须强化管理者的管理监督作用。

第四节 酒店管理文化建设的对策思考

一、酒店管理文化建设的作用和意义

酒店管理文化形成于酒店经营管理过程中，并对酒店管理工作起到督导、引导的作用。酒店管理文化不仅有利于良好工作环境和酒店品牌的塑造，还有利于提高酒店外部环境形象，增强酒店的竞争力。

（一）有利于塑造良好的工作环境，提高管理效益

酒店管理文化是伴随着酒店的发展，在酒店长期的生产、建设、经营、管理实践中形成的。随着经济全球化进程的推进，以关爱员工为前提、以员工满意为主导的酒店管理文化，促使现代管理的内涵发生悄然变化并成为主流，这也符合现代酒店时代发展的趋势。由于工作中所需的体力劳动逐渐减少，智力劳动增加，酒店管理的性质也发生

了变化，由原来的"管理和监督"逐渐向促进员工主动学习思考，积极创新开展工作方向发展。这一管理理念要求将酒店员工的创造性思维与日常工作融合起来，通过创造良好的酒店工作环境，使员工的自尊心得到满足，自主创造性得以充分发挥，进而提高酒店管理与酒店服务的效益。因此，优秀的酒店管理文化可实现满意的员工塑造满意的酒店，而满意的酒店又成就满意的员工的良性循环，实现酒店和员工的良好互动与共同发展。

（二）有利于塑造酒店的品牌，提升酒店美誉度

酒店管理文化在酒店品牌塑造和传播的过程中具有重要的地位和作用。首先，酒店管理文化有助于丰富酒店品牌的文化内涵。酒店管理文化的重要任务之一是创造和传播酒店的品牌形象，这期间既需要考虑酒店名称或标志的取舍及其外在的呈现，更需要考虑酒店品牌有形形象背后的无形文化内涵，诚如菲利普·科特勒（Philip Kotler）在《营销管理》中认为，酒店品牌至少包括了品牌属性、品牌利益、品牌价值、品牌文化、品牌个性和品牌使用者。因此，酒店品牌文化内涵的丰富与否，有赖于酒店管理文化建设的优劣。其次，酒店管理文化有助于酒店品牌作用的发挥。酒店品牌一旦建立起来，其作用能否充分发挥出来，与酒店的严格管理密切相关。严格、规范的酒店管理，会将酒店品牌文化中的酒店精神、发展战略、经营思想、管理理念等同市场经济有机地协调起来，增强员工的向心力、凝聚力，充分发挥员工的积极性和创造性，进而提高酒店的知名度和美誉度，实现酒店的快速和持续发展。

（三）有利于塑造个性化的酒店管理文化，增强酒店的竞争力

管理是一种共性的活动，具有普遍性的规律，但一旦管理同具体的对象相结合，便会产生一种个性的魅力和光辉。酒店管理文化的建设与发展，固然需要强调酒店管理的结构与管理技巧，但更重要的是要凝聚和塑造酒店个性化的文化精神和文化品格，富有自身特色的个性化文化是酒店核心竞争力的重要支柱。因此，每个成功的酒店背后都拥有独特的管理文化支撑之下的个性化的文化内涵，如香港丽晶酒店的清淡柔和与新古典风格，新加坡文华大酒店城市天际线的迷人风光等都向游客展示了独特的魅力与风采，深受各界各地游客的青睐。随着经济和社会的发展，个性化已经成为一种势不可当的发展趋势，也对酒店的经营和发展提出了新的要求。现代酒店必须尽快实现由"标准化"向"个性化"的转变，才能生存和发展。因此，酒店管理文化建设的重要目标之一就是要塑造酒店的"个性"，形成与众不同的风格，强化情感的维系与价值的认同，以招徕和吸引更多的酒店顾客，并在酒店业的竞争中脱颖而出，实现酒店的持续发展。

（四）有利于规范并引导员工行为，传承酒店管理思想

酒店管理文化是在酒店经营管理实践活动中形成的，是酒店为实现自身目标而对酒店员工行为予以规范和制约的文化。因此，酒店文化是规范酒店员工行为和提升酒店经营管理水平的重要手段之一。唯有酒店管理文化对酒店员工的行为规范提出了严格的要

求，才能统一和规范员工的行为，促使酒店员工步调一致，运作有序，进而提升酒店的管理水平和服务水平。从酒店管理文化的构成来看，酒店管理文化中的管理思想、经营理念和员工的价值观念属于精神文化层次，在酒店的经营发展中具有核心和精神动力的作用，并直接影响员工的具体服务行为。但员工具体的服务行为能否实现酒店的管理思想和企业文化精神，则需要制度层面的规章、规范和要求等的约束与引导。作为酒店管理文化的重要组成部分，虽然制度、规范的制定须以酒店统一的管理思想和价值观念为指导，但制度一旦形成就会对员工的行为产生规范和引导作用，并能促使酒店管理思想的延续和完善。因此，酒店管理文化，特别是其中的制度文化部分，对于规范引导员工行为，传承酒店管理思想方面具有重要的作用和价值。

二、酒店管理文化的建设对策

酒店管理文化建设是一个系统工程，涉及制度、人事、文化、组织、决策等众多内容。只有实现上述各个层面和内容的完善和优化，才能最终实现酒店管理文化的良性发展，进而促进整个酒店管理水平和服务质量的提升。

（一）通过标准化和制度化管理促进酒店管理文化建设

从一定意义上来说，所谓"管理"就是将无序变成有序，借以控制他人有秩序地进行工作。管理依靠制度，而制度则需要标准来支撑。有效的标准化是制度合理与否的保障，也是管理能够成功的基础。从酒店管理层面上说，高标准是保障酒店服务"规范、及时、高效、统一"的必要条件。因此，要切实加强酒店管理文化建设，就必须建立基于高标准的管理制度。酒店企业应破除粗放型管理模式，努力建设精细而标准化的管理制度。首先，酒店管理高层应引起高度重视，亮明态度，始终保持变革的决心与勇气，坚定"自上而下"的管理制度变革。其次，酒店应制定具有针对性的专题培训，提高并统一员工的思想认识，向员工阐释酒店制度文化，明白标准化制度管理的内涵，最重要的是明确向员工阐述达到的目标及细致而透明的规则。最后，酒店应逐步出台有利于变革的倾向性奖惩政策，从政策层面对员工予以引导。鼓励企业员工献言献策，积极参与到企业变革中来；对于表现突出者应予以重奖表扬，对于违反制度表现不力者要予以惩戒。以山东舜和国际酒店为例，由于其服务和工作标准都是公认的、可衡量的，而且是清晰、简洁、可观测和现实可行的，不但服务人员工作起来有章可循、得心应手，从而极大限度地保障了服务质量，也深受游客的喜爱和欢迎。可见，制度是酒店经营与管理获得成功的基石。

（二）通过人性化和个性化的管理促进酒店管理文化建设

建立企业文化的实质就是制定体现人本主义的价值体系、经营目标、管理制度和服务流程，通俗地讲就是要做好人的工作。人是企业中一切创造和创新的源泉，失去人，企业的发展就会停滞不前。因此，从员工管理的角度而言，要强化酒店管理文化建设，必须从关怀、培养、奖励等众多层面对酒店员工加强人性化和个性化的管理。首先，应真正以人为本，让员工伴随酒店企业的成长而成才。酒店企业不仅要为员工提供切实的生活保障，树立基本的安全感，还要逐步给予授权，建立个人责任制，帮助员工培养担当意识，为员工搭起成才的阶梯。其次，酒店企业应融入感情管理，加强与员工的有效沟通。通过建立专门沟通组织，健全酒店内部沟通渠道，完善员工沟通反馈机制，使管理层与基层员工密切联系，实现沟通效果最优化。最后，建立"以人为本"的企业管理文化，真正实现管理的人性化与个性化。酒店企业应对员工的积极表现和贡献进行及时地肯定和表扬，以满足员工被尊重的需要。同时，还应该重视员工自我实现的需求，强化用人机制，拓宽晋升渠道，为员工提供自我价值实现的平台。酒店只有实现人性化和个性化的管理，才能充分调动酒店员工的工作积极性，也才能逐渐培养起员工对酒店的自豪感和忠诚度，进而切实提高酒店管理文化建设的水平，实现酒店的持续和健康发展。

（三）通过文化底蕴和管理理念促进酒店管理文化建设

文化是管理的底蕴，理念是管理的导向。酒店管理文化建设只有以文化为底蕴、以理念为导向，才能实现良性发展，并切实发挥出促进酒店持续发展的作用和功能。我国悠久的历史、灿烂的文化，为酒店管理文化建设奠定了坚实的思想文化基础。对于一个酒店来说，方法、体制、结构均可以被模仿，但唯独文化却很难被模仿。通过难以模仿的文化来形成新的管理理念，文化和理念的双重叠加，将会使酒店管理文化获得丰富的内容和无限的生机。正是从这个意义上来说，要切实加强酒店管理文化建设，必须彰显酒店的文化底蕴，着力打造属于酒店自身的物质文化、制度文化、精神文化结构。既要强化酒店建筑设计、装饰装潢、服装服饰、仪容仪表等有形的物质文化建设，也要加强领导体制建设，完善酒店组织机构，健全内部规章制度来深化酒店制度文化建设，还要提升员工理想追求，打造独特价值观念、立足酒店服务精神以促进酒店精神文化建设，通过增强酒店员工的协同感、纪律感、归属感和文化氛围的营造，实现酒店总体凝聚力和向心力的提升。

（四）通过组织完善和结构优化促进酒店管理文化建设

任何管理活动或行为都需要通过一定的组织机构来进行。因此，酒店管理文化建设的重要内容之一便是完善和优化组织机构。反之，酒店组织机构的设置及其完善，也有助于酒店管理文化质量和水平的提升。

传统的酒店组织机构多基于酒店的角度设置岗位，强调专业化分工和规范化管理，其显著特征层级分明、中间层次过多，致使整个酒店从上到下形成层级分明的垂直体系。这种垂直化的组织结构除了造成人员虚设、职责不明外，更为严重的是影响企业内部各类信息的畅通流转。因为酒店的每个层级都会成为信息的过滤器，层次越多，三角形高度越大，相关信息在通过这些层次时，就会出现信息失真现象。为避免出现上述情况，现代酒店管理多基于顾客的角度考虑问题，主张为顾客提供比竞争对手更有效的服务、尽可能的便利和一站式服务。因此，现代酒店倾向于管理组织结构的扁平化。扁平化组织机构的特点是酒店组织机构顶端到底部之间的层次较少，幅度加宽，使得组织结构由"高深"变为"扁平"。由于一线员工是客人和酒店接触的关键点，直接决定酒店的服务质量和客人的满意度。故在扁平化的酒店组织结构中，多强调适当扩大一线员工的权限。

酒店由垂直化管理向扁平化管理转变而带来的组织机构的完善和优化，不但有利于精减人员，充分发挥在岗人员的积极性，还大大减少了中间环节，使信息传递的准确性得到保障，便于及时为顾客解决各类问题，提供各种快捷、优质的服务。因此，通过组织的完善和结构的优化来促进酒店管理文化建设质量的提升具有重要的现实意义。

（五）通过智力支撑和科学决策促进酒店管理文化建设

决策是管理活动的重要组成部分，只有通过智力支撑，并形成科学决策，才能促进酒店管理文化建设的进步和管理水平的提高。为确保酒店管理决策的正确性，必须将凭经验决策、行政决策转变为集体讨论、职能部门和决策委员会论证、专家咨询相结合的决策体系。在酒店管理决策工作中，任何对酒店市场的判断，以及依据这种判断制定的酒店经营管理举措，必须经过严密的决策程序产生，经过论证再付诸实施。

要运行这种决策体系，酒店一方面需要建立经营决策信息中心，专职收集市场及各方面信息，为酒店经营决策提供准确可靠而全面的信息；另一方面要建立决策委员会，集中集体智慧，进行可行性论证。此外，还可考虑借助专家和学者的智力支持，进行决策咨询，以保证经营管理决策的科学性和权威性。

第五节　金陵饭店的管理文化案例分析

金陵饭店在管理上走的是"认一座庙，念一本经，结合国情，先仿后创"之路。经研究比较，金陵饭店选定了既具有东方管理特色又代表现代饭店先进水平的香港文华东方酒店的管理模式。通过不断学习、仿效、探索、创新，金陵饭店形成了具有中国特色的饭店管理体系，成为一家功能齐全、设施先进、服务一流的五星级饭店。

一、金陵饭店发展概况

金陵饭店是江苏省第一家豪华五星级酒店，1983年成立，是中国第一家由中国人自己管理的大型现代化酒店，拥有中国第一个高层旋转餐厅、中国第一部高速电梯、中国第一个高楼直升机停机坪，中国首批六家大型旅游涉外饭店之一，曾多次成功地接待世界多国政要及名流巨贾。2000年，金陵饭店加入世界一流的酒店组织，该组织代表该行业的最高层次。金陵饭店股份有限公司由南京金陵饭店集团有限公司于2002年12月控股设立，2007年4月在上海证券交易所上市，成为全流通后国内酒店业首发上市第一股、江苏省首家上市旅游企业。2008年，金陵饭店扩建"亚太商务楼"，2013年，亚太楼进行试运营。亚太楼建筑面积17万平方米，扩建后的金陵饭店客房总数达1000间，成为江苏省最大规模的五星级酒店。

金陵饭店稳步推进酒店管理业务，加速拓展酒店连锁化进程，实施酒店多品牌发展战略，聚力项目拓展，培育品牌集群。除"金陵"高端主品牌外，着力打造"金陵精选、金陵嘉珑、金陵文璟、金陵山水、金陵嘉辰"五个子品牌，形成了多品牌、多层级、多体系发展模式，构建高端商务会议酒店、中端精品商务酒店、主题文化酒店、休闲度假酒店、智能公寓酒店等多样化酒店产品线，精准面向差异化客群市场，并拓展多种品牌扩张新模式。

二、金陵饭店管理体系

金陵饭店在标准化、程序化的管理基础上创建了一系列严格严谨的管理体系，主要包括高效的运转监控体系、新型的劳动工资体系、以人为本的思想教育体系等。经过通畅、透明、多向、经常性的信息交流，凝聚企业团结核心力，创建良好的饭店管理氛围。

（一）高效的运转监控体系

金陵饭店高效的优质服务系统取决于高效的运转监控体系。首先，在标准化、程序化管理基础上，金陵饭店结合中国文化传统和行业特点，制定包括岗位职责、服务规范和工作程序在内的规章制度，编写《金陵饭店员工手册》《金陵饭店员工岗位文明规范》，对员工的职业道德和社会公德做出规范，为优质服务提供保证。此外，金陵饭店具有严密的纵横交叉、上下结合的质量检查系统。实行垂直领导，一级对一级负责，除员工投诉外，不得越级指挥、越级请示报告，确保指挥渠道的畅通和工作的高效率。饭店每年聘请国内外饭店管理专家明察暗访，着力推进各项规章制度的实施。同时，金陵饭店具有快速的信息反馈处理系统。金陵饭店规定，各级管理人员在每日质量检查时填写工作日记，记录问题，每周召开工作指令会，提出一周质量管理中的问题和解决办法。

（二）新型的劳动工资体系

摆脱传统管理方式束缚，引进竞争机制，建立新型劳动工资制度是中国饭店管理的必由之路，也是金陵饭店不懈探索的一个重要方面。金陵饭店采用先培训、后录用的用工原则。新员工应先学外事纪律、店规店纪、文明礼貌等基础知识，再进行岗位专业培训，合格者上岗，从而保证员工队伍的整体素质。另外，实行全员合同制。为打破"铁饭碗"，金陵饭店从开业初期就率先试行全民所有制劳动合同用工制度，打破延续多年的固定工制度，后又实行全员劳动合同制，取消干部和员工的界限。同时，金陵饭店实行管理人员聘任制。作为用工制度改革的配套措施，金陵饭店将管理人员任命制改为聘任制，从而废除干部制度上的"铁交椅"，培养员工的竞争意识和参与企业管理的能力。最后，实行岗位等级工资制。金陵饭店改革原有的结构工资制，实行岗位等级工资制，"以岗分级，以能定档，一岗多薪，岗变薪变，动态管理"，体现按劳付酬的原则。

（三）以人为本的思想教育体系

没有愉快的员工便没有满意的客人。因此，以人为本、贯彻激励机制的精神文明建设是金陵饭店管理制度的重要组成部分。深入开展以"三德""四有"为中心的思想教育工作是金陵饭店精神文明建设的主要形式，其关键在于建立店、部门二级结合的精神文明领导小组进行组织落实；取营业收入1%投入精神文明建设进行资金落实；以激励为主，法制教育与饭店规章制度相结合，引导员工自我教育进行措施落实。具体内容包括发动员工编写《员工岗位文明行为规范》，征集出版包括人生哲理、理想情操、道德修养、敬业乐业、勤奋惜时等内容计14万余字的《金陵饭店格言录》，每月开展"文明班组"、"最佳员工"、争取"表扬证书"和年终评比先进等活动，把员工思想教育工作落到实处。另外，金陵饭店开展形式多样的寓教于乐、寓教于文活动，丰富企业文化建设内涵，使员工在潜移默化和轻松愉快的气氛中受到社会主义真、善、美的熏陶。

三、金陵饭店创新的管理模式

（一）独特的金陵人精神是金陵饭店的灵魂

金陵饭店的成功依靠全体员工在自行建造、自我管理现代化饭店实践中凝聚成的"自尊、自立、团结、奉献"的金陵人精神，它为金陵饭店注入生机和活力，成为金陵饭店的灵魂和精神支柱。金陵人精神可以概括为：是解放思想、实事求是、艰苦奋斗、敢于争先的自尊精神，是努力实践、善于创新、依靠自己、争取支持的自立精神，是主动配合、互相补台、党政工团、齐心协力的团结精神，是敬业爱岗、忠于职守、勇挑重担、忘我工作的奉献精神。

经过长期实践和不断地总结提炼，金陵人精神已成为凝聚和激励全体员工同心同德、奋发图强、创造具有中国特色的现代饭店管理体系的推动力。金陵人精神激发了员工的民族自尊心和自豪感，把个人的理想同企业的目标紧密地联系在一起。金陵饭店把高层管理的协调、中初级管理的沟通作为日常经营中一项不可或缺的内容，形成了前台为客人、后台为前台，职能部门为直接对客服务部门，各部门密切协作、齐头并进的良好局面。

（二）细微服务是金陵饭店的核心要义

细意浓情、追求卓越是金陵饭店的经营宗旨。酒店的服务对象生活习惯各异，需求也不尽相同，这就要求饭店管理者和服务人员不仅要有高超的服务技艺，而且要具备良好的文化素养和高尚的职业道德，始终以宾客为中心，为宾客提供工作程序范围内的常规服务，以及超出常规服务之外的个性化服务和超值服务，使宾客有宾至如归之感。

在细微服务方面，金陵饭店用"细意浓情"的理念强化对宾客消费历史数据的管理以及消费行为和消费习惯的分析，为饭店营销和服务产品设计提供了依据。譬如"宾客是左撇子，第二次来就餐，筷子就会放在左边"。这一细节服务靠的不是服务员的记忆，而是客户管理系统把客人信息记录下来的结果。这种细微服务为金陵饭店赢得了更多的回头客，也赢得了很好的口碑。

（三）以人为本的管理制度是金陵饭店的精髓

金陵饭店拥有"人、新、心、信、赢"的五字行为准则，人即以人为本，新即创新为魂，心即用心做事，信即诚信守诺，赢则为互利共赢。公司以诚信、责任与创新为导向，积极推进人才强企战略，注重内部生态环境的创造，构筑员工与企业同成长、共受益的命运共同体，将"凝聚人、关爱人、激励人、成就人"的理念融入经营管理，将"以人为本"体现在对员工价值、尊严、健康和幸福的关注上。系统实施人力资源的规划、开发与管理，构建人才创新孵化平台，实施金陵优才养成计划，推行管理岗位公开竞聘，加强人才梯队建设，推进员工职业发展规划，创造和谐开放、充满活力的人文环境与成长机制，实现企业规模扩张与人才发展双轨并进。金陵饭店在结合国情、吸取各种管理方式的同时，坚持两个文明一起抓，运用政治的和文化的、精神的和物质的手段来提高员工素质，以管理求质量，以质量求效益、创声誉。

四、金陵饭店管理文化的借鉴意义

（一）以制度文化建设卓越管理团队

饭店工作依靠不同部门、不同工种的协调配合，需要整体性、一致性的团队精神。金陵饭店着力培养团队精神，培养员工的忠诚感和归属感，使员工更好地融入团队。在培养上扬长补短，在使用上扬长避短，在管理上扬长容短。团队精神和竞争意识应有机融合。因为只有明星有魅力，团队才有威力；只有发挥团队的合作精神，才能形成合力，使团队发挥最大效能。为了鼓励企业明星的出现，金陵饭店还着力提倡竞争意识，使企业有活力和创造力，让员工勇于接受挑战、承担责任。团队精神可以通过各种形式进行倡导，但以制度形式将其固定或者在管理文化中体现团队精神的要义则必不可少，它可以使二者达到良性的互动。因此，饭店在管理制度的设计上必须重视人的因素，重视团队精神在制度执行过程中所起到的作用。

（二）以创建民族饭店品牌提高国际影响力

品牌与资本在未来的竞争中将起到主导作用，对饭店业而言，重要的是品牌的延伸和经营模式的创新。金陵饭店的品牌扩张最早是从输出管理开始的。1993年，中美合资的三艘五星级豪华游轮"仙妮""仙娜""仙婷"号与金陵饭店签订管理合同，由金陵饭店用"金陵模式"对其进行全面管理，由此，金陵饭店迈出了品牌扩张的第一步。2002 年，金陵饭店集团有限公司成立，面对新的发展机遇和中国饭店市场日益国际化的现状，金陵饭店集团决策层亮出了新的战略思考，即从输出管理向连锁经营飞跃，以整体实力和资源优势，实现成员饭店效益的最大化，实现打造中国民族饭店集团的宏伟蓝图。确立连锁战略后，金陵的品牌扩张之路彰显出更为强劲的活力。因此，饭店致力于完善自身创新体系，大力拓展饭店实体和产品经营，打造独具风格的民族品牌，立足国际市场，提升饭店国际影响力，以良好的业绩和品牌形象赢得投资者和社会各界的信任与支持。

（三）以学习、改革、创新的管理文化促进酒店发展

建立学习型组织和创新型组织是 21 世纪企业发展的潮流。所谓学习型组织，是指通过培养弥漫整个组织的学习气氛，充分发挥员工的创造性思维能力而建立起来的一种有机的、扁平的、高度柔性的、可持续发展的组织。管理文化并非制定好了就一劳永逸，在竞争激烈的 21 世纪，故步自封、夜郎自大是阻碍酒店企业发展的大敌，墨守成规、不思进取只会被社会无情地淘汰。提高酒店人员的学习能力，推动酒店的改革运行，增强酒店的创新意识是酒店企业永葆生机的动力源泉。因此，应创建学习、改革、创新有机融合的管理文化来促进酒店发展。首先，在酒店内营造浓厚的学习氛围，形成创新发展的有力保障；其次，对酒店的发展有清晰认识，提高自身忧患意识，有创新精神；最后，将学习而来的东西，结合自身原有的资源，进行改革和创新，使酒店管理文化与时俱进，促进酒店可持续发展。

参考文献

[1] 李莉.中西旅游饭店业管理文化的差异[J].海南大学学报：社会科学版，1999（2）：3-5.

[2] 谷慧敏，世界著名饭店集团管理精要[M].沈阳：辽宁科学技术出版社，2001.

[3] 林峰.中国企业管理文化研究[D].北京：首都经济贸易大学，2008.

[4] [美]彼得·德鲁克.管理[M].北京：中国社会科学出版社，1987.

[5] 纪忠慧.美国舆论管理研究[M].北京：新华出版社，2016.

[6] 刘力钢，谢名一.西方经典管理理论[M].沈阳：辽宁人民出版社，2013.

[7] Phillip Harris. Managing Cultural Differences[M].Gulf Publishing Company，1978.

[8] 柴勇.中西管理文化比较研究[D].哈尔滨：黑龙江大学，2018.

[9] 理查德·帕斯卡尔，安东尼·阿索斯.日本企业管理艺术[M].北京：中国科学技术翻译出版社，1984.

［10］［美］威廉·大内. Z 理论——美国企业界怎样迎接日本的挑战［M］. 孙耀君, 译. 北京: 中国社会科学出版社, 1984.

［11］［美］艾伦·肯尼迪, 特伦斯·迪尔. 公司文化［M］. 上海: 上海三联书店, 1989.

［12］Geert Hofstede. Culture's consequences–International differences in work related values［M］.Beverly, CA: Sage Publications, 1980: 132-135.

［13］蔡雪洁. 和谐管理理论在酒店人力资源中的应用研究［J］. 赤峰学院学报: 自然科学版, 2014（19）: 86-88.

［14］蔡明港. 基于生命周期理论的酒店员工管理［J］. 开封教育学院学报, 2014（12）: 289-290.

［15］姜国华. 亚洲酒店管理范式探索［J］. 旅游论坛, 2017（3）: 66-73.

［16］叶忠康, 秦趣, 吴启会. 马斯洛理论下星级酒店员工职业认同感研究［J］. 黑龙江科学, 2020（3）: 138-141.

［17］唐健雄, 孙婧瑶. 绿色人力资源管理对酒店员工绿色行为的影响: 绿色自我效能和内在绿色动机的链式中介作用［J］. 旅游论坛, 2021（3）: 57-68.

［18］刘喜华. 循环经济视角的酒店企业绿色管理模式研究［D］. 长沙: 中南林业科技大学, 2012.

［19］陈晗. 管理合同模式下酒店跨文化冲突实证研究［D］. 上海: 东华大学, 2013.

［20］王晓洋, 卜燕红. 基于低碳旅游理念的酒店管理模式研究［J］. 中南林业科技大学学报: 社会科学版, 2014（4）: 21-23.

［21］沈建龙. 饭店精细化管理模式研究［J］. 三峡大学学报: 人文社会科学版, 2017（S2）: 63-64.

［22］陈媛. 委托管理模式下高星级酒店高管激励研究［D］. 成都: 西南财经大学, 2017.

［23］常亚平. 基于职业成长的高星级酒店核心员工的培养体系构建研究［D］. 泉州: 华侨大学, 2015.

［24］沈雅雯. 基于"定向—双轨制"的高等院校酒店管理人才培养模式实证研究［D］. 广州: 华南理工大学, 2011.

［25］叶瑶, 李勇泉, 胡丞良. 民营企业高忠诚核心员工培养路径研究——基于 R 酒店的个案分析［J］. 中国人力资源开发, 2016（24）: 11-16.

［26］詹岚, 谢新丽, 钟荣凤, 詹佳莉. 酒店管理创新创业型人才协同培养的路径——基于"四螺旋"理论模型［J］. 成都师范学院学报, 2020（7）: 9-15.

［27］谭江. 酒店战略管理研究［D］. 昆明: 昆明理工大学, 2007.

[28] 周艳丽，刘海清.海南酒店服务业战略人力资源管理研究[J].热带农业工程，2013，37（6）：75-77.

[29] 陈子燕.J酒店管理集团发展战略研究[D].杭州：浙江工业大学，2015.

[30] 吴洪波.WD酒店管理公司发展战略研究[D].济南：山东大学，2020.

[31] 李浩铭，曾国军，张家旭，杨学儒，刘博.酒店如何在制度环境变迁中构建动态能力——以东莞美思威尔顿酒店为例[J].旅游学刊，2021（2）：104-116.

[32] 龙祖坤，王微.基于可拓预警模型的G酒店绩效管理研究[J].怀化学院学报，2014（9）：69-72.

[33] Nuno Antonio, Francisco Serra. Software as a Service: an effective platform to deliver holistic Hotel Performance Management Systems[J]. Tourism & Management Studies, 2018(14).

[34] 孟明星.平衡计分卡在上海锦江国际酒店绩效管理中的应用研究[D].南京：南京邮电大学，2018.

[35] 唐孝政.DB度假酒店绩效管理优化研究[D].贵阳：贵州财经大学，2020.

[36] 田一涵.浅谈中外酒店管理文化的差异[J].技术与市场，2013（12）：179-180.

[37] 叶吴玮.JP酒店人力资源管理改进策略研究[D].昆明：云南师范大学，2018.

[38] 张贝贝.浅析我国酒店业人力资源管理[J].商业经济，2017（11）：92.

[39] 李国凤.现今状况下酒店行业人力资源状况现状及对策[J].环球市场信息导报，2016（19）.

[40] 于春玲.国内外酒店管理模式比较分析[D].长春：吉林大学，2005.

[41] 邵远.中国酒店管理业的发展及其模式研究[D].杭州：浙江大学，2006.

[42] 薛秀芬.中外酒店集团比较研究[M].北京：北京师范大学出版社，2011.

[43] 张利霞，张录平.星级酒店基层员工培训探析[J].广西广播电视大学学报，2019，30（5）：94-96.

[44] 章建新.完善企业培训机制 提高企业培训效率[J].中国职业技术教育，2003（8）：50-51.

[45] 吴恺.重庆小天鹅酒店管理公司发展战略研究[D].重庆：重庆大学，2005.

[46] 陆一萍.国际酒店管理集团在华酒店管理的本土化研究[D].苏州：苏州大学，2010.

[47] 薛欣艳.论酒店文化的价值构建及提升路径[J].清远职业技术学院学报，2019（5）：43-46.

[48] 魏玲丽.基于核心竞争力的经济型酒店文化力培育研究[J].西南科技大学

学报：哲学社会科学版，2016（3）：68-71.

［49］周运瑜.中国旅游饭店管理模式研究［D］.桂林：广西师范大学，2003.

［50］李刚.从"破与立"谈酒店管理变革——以酒店精细化管理文化构建为例［J］.饭店现代化，2012（6）：58-61.

［51］彭小枚.论酒店企业文化的构建［D］.长沙：湖南师范大学，2008.

［52］张玲.组织职业生涯管理、组织支持感对知识型员工离职倾向的影响研究［D］.厦门：厦门大学，2009.

［53］孟晓翠，王昕，赵红梅，田红芳.马斯洛需求层次理论与酒店人力资源管理［J］.合作经济与科技，2010（6）：42-43.

［54］王朝晖，刘岚岚.论酒店企业文化的构建［J］.民营科技，2015（5）：252.

［55］田野.中国酒店行业企业文化建设［D］.哈尔滨：哈尔滨工程大学，2007.

［56］狄保荣，王光晨.饭店文化建设［M］.北京：中国旅游出版社，2020.

［57］邓玉清.金陵饭店营运资金管理研究［D］.长沙：湖南科技大学，2017.

［58］李樵.现代酒店管理中的激励机制构建及创新［J］.重庆科技学院学报：社会科学版，2009（3）：126-127.

第七章 酒店营销文化

酒店营销文化是指酒店企业在营销过程中所创造的价值观、习俗、行为等文化成果，其表现为一系列文化理念、指导思想以及与营销理念相适应的规范制度的总称，这种文化成果被传播给其他组织和个人并部分物化在企业所生产的产品或提供的服务中。营销文化不仅直接影响着酒店的营销理念与营销模式，更作为酒店文化的重要组成部分在酒店发展过程中发挥着重要的作用。

第一节 酒店营销文化的发展历程

一、国外酒店营销文化的发展历程

营销实际上是一种很古老的经营活动或思想。从某种意义上来说，人类自从出现贸易活动，或者说是商品交换活动就开始有营销行为。而营销文化不仅受到营销活动的影响，也和社会的环境背景与经济发展等息息相关。整体看来，酒店营销文化的发展历程与社会营销文化发展历程具有共通性与相似性。而整个社会的营销文化发展历程主要由营销理念的变化所体现，故以美国为代表的西方国家的酒店营销文化根据营销理念的演进可分以下六个阶段。

（一）生产观念阶段（19世纪末至20世纪初）

生产观念是"卖方市场"条件下产生的营销理念，也是指导卖方行为最古老的观念之一。此阶段由于产品供不应求，大多是顾客主动上门求购。酒店普遍认为，只要提高效率，降低成本，扩大产量，为顾客提供更多价格低廉的客房，就会实现酒店的销售目标。因此，这个阶段的酒店把所有的精力都放在如何解决客房不足的问题上，而并不关心市场的需求与变化。在这种情况下，整个酒店市场的营销活动以生产为中心，形成了市场营销中的生产观念。但随着社会生产力的发展，这种观念的适用范围受到了极大的限制，市场观念的缺失使酒店无法维持属于自己的客源市场，竞争优势不足。

(二)推销观念阶段(20世纪30年代至40年代末)

行业的市场形势在"一战"后开始由卖方市场逐渐向买方市场转变,产品的销售渠道与出路此时开始成为酒店企业生命攸关的关键问题。技术的进步、竞争的加剧使得供不应求的局面不复存在,酒店开始意识到消费者一般不会因自身的需求与愿望主动购买房间,只有经过酒店各种形式的刺激或诱导才能产生购买欲望,进而产生购买行为。因此,出现了推销理念,即想要增加销售量,酒店就必须大力推销自己的产品,重视推销工作,增设更多的推销机构,研究并实施有效的推销策略。但这种观念只是在产品造成严重积压的基础上产生出来的,而且酒店是从自身利益作为出发点,并没有把客人的需求放在首位,酒店的营销人员在推销中并不强调事前的市场调研与预测,也不了解顾客的真实需求。这种滞后性的推销工作往往带有极大的盲目性,营销人员的努力并不能给酒店带来更多的客源与利润,导致酒店营销的恶性循环。但和前一阶段的生产导向观念相比,酒店安排专门人员进行推销已是一种进步,表明酒店的营销逐渐开始从消费者的角度考虑。

(三)市场营销观念阶段(20世纪50年代初至70年代初)

市场营销观念于20世纪50年代初以买方市场为背景出现。第三次科技革命使生产力得到进一步提高,酒店的数量激增,提供的房间品种也日新月异,此时市场上出现了严重的供大于求的现象。在这种情况下,酒店意识到单靠过去那种推销办法已经不能满足酒店的营销目标,必须想办法占领更大的市场。为此,酒店的营销理念也就由推销观念转变为市场营销观念。酒店的一切活动开始以顾客需要为中心,重视并加强市场的调研与预测,根据顾客的需求来制定有效的营销计划与活动安排,从而在满足消费者需要的基础上实现酒店收益的提高。与前一观念相比,市场营销观念指导下酒店的出发点、目的与重点等截然不同(见表7-1)。这种从推销观念到市场营销观念的转变,体现了酒店营销指导思想的根本变化。

表7-1 推销观念与市场营销观念特点对比

营销观念	推销观念	市场营销观念
背景	卖方市场开始(或已经)消失	买方市场形成
出发点	产品	顾客需求(现实的与潜在的)
指导思想	为已经生产出来的产品找到买主	根据买主的需求调整产品,改进服务
方法	推销与促销	以市场调研开始的整体营销
目的	达到一定营业额以获得利润	通过满足顾客的需求满足自己,包括创造利润

(四)社会营销观念阶段(20世纪70年代末至80年代)

20世纪70年代后,社会营销观念被广泛应用。社会营销观念产生的原因主要有以下三点:①在之前的阶段中由于片面强调满足消费者的需要,而忽视了酒店企业自身发展的条件;②部分酒店在满足消费者需要的过程中造成一些社会问题,如环境污染、物质浪费等;③为了牟取暴利,部分酒店以虚假的广告欺骗消费者。因此,社会营销观念的主要特点在于满足消费者需要和提高企业经济效益的同时,酒店还要考虑到营销活动对整个社会带来的影响,要符合整个社会的利益。由此可见,社会营销观念开始重视社会利益的满足与维护,从理论上说是一种比较完善的指导思想。

(五)大市场营销观念阶段(20世纪80年代至90年代)

大市场营销理念是指导企业在封闭型市场上开展市场营销的一种营销思想。20世纪80年代以后,世界上很多国家和地区开始加强对经济的干预,实行贸易保护主义,造成了国家与地区之间的市场壁垒,使很多酒店在进入目标市场时遇到很多障碍,如何成功进行跨国经营成为当时酒店急需解决的一大问题。在此背景下,大市场营销观念应运而生。大市场营销强调企业既要适应外部环境,也要打破可控制要素与非可控制要素之间的界限,在某些方面改变外部环境。此外,大市场观念还强调酒店要学会处理与协调很多方面的关系,从而扩大酒店市场营销的范围。

(六)全球营销观念阶段(20世纪初至今)

全球营销观念是随着大市场营销理念的逐步发展而形成的,是酒店营销逐渐国际化的产物。随着通信、购买力、旅行等在世界范围内的扩大,世界各地消费者的需求与购买意愿也在逐步趋同化与同质化。全球营销观念突破了国界的概念,要求酒店企业的营销活动从世界角度出发,按照最优化的原则,以最低的成本、最优化的营销方式来满足市场的需要。

二、国内酒店营销文化的发展历程

我国古代酒店的存在形式主要是官办的"驿站"与民办的"客栈"。自从那时起,商业活动中就隐含了营销文化的内容,如唐代诗人杜牧的"借问酒家何处有,牧童遥指杏花村"两句诗中,将杏花村酒提升到文化高度,使得其家喻户晓,名扬四海。虽然只是体现在诗歌这种文学作品中,而非商户自主的营销活动,但我们可以从中窥探出营销文化的因素与先兆。此外,古代店铺的牌匾、幌子、旗帜、楹联也构成古代营销文化中不可忽视的部分。古代客栈的牌匾一般悬挂在门额之上,呈长方形,大多数字号的匾后还附以店、铺、庄、斋、阁等称谓。除了牌匾之外,一般店家还都挂有小巧玲珑的竖招,在正反两面写着商品的品种、特色、质量等。这些牌匾与竖招是集经商智慧、民间工艺制作、名家书画等于一体之大作,在有潜移默化的美学作用的同时,也用作商业广告,隐含着我国古代酒店的商业文化和传统营销心理。同时,一些交易原则或习俗也体现了我国古代"客栈"营销文化中深刻的价值判断,如"公平交易、童叟无欺""贸适货居、市不二价"和"气生财、以义取利",这些价值判断都成为从事营销的商贾们的行为规范和信条,对当今的营销文化仍有教益。

到了现代以后，我国酒店营销文化与西方酒店营销文化的发展历程具有一定相似性，但又由于我国特殊的发展实际，从而呈现出不同特点。根据我国对外开放与经济体制改革的时间可将营销文化发展历程分为三个阶段。

（一）前营销文化阶段（1978年以前）

此阶段主要是指我国对外开放与体制改革以前的时期。我国酒店业大多是外事与政府的接待机构，主要任务为公务接待，因而严格意义上的现代营销文化并不存在。但是，从一定角度来看，此阶段由于存在一定程度的商品表现形式，如酒店的商品目录、商品简陋的包装等，因此可以说，前营销文化阶段存在现代酒店营销文化的萌芽。

此阶段酒店营销文化的主要特点为产品性。高度集中的计划经济使得酒店营销更多地朝向计划趋同的方向发展，营销活动处于抑制状态，从而使与这些高度计划的营销活动相伴随的文化具有较强的产品性特点，也就是说酒店的经营指导思想是一种产品概念，酒店希望生产出更多的产品来完成甚至超额完成计划，不需要担心供大于求的问题。此外，由于在此阶段酒店缺乏内在利益的驱动，酒店营销文化的操作呈现出一定的被动性或消极性。在营销文化的形式上，这个阶段只有相对简单的形式，不需要创造丰富的文化形式。例如，这一时期基本没有电视广告、公关活动和业务推广活动等来扩大酒店的影响力与知名度，故而也无从谈起酒店的广告文化、公关文化、推广文化等。

（二）弱营销文化阶段（1978年至21世纪初）

这一阶段主要是指改革开放后，我国的市场经济有了一定程度的发展，但社会主义市场体系尚未建立、经济体制改革未基本完成的时期。由于体制改革的开始，打破了以往计划经济中产销互惠的情况，市场经济有了相当程度的发展，酒店开始逐步面对市场。但与此同时，体制改革还没有完成，酒店还没有从根本上确立自身独立的经营主体的地位，因此市场经济的发展水平尚低，国民经济也尚未从根本上摆脱卖方市场的格局。

这一阶段营销文化的主要特征是双重性，即产品性与商品性共同存在。一方面，酒店开始融入商品经济的潮流，必须面向市场来创造和发展适应市场营销的营销文化。同时随着酒店产生出越来越明显的利益动机，使得酒店营销文化操作的主动性加强，形式也逐步丰富，如商标文化、包装文化、广告文化以及推广文化都开始出现并发展起来。另一方面，由于酒店业尚未形成完整的市场化机制，对行政上的依赖现象仍然存在。尤其在体制改革以后我国酒店业进入高速发展阶段，酒店数量猛增，1994—1998年酒店业进入利润平均化阶段。再加之市场经济的不景气与酒店经营不善，很多酒店往往愿意也很有可能回到行政庇护之中，不愿面对高强度的市场竞争压力来展开营销活动。生产观念此时又成为企业经营的指导思想，营销文化的创造和发展都受到一定的限制。由此可见，此阶段我国酒店营销文化呈现出鲜明的双重性，酒店营销文化的创造和发展在根本上取决于经济体制改革进行的深刻程度。

（三）强营销文化阶段（21世纪初至今）

这一阶段是指我国社会主义市场经济体系初步建立完成后的经济大发展时期。随着我国经济体制改革的逐步深入和企业作为独立商品生产经营者地位的基本确立，酒店才开始真正面临竞争的压力，并且真正具有追求自身利益的内在动力。同时，此阶段不仅商品货币关系日益渗透到经济领域的方方面面，而且从市场经济发展的内在要求出发，经济结构得以合理调整，生产潜力得以充分释放，买方市场格局已经基本形成。在此背景下，酒店的营销文化就进入全面发展的时期。这一阶段营销文化发展具有鲜明的商品性。酒店从内在的利益出发，具有更多的主动性，营销文化的形式出现了异彩纷呈的局面，营销文化整体呈现出全方位开放的特征。

总之，营销文化作为酒店营销活动的精神成果，不仅与酒店本身的营销活动密切相关，更与时代和社会的发展阶段紧密结合，呈现出每个阶段专属的特征与表现。

第二节　酒店营销文化的基本理论

一、酒店营销文化的概念

（一）市场营销的概念

市场营销的思想起始于20世纪初的美国。1960年，美国市场营销协会对市场营销的定义为，"市场营销是引导商品或服务从生产者到消费者或用户的企业流程"。此定义侧重于整体上的市场营销的流程与环节。除了此种定义类型外，根据市场营销实现的目的与效果来看，目前关于市场营销的概念界定可分为三种：第一种强调满足消费者或社会成员的需求。如菲利普·科特勒（Philip Kotler，1967）从营销对满足社会成员需要和欲望方面的功能方面，把营销定义为个人和团体通过为他人创造产品和价值并进行交换而满足其需要和欲望的社会过程和管理过程。第二种定义却恰恰相反，即从满足企业或组织的利益出发。如罗伯特·雷德（Robert Reid）与大卫·伯亚尼科（David Bernico）认为，营销是对企业组织的所有旨在增加销售量的努力进行整合、控制和监督的过程。第三种定义则是从供需双方来定义营销。如张良（2010）认为，市场营销就是通过研究商品供求关系规律和产销依存关系，来探索、追求企业生产和销售的最佳形式及最合理的途径，最大限度地满足消费者的需求，同时实现企业预期利润目标的一切活动。马毓芳（2015）也认为，市场营销从广义上讲是指企业或者集体通过在一定规则下的交易来实现产品或服务的价值，并达成双方的共赢，获得一定的利益。

（二）营销文化的概念

关于营销文化的研究最早可以追溯到20世纪80年代。美国密西西比州立大学市场营销学教授弗雷德·韦伯斯特（Fred Webster）率先提出了营销文化这一概念。弗雷德·韦伯斯特（1989）最早认为营销文化是企业文化的一个组成部分，是全体员工共同享有企业统一的价值观、理念的一种模式，而这些统一的价值观、理念则可以帮助他们更好地理解并感受企业的营销活动，进而为他们在企业内的行为提供统一的标准和规范。1995年韦伯斯特又对其进行了进一步的探讨，认为营销文化是指在企业中为员工提供了统一的行为规范的那些不成文的规章制度和行动指南，指企业作为一个整体行使营销功能的重要性，也指企业营销活动的组织、执行的方法和模式。他认为营销文化由服务质量（Service Quality）、人际关系（Interpersonal Relationships）、销售目标（Selling Task）、组织管理（Organization）、内部交流（Internal Communication）和创新（Innovativeness）六个维度组成。

我国学者陈小平和计建（1999）、雷畅云和王克修（2001）以及张恩俊（2007）等对营销文化的定义也给出了较为一致的观点，他们认为营销文化是贯穿于企业整个营销活动过程中的文化理念、指导思想以及与之相适应的规范制度等的总称，是企业处理人和事、人与物、人与人的关系而形成的营销意识和道德行为准则的总和。张毅等（2002）、罗刚毅（2009）和张党利（2011）等学者观点相似，均认为营销文化是指企业在长期的运行过程中所形成的、能够对营销人员及其相关人员或组织的行为有影响的营销哲学、营销理念和营销形象。综上来看，我国大多学者认为营销文化不仅指企业营销过程中的理念、思想，也包括与其相适应的制度或行为。

（三）酒店营销文化的概念

相较于对营销文化概念的探讨，学界对酒店营销文化概念的界定可谓少之又少。纵观学界的研究成果发现，只有章琳琪（2004）对饭店营销文化进行了界定，她认为饭店营销文化是饭店在通过内、外部营销，为宾客提供有形产品、无形劳务的过程中，形成的一系列营销理念，以及与其营销理念相适应的内部管理模式、外部饭店形象等的总称。

综上关于市场营销、营销文化以及酒店营销文化的相关概念研究，笔者认为所谓酒店营销文化是指酒店在营销过程中所创造的价值观、习俗、行为等文化成果，其表现为一系列文化理念、指导思想以及与营销理念相适应的规范制度的总称。具体来说，酒店营销文化的内涵包括三个方面：第一，营销文化是酒店在执行一系列营销策略基础上形成的一种文化现象，它服务于酒店的价值目标，渗透于酒店营销过程的各个环节。第二，酒店必须从文化的高度来看待营销活动。营销活动是酒店文化与相关文化，诸如顾客文化、竞争者文化、消费文化等交流和融合的具体活动。从目标市场的选择、定位到营销组合策略都蕴含着文化进化的本质，这就要求酒店在营销管理过程中既要把文化作为酒店内部变量来考虑，又要将文化作为外部变量来考虑。第三，营销文化以产品或服务为载体通过市场交换进入顾客意识中，它是顾客对物质文化和精神文化追求的文化总和的体现。它既包括浅层的商品构思、设计、造型、装潢、包装、广告、商标、款式，又包括对酒店营销活动的价值评估、审美评价和道德评价等深层次文化活动。

二、酒店营销文化的结构

酒店营销文化的结构根据由里及外的顺序，可分为三层，分别是处于核心的精神层、中间的制度与行为层以及最外围的物质层（见图7-1）。

（一）酒店营销文化精神层

酒店营销文化的精神层是酒店营销文化的内核，主要由酒店的营销价值观、营销哲学、营销理念、营销道德和伦理等构成。由于酒店的营销理念带有主观意志的色彩，当信念具有一种长远甚至恒久的真实性时，营销信念便转化成了营销价值观。营销价值观是酒店人员对于市场、消费者、竞争对手等具有哲学意味问题的立场与观点，它潜移默化地指导着人员的认识和行为，使得他们懂得如何鉴别对与错、真与伪、积极与消极等。而营销哲学直接影响着酒店的价值观念。酒店的营销哲学不同，营销价值观念也不同。例如，以物为本的营销哲学会重视通过硬性管理促使营销人员高效率工作，而以人为本的营销哲学则重视激发营销人员的自觉性提高工作效率。营销哲学是指酒店在营销过程中所体现的世界观、认识和方法论等问题，属于哲学范畴。酒店的营销道德主要以是否正义与公正作为评判标准，同时依靠社会的舆论、传统的习惯和内心的信念来维持，是道德原则、道德规范、道德约束的总和。

（二）酒店营销文化制度层与行为层

酒店营销文化的制度层指酒店以营销理念、哲学、价值观等营销文化精神层为基础和指导，进行设计与制定的一系列的营销规章制度以及管理制度，以书面的规划、程序、条例及法制等形式来保障其销售工作和营销秩序为主要目的。例如，营销人员的激励机制与奖励制度等。营销制度是营销文化的重要组成部分，这是因为，很多文化成果在酒店营销活动开展时会出现并产生，如品牌文化、礼仪文化等，这些重要的文化成果需要保留下来，而以制度的方式来巩固是最稳定，也是最有效的，因此营销制度建设成为营销文化建设中必不可少的内容。而酒店营销文化的行为层是指酒店及其员工在营销活动开展过程中的一切行为，是酒店以动态的形式来展示酒店精神风貌、管理作风等的重要途径。以人员作为划分标准，酒店的行为文化包括营销管理层行为、员工榜样个体行为和员工群体行为。

（三）酒店营销文化物质层

酒店营销的物质文化是酒店营销文化的最外层，是人们可以通过多种器官直接可以看见、听见甚至触摸的，它包括酒店的宣传手册、广告、商标、员工形象、设备设施、品牌标识、包装、建筑物以及各种统一设计的办公用品等。

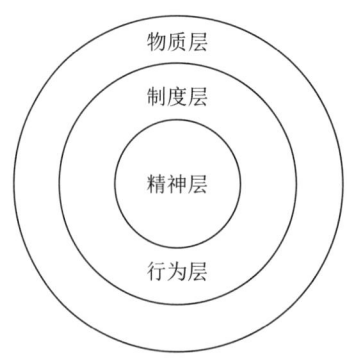

图 7-1　酒店营销文化结构层面图

三、酒店营销文化的特征

酒店的营销文化贯穿于酒店营销活动的全过程，对营销活动成功与否起着重要的作用，其特征主要表现在以下方面。

（一）独特性

当酒店把自己独有的文化贯穿于营销活动之中时，就会形成独特的营销文化，而这种差异是不可仿效的。不同酒店的经营管理特色、历史传统、发展使命、经营目标、员工，特别是酒店经营者的素质和作风，以及酒店面临的外部环境等都是不同的，这决定了酒店的营销文化具有鲜明的个性与特色，体现了其相对的独特性。

（二）可持续性

酒店的内涵是逐步积累起来的群体意识，体现了其较长时期的相对稳定性。因此，因文化差异所形成的酒店独有特色，也将体现持续发展的特点。建立在同一种文化基础上的酒店营销行为，无论策略选择具有多大差异性，蕴含其中的文化都将长期存在，从而由文化差异所形成的酒店营销竞争力也将得到长久维持。

（三）导向性

酒店营销文化的导向性表现为两个方面：一是用文化理念规范引导营销活动，从深层次上同社会以及顾客进行价值沟通；二是对某种消费观念和消费行为的引导，从而影响顾客改变其消费行为及其生活方式或生活习惯。

（四）区域性

营销文化的区域性是指在不同地区、不同国度，因文化差异造成的营销对象、营销方式等的差别，它与民族、宗教、习俗、语言文字等因素有着深刻的关系。营销文化的这种区域性表明，在酒店的营销活动中一定要考虑到区域文化的特点，并有效地做好不同文化之间的沟通交流，消除障碍，有效地实现文化的营销。

（五）开放性

营销文化侧重于一种理念的构建，因此它具有极大的开放性。一方面，营销文化对其他营销方式能产生强大的文化辐射力，从理念价值的角度提升其他营销方式的品位。例如，关系营销中亲缘关系、地缘关系、文化习俗关系、业缘关系等的建立，都跟文化有着深刻的联系。营销文化中的文化理念、文化资源等，对处理上述多种营销关系都有实际指导意义，有利于其借助文化这个深层次的理念建立起更稳固的关系。另一方面，营销文化又不断吸收其他营销活动的思想精华，始终保持其创新的活力。比如，营销文化可以吸收绿色营销观念开展绿色营销文化，吸收政治营销观念开展政治营销文化，吸收道德营销观念开展道德营销文化等。这种开放性有助于营销文化向纵深拓展，丰富酒店文化内涵。

（六）社会性

酒店是社会的一部分，酒店的发展离不开社会的理解与支持。优秀的营销文化是社会利益与企业利益的科学整合，具备社会性的营销文化才能使企业形象被社会所认知与赞同。在追求利润最大化的市场经济条件下，酒店应当树立科学的价值观，处理好"义"与"利"的关系，这在很大程度上制约和决定着酒店的未来发展。

（七）市场性

市场是酒店营销活动的出发点和落脚点。离开市场，酒店就失去了生存的基础。因此，构建出适应市场情况、满足市场需求的营销文化，就成为保证一个酒店实现自身利润、促进长远发展的必要前提。

四、酒店营销文化的相关理论研究

（一）酒店营销理论研究

市场营销是酒店经营活动的重要组成部分，它始于酒店提供产品和服务之前，研究顾客的需要和促进酒店客源的增长，开发酒店市场的潜力，增进酒店的收益。伴随着酒店业营销活动的开展，众多学者也对酒店营销的理论进行了探讨，以期为酒店营销的实践提供指导。

1. 营销策略（组合）理论

最早研究传统营销策略的学者是来自美国密西根大学的教授杰罗姆·麦卡锡（Jerome McCarthy），他在1960年出版的《基础营销学》第一版中提出了"4P营销策略"，即产品（Products）、价格（Price）、渠道（Place）与促销（Promotion）。"4P营销策略"的提出可以说是现代市场营销理论最具划时代意义的变革，此后酒店的营销管理已经不仅仅局限于销售工作，而且涉及远比销售更广的领域。以"4P营销理论"为基础，1981年B. H. 布姆斯（B. H. Booms）和M. J. 比特纳（M. J. Bittner）认为除产品、价格、渠道与促销，人（People）、有形展示（Physical Evidence）和过程（Process）这三项元素也应作为企业在制定营销策略时考虑的内容，因此提出了"7P营销策略"。

随着市场开始逐步进入由买方，即消费者决定的消费主义时代，营销理论又进一步适时地做出了变化。1990年，美国营销专家罗伯特·劳特明（Robert Lautermin）提出了"4C营销策略"，即强调顾客（Customer）、成本（Cost）、便利（Convenience）与沟通（Communication）。但在实际运用中，企业发现仅依靠这些因素来构建其与消费者的关系远远不够，需要从更高的层面建立与顾客之间既有效又长期的关系。为此，2001年艾略特·艾登伯格（Elliott Eidenberg）在《4R营销》一书中提出"4R营销理论"，即关联（Relevance）、反应（Reaction）、关系（Relationship）和报酬（Reward）。"4R营销理论"着眼于企业与客户之间的共赢关系，以期通过把客户和企业紧密联系在一起，来形成企业更加鲜明的竞争优势。

伴随着互联网时代的到来，奥美互动全球的CEO布莱恩·费瑟斯通豪（Brian Featherstone Howe）提出了"4E理论"，即从产品到体验（Production → Experience）、从特定地点到无处不在（Place → Everyplace）、从价格到交换（Price → Exchange）、从促销到布道（Promotion → Evangelism）。

2. STP 理论

STP理论最早是由美国著名学者温德尔·史密斯（Wendell Smith）提出的，他认为企业资源具有一定的有限性特征，而消费需求却呈现出多样化特征，因此，想要更好地满足消费需求，就要对市场进行细分（Segmentation）。此后，美国营销学家菲利普·科特勒（Philip Kotler）进一步发展和完善了史密斯的理论，补充了市场目标选择（Targeting）和市场定位（Positioning）两个概念，并最终形成了成熟的STP理论。STP理论的主要研究内容是，在对市场细分后，选择目标市场，从而对特定市场进行有效的营销，提升营销的准确性。在进行市场细分时，应当考虑企业的地理位置、消费动机、购买方式、购买习惯等方面；在进行目标市场选择时，要考虑目标市场竞争环境、市场饱和度、市场潜力以及市场开发能力等方面；在进行市场定位时，要考虑自身的实际情况，企业产品与市场其他产品的差异化、个性化，让产品在市场中具有鲜明的特色。

3. 体验营销理论

体验营销理论最早是由伯德·施密特（Bird Schmidt）在《营销美学》中提出的，他认为当时大部分企业在营销的过程中都比较注重产品的功能性，没有考虑到感官体验的重要性，对此提出了"感官体验营销"一词。后来，他又出版了《体验营销》一书，在书中对体验营销进行了完善和补充，提出体验营销是一种"为体验所驱动的营销和管理模式，体验营销将会替代将功能价值为核心的传统的特色与功效营销"。体验营销具有四个明显的特征：其一是注重消费者的体验感受，其二是注重考察消费场景，其三是考虑消费者具有理性和感性的特征，其四是方法及工具较为折中。随后，其他学者在伯德·施密特的研究基础上，对体验营销理论进行了不断的完善。如约翰·巴洛曼（John Barrowman，2005）认为，体验营销是指企业通过对客户情感需求的分析，将自己的产品及服务进行完善，策划具有客户需求氛围的营销活动，注重客户在消费过程中的体验，满足他们的情感需求，以此增加销售额的营销活动。

（二）酒店营销策略研究

关于酒店营销策略的研究，早期主要是基于传统的4P理论对酒店业进行分析，即产品、价格、渠道与营销四个方面。但随着互联网与新媒体的兴起与发展，我国很多学者也开始探讨与研究新时代背景下酒店的营销策略。张淑云（2015）认为，酒店的营销推广不仅要利用酒店网站、与团购网站合作，还要重视微信、微博这两个社交媒体的作用。刘沧等（2016）则主要探讨了酒店直接营销与间接营销渠道的优化，建议酒店打造跨界服务产品与专属社交平台账号。而马卓亚等（2015）以及黄煜轩（2018）认为，除了以上做法外，酒店还可以制作微电影来进行营销与宣传。付业勤等（2016）则重点指出微信营销的作用，认为微信的使用客户是所有社交软件中最多的，这是酒店营销中最好的选择。廖金灿等（2019）提出，酒店在营销推广方面可以采取内容推送、双向互动、精彩瞬间、亲身体验的模式，对应进行"主题吸粉、立体服务、技术引导、再中心化"的抖音运营管理。靳连富（2019）认为，酒店在互联网背景下的营销策略可以采取品牌营销策略、精准化营销策略、体验营销策略。赵丽娜（2016）指出，除了以上几种策略之外，还可以运用嗅觉营销策略。鲁莉（2017）与魏欣（2018）则建议，基于大数据技术的信息挖掘来实现对酒店顾客的精准营销策略。

（三）酒店营销模式研究

酒店营销模式研究也是学界较为关注的一大领域与主题。凡丹（2012）运用生态产业链理论分析酒店业营销，指出酒店业处于产业链下游，酒店营销处于被动局面，居于边缘地带。并就此提出了酒店生态产业链营销模式，"以酒店核心价值扩大和提升为突破口，向社会各行业产业价值链上中下游渗透，以与其他产业价值链紧密互嵌为手段，加强行业产业价值链各环节对酒店业的依赖性，建立起新的互相依赖和补充的新的生态产业链营销模式"。朱丽萍等（2014）针对泰州市旅游酒店提出了一套行之有效的微博营销模式。吉爽（2016）分析了"互联网+酒店"营销模式运行过程中出现的问题及解决方案，并以烟台万达文化酒店为例，提出了相应的解决措施。范伟松等（2017）在总结经济型酒店现有营销模式，即传统营销模式、广告营销模式、会员营销模式、网络营销模式的基础上，指出未来经济型酒店的营销模式为：网络+传统营销模式、大数据营销模式与文化营销模式。

第三节　酒店营销文化的理论评析

一、酒店营销文化的研究评析

（一）营销文化概念评析

经过文献梳理发现，目前我国学界关于营销文化的概念界定仍处于混乱无章的状态，甚至部分出现了明显的错误。鉴于此，本节主要在营销文化概念评析的基础上，提出本文关于酒店营销文化的界定，以期为后续研究明晰与辨别营销文化概念提供参考与借鉴。

要想准确地把握营销文化的概念与内涵，首先必须明确三个原则：一是要厘清营销文化不是文化营销。酒店的营销文化在本质上是一种文化现象，是企业文化在酒店业营销这一特殊领域的具体表现，它是贯穿了整个企业营销活动过程的一系列文化理念与营销指导，它服务并服从于企业的价值目标，并在营销过程的每个环节都有所渗透。因此，酒店营销文化是酒店以营销为前提，以有代表性、标志性的文化载体和与时俱进的服务产品为形式，由对员工、顾客和社会大众的人文关怀而逐渐形成，是酒店企业的灵魂所在。而文化营销则是以文化为背景和渠道的超经济的营销手段。酒店在实际经营活动中通过运用这一手段，即利用文化营销的力量，进而来实现企业战略目标和经济效益。因此，文化营销与营销文化是相互促进的关系，酒店通过文化营销的实践进而产生并丰富新的营销文化，而营销文化反过来更好地指导文化营销的开展。二是要准确把握营销文化的结构。如前文所述，营销文化的结构主要为三层，由里到外分别为精神层、制度与行为层、物质层。因此，对营销文化的概念界定时应包括所有三层，而不应只包括其中一层或两层结构。如张毅、黎鹏认为，营销文化只包括营销哲学、营销理念和营销形象。约翰·西布鲁克（John Seabrook）对于营销文化的界定只强调组织或企业的图像、标识、符号等。这些界定只指出了营销文化其中的一部分。相较于以上学者来说，刘万斌的界定更全面一些，包含了营销文化的行为层面，但同样没有体现出营销文化的物质层。因此这些对营销文化的定义都是片面的，有缺陷的。三是要明确营销文化创造主体。营销文化的创造主体不应只是营销人员，而应是对酒店的营销活动中起到推动与促进作用的所有人员。因为酒店的营销活动不仅仅是营销人员的工作与职责，更是与酒店的所有人员都密切相关，不能说不是营销人员就不具备酒店营销文化的资格与条件。

综上，结合酒店营销的特点，本文将酒店营销文化定义为：酒店营销文化是指酒店企业在营销过程中所创造的价值观、习俗、行为等文化成果，其表现为一系列文化理念、指导思想以及与营销理念相适应的规范制度的总称，这种文化成果被传播给其他组织和个人并部分物化在酒店所生产的产品或提供的服务中。

（二）酒店营销策略评析

通过对上述文献研究的分析，笔者发现目前关于酒店网络营销策略的研究在酒店现代营销策略中占据绝大部分，究其原因，认为主要如下：①互联网技术近些年来极大地改变了人们的生产与生活方式，不仅丰富了人们的业余生活，同样也由于效率的提高使得人们拥有更多的可自由支配收入与闲暇时间，参加休闲与旅游活动次数也越来越多，进而使得居住酒店的人数也日益增加。②互联网给酒店带来了众多的机遇与挑战。机遇在于随着消费者需求的变化，酒店营销拥有更多的突破点与入手点；同时酒店经营者也开始突破行业限制，调整经营思路，寻求和业态跨界合作的机会来赢得更多消费者的认可与满意。挑战在于酒店消费者的需求处于不断地变化之中，各种技术创新层出不穷，无壁垒的市场竞争日趋激烈。此外，在线旅游平台寡头化对酒店行业的发展形成巨大的挑战，不充分竞争的渠道环境必然导致销售佣金比率的上升，酒店在整个产业链中的话语权和定价权受到限制。③移动互联网与传统互联网相比，具有鲜明的优势，如终端移动性、业务及时性、服务便利性等。因此，酒店的网络营销策略得到学界的众多关注。虽然如此，但人们在关注网络、享受科技带来的便利的同时，也会拥有其他的追求与愿望，产生更多其他的需求与想法，如更加追求体验、更加向往绿色、更加想要精准与一对一的服务。而相较于网络营销，其他策略的营销研究成果较少，因此，这些满足顾客其他需求的策略的研究是未来酒店营销文化研究可以突破与关注的领域。

（三）酒店营销模式评析

从整体上来看，酒店营销模式从最初的酒店门面活动营销到网络在线营销再到如今的自媒体直销，经历了门面营销、网络营销和社交媒体营销三个阶段，其中网络营销又包括中介代理在线营销和直销两种。学术界对酒店营销模式的研究多关注于传统营销模式和传统网络在线营销模式，对于社交媒体应用于酒店的营销模式的关注不够多。此外，尽管众多文章的标题为模式研究，但对酒店业营销模式本身的探究与研究较少，大多更偏重于以营销策略的角度来分析，进而提出优化建议。与此同时，关于酒店营销模式研究的层次与内容深度不够，更多停留在浅层次的探究与讨论。

二、未来酒店营销文化的研究方向

以上研究内容是众多学者对于酒店营销文化理论体系完善所做出的重要贡献，也是学界顺应时代发展趋势，结合酒店业的实践所总结与思考出的重要成果。但通过分析发现，仍有较多不足。因此，通过对我国酒店营销文化研究现状的分析，结合酒店营销的发展趋势，我们认为未来的研究可以从以下几个方面与领域入手，进一步丰富酒店营销文化研究的理论内容，构建更加完善的理论体系。

（一）酒店营销人员培养研究

正如前文所述，酒店营销文化是指酒店在营销过程中所创造的价值观、理念、道德习俗、行为准则与制度等文化成果，并部分被物化在所生产的产品或提供的服务中。虽然营销活动的主体并不只是营销人员，但营销人员对酒店营销文化的创造作用是至关重要的，也是不可忽视的。经过文献梳理发现，关于酒店营销人员的培养、激励制度与活动的研究较少，因此未来研究可以着重放在如何调动营销人员的积极性、提高营销人员素质等问题上。

（二）突发事件下酒店营销文化构建

酒店作为社会成员的一部分，在思考如何构建正常营销活动产生的文化之外，突发事件下应采取的营销理念、行为、制度等也是酒店不容忽视与考虑的内容。由于突发事件往往具有事发突然、情况复杂的特点，如自然灾害、事故灾难、公共卫生事件和社会安全事件等，常常会给酒店带来人员伤亡和社会财富的重大损失。因此，突发事件下酒店营销文化构建的研究也是学界需要补充与完善的领域。这不仅对酒店行业来说是一个重大与关键的问题，同时对整个社会及其成员也至关重要。

（三）其他营销策略的研究

1. 绿色营销策略

绿色营销策略是指在开展市场调查、产品设计、生产与促销等活动时注入"绿色"因素，从而在实现自身利益目标的同时，保护生态环境，实现经济利益与社会效益的统一。通过实施绿色营销策略，酒店的管理者得到良知的安慰和道义的满足，员工也会为自己是其中的一员而感到自豪和满足，而消费者也会由于自己的绿色消费行为帮助了酒店绿色营销的最终实现而感到满意。酒店要通过实施绿色营销使全体员工树立绿色营销观念，并在此观念指导下，在酒店内部营造清洁、绿色、环保、安全的工作环境，这不仅有利于保护企业职工的身心健康，更有利于培育酒店的"绿色文化"。

2. 服务营销策略

服务营销策略是指顾客满意战略实现的方法。服务营销所追求的效果是顾客在购买及消费服务或产品期间没有多余的顾虑与担心，其中包括在财务上没有风险、在安全上不会有所顾虑等，使其在整个过程中得到享受。追求高质量的服务是服务营销的核心。酒店在营销时要及时为顾客解答疑惑，以求公平、公道。同时还要注重工作效率，让顾客感受到服务的热情。此外，还要考虑到顾客的需求支持与提供特定的、个性的服务，以此使顾客的独特需求得到满足，体现酒店对顾客的重视。

第四节 酒店营销文化的建设对策

一、构建酒店营销文化的意义

（一）酒店营销文化是鲜明又独特的酒店特色象征

随着科技的发展和普及，酒店之间的差异变得越来越小，酒店原来具有的诸如资金优势、技术优势、经验优势、规模优势等战略优势将不复存在，酒店在营销中的策略和渠道也在现代信息时代变得能够迅速复制和掌握，因此酒店间这些方面的差异化将逐渐缩小。但因为文化构成要素的多重性、环境的特定性决定了不同酒店具有不同的文化构成，因此由于具有酒店本身鲜明的特点，酒店的营销文化是很难模仿的。而这些带有独特特征的酒店营销文化正是酒店获得品牌区分度与知名度的关键。

（二）酒店营销文化能够唤醒消费者的文化认同

从本质上来讲，文化属于意识形态的范畴，短时间内不容易被人们所接受与容纳。因此，酒店需要对文化主动进行激发、打造与构建。酒店的营销文化要适应市场需求的同时，更要发挥其潜移默化的影响作用，去主动激发和唤醒人们潜在的意识，引起文化认同，从而赢得消费者的好感与赞美。酒店营销文化的关键作用就是要建立起消费者与酒店相互联系的纽带，而这实质就是寻找并建立起消费者的需求与酒店营造的营销文化之间的契合点和共同点。因此，通过酒店成功的营销文化传播策略，最终能带给消费者价值观念的认可与赞同。

（三）酒店营销文化的价值在于构筑企业核心能力

酒店核心能力，是指本酒店所拥有的而其他企业不具备的技术、服务、管理等方面的能力。酒店营销文化正是发挥了其难以模仿的特点，帮助酒店构筑核心能力。当一个企业的营销文化所包含的营销理念或价值观被企业的营销人员认同后，就会形成"文化核"，成为整个营销队伍的黏合剂，把营销人员团结起来，发挥出巨大的凝聚力和向心力。同时，营销人员会自然地把个人的思想和命运与企业的兴衰联系起来，产生强烈的归属感和主人翁意识。未来的竞争是文化的竞争，一个文化底蕴厚实、文化内涵先进的酒店是不可战胜的。只有强有力的、健康向上的营销文化才是酒店构筑核心能力的根本保证。

二、酒店营销文化构建的影响因素

（一）顾客对营销文化构建的影响

随着顾客需求层次的提高，顾客对酒店的要求从产品层面上升到精神价值层面，选择酒店甚至比选择产品更重要。顾客在需求满足的同时，开始寻求与酒店间的话语权，寻求与酒店交易活动中的平等以至主导地位。同时顾客的参与感增强，顾客希望从产品、品牌和酒店的不同层面了解酒店，影响酒店。虽然酒店是营销文化的发起者和组织者，但营销文化的构建则是顾客与酒店双向互动的结晶，是酒店文化和顾客文化的结合。需要注意的是，尽管营销文化是构建于酒店与顾客二者共同的文化基础，融合于双方的共同价值，但在一切以顾客为中心的市场机制下，顾客是酒店营销文化构建的主导者，是酒店营销文化的主导因素，在营销文化的构建中发挥着主导作用，决定营销文化的走向。营销文化的价值不在于营销文化的符号和其传播方式，而在于顾客对营销文化的认可。因此，在构建营销文化时要考虑到顾客个人以及群体的差异性。具体来看，各个国家和民族的人口由于生活环境、历史背景等的不同，在语言与文字、肢体语言、审美观念、风俗习惯、禁忌与宗教信仰等方面都存在差异，因此酒店在跨地区甚至跨国家构建营销文化时应特别注意这些差别与不同，不得歧视与反对，相反应采取尊重与接纳的态度。

（二）竞争对手对营销文化构建的影响

酒店不是孤立存在于市场的，竞争是酒店生存的常态。酒店采取竞争手段的出发点，是以市场上同类产品的生产者为坐标系。竞争使酒店相互影响，又相互促进。竞争者对营销文化的影响体现在以下几个方面：

①对酒店营销文化价值理念的影响。酒店营销文化理念不仅要适应顾客，还要适应竞争对手。②对营销文化行为的影响。营销文化行为是酒店营销过程的主要内容，是酒店相互竞争的主要方面，产品、价格、分销、促销和服务等都是酒店互相竞争的内容。③对企业家和员工的影响。竞争者的状况会影响企业家和员工的心态。

（三）社会公众对酒店营销文化构建的影响

酒店的营销文化是融合于交换关系之中的，它虽然具有商业性，但强调互利交换的法则。它将酒店的营销观和营销理念提升到以市场为中心、企业应"贡献于社会"的高度。这就使得企业的营销活动是为社会所接纳的，其行为是为公众所接受的。摆脱了自然经济色彩的现代营销行为中所体现出的"文化性""文化成分"成为一种与社会公众沟通的代言物、一种"信物"。营销文化对社会公众产生较大的影响，它向社会大众传递有关酒店营销文化的价值观，与此同时它也以社会共同的价值观和伦理观为标准，构建符合社会公众伦理的营销文化价值。社会公众对酒店营销文化的构建的影响，主要在于酒店营销的品牌形象的感知与塑造。首先，顾客以酒店及其营销人员的行为来看待其背后的酒店，来评价他们对酒店及其品牌的态度。其次，社会公众对营销文化中的品牌形象的影响体现在顾客以他们的选择和行为强化品牌形象，即他们认为某品牌应该是什么，而非其他。最后，社会公众对营销文化的影响体现在社会公众对顾客的影响。由于在社会交往中，公众间相互影响非常明显，公众会以口碑传播的方式向相关群体传递信息来影响他人，从而影响酒店的品牌形象。

（四）酒店管理人员对营销文化构建的影响

酒店管理人员对营销文化构建的影响，主要体现在管理人员的教育水平、审美观念、个人价值观与性格等与个人背景和认知相关的方面。如管理人员的教育水平直接影响酒店营销文化中营销道德的构建。受教育水平高、见识广、素养高的管理者一般会遵循社会道德的规范与标准来构建本酒店的营销道德，如维护消费者权益、坚持诚信等。而受教育水平程度低的管理者较易出现酒店的营销道德不符合社会道德要求、欺骗消费者等情况。酒店管理者的审美观念也对营销文化的构建产生重要影响，会直接影响与决定酒店商品的包装、营销人员的衣着与品牌标志的设计。此外，酒店营销制度也与酒店管理人员的价值观密切相关。拥有以人为本价值观的管理者制定的酒店营销制度侧重于关注营销人员自身，实行软性管理的营销制度。相反，拥有以物为本价值观的管理者则关注营销人员的绩效，实行硬性管理的营销制度。

三、构建酒店营销文化的原则

（一）分解目标原则

酒店在制订营销文化战略目标时，必须建立涉及产品服务的各个文化子目标内容，它包括酒店的社会责任目标、产品社会价值目标，还包括体现对消费者人文关怀的目标，比如亲情体现、信义体系内容等。其总的原则是通过分解目标最大限度地满足消费者的文化需求，提升对顾客的感召力和影响力，使他们产生文化趋同和共鸣。

（二）全过程原则

在打造营销文化过程中，要体现对消费者全过程施加营销影响的原则，积极发挥文化对消费者的渗透作用，这就要求凡是与消费者接触的环节都要具有文化元素设计和影响，将文化的力量渗透于产品营销全过程。从产品定位、市场细分、产品包装与外观设计、展示与展览、促销策划、品牌战略、公共关系等方面都要注入文化的因素，都要发挥文化的影响力。

（三）设定目标群体原则

任何产品都有其一定的消费范围和特定消费群体，因此对于一些特定产品，要精确设定其产品需求人群，了解他们的消费心理，尤其要根据特定消费人群的文化背景，根据目标人群的需求进行积极的文化构建策划，有针对性地打造产品的文化内涵，以聚集目标客户，传递品牌的文化内涵与价值。

四、酒店营销文化的建设对策

任何文化成果都是人达到一定境界创造的产物。文化把欣赏者提升到了一定的境界，使人产生激情，在激情中获得高层次的享受，这就是文化的魅力所在。文化体现了一种品位和形象，一种境界与修养。酒店的营销文化也不例外。因此，要从文化的角度来构建酒店的营销文化。

（一）提高酒店营销人员的文化素养

酒店职工，特别是直接的营销人员与领导者，是创建营销文化的主体。他们的综合素质尤其是文化素质与营销文化的具体形式有直接关系。营销人员素质的高低对于酒店营销文化的建设和培养有十分重要的作用。但是，目前我国许多酒店营销人员的文化素质有待提高。因此，应从实际出发，转变他们的营销观念，提高其营销理论水平，进行必要的培训，使其成为促进营销文化创新的内在源泉和动力。

1. 酒店营销人员队伍建设中存在的主要问题

首先，营销人员平均文化水平偏低，受过营销理论教育和专业培训的为数不多。其次，对营销人员重使用、轻培训。市场营销人员不是一般的推销员，他们是致力于通过商品交换过程满足人们需求欲望活动的人，他们从事的工作是一项复杂的管理工作，因此需要正规的理论学习和业务培训，才能适应时代的要求。目前一些酒店没有认识到营销人员的作用，一有需要就从社会上进行招聘，不满意就开除。对营销人员的管理、使用缺乏规范的制度，不利于营销人员素质的提高。最后，酒店营销人才需求的迫切性不强。在西方国家，市场越规范和健全，酒店就越重视市场，市场营销人员的作用就越大，对市场营销人员的素质要求也越高。而我国一些酒店对营销人才的要求似乎是无论什么学历、有什么工作经验的人，只要能把产品推销出去就可以。这样就降低了营销人员的要求标准，同时由于部分营销人员素质低下，营销不择手段，也影响了正常的营销秩序。

2. 提高营销人员素质的举措

首先，要加强营销人员的培训。对营销人员的培训，应该是酒店管理活动中一项常抓不懈的工作。营销人员要有强烈的服务意识，要有开拓潜在需求的能力，要有灵活机动的应变能力，要有丰富的业务知识。营销人员必须了解酒店的基本销售目标、经营方式和各项策略。要掌握有关产品的全部性能，同时营销人员业务知识面要宽，要努力掌握市场知识、法律知识、用户知识等。要掌握这些知识，必须强化培训。其次，转变与更新观念。过去人们只讲销售，不讲营销，二者虽是一字之差，但性质不同。销售人员只管卖东西，不管其他。而现在在市场经济的大背景下，不讲营销就谈不上销售，没有对市场的调查、预测、分析、细化、定位，产品的销售就是一句空话。因此，今天的销售人员，应该是营销人员，担当着高层监测员和酒店信息员的重任。酒店要发展，必须要有研究市场、把握市场的专业队伍。最后，吸引高素质的人才。通过吸引高素质营销人才，充实营销队伍，来带动营销人员整体素质的提高。拥有一支精明的营销队伍，将为酒店插上腾飞的翅膀。

(二)重视酒店命名的文化内涵

酒店及其产品的品牌是酒店形象的象征,表现出酒店的精神和文化内涵,是营销文化在营销策略中的具体体现。酒店名称的命名形式对顾客的选购有直接影响。一个既通俗易懂又十分贴切的名字会大幅提高酒店的知名度与影响力。因而要重视挖掘酒店名称的文化底蕴。具体来看,可以通过以下途径增强酒店品牌命名的文化内涵。

1. 从本民族优秀的传统文化中汲取养分

民族优秀传统文化是本民族文明演化而汇集成的一种反映民族特质和风貌的文化,是民族历史上各种思想文化、观念形态的总体表现。这些优秀传统文化不仅是本民族流传下来的独特文化成果,更是与现代文明交织与融合的重要结晶与体现。因此,酒店可以从本民族的优秀文化中汲取养分,增强品牌命名的文化内涵,提高酒店品牌的辨别度与知名度。

2. 从其他民族优秀文化中获取灵感

除了从本民族传统文化中汲取养分外,酒店也要考虑从其他民族优秀文化中获取灵感。毕竟随着经济的发展与科技的进步,我们与其他民族生活在一个共同的"地球村"上,各民族之间的文化也不断相互交融,"距离"也越来越近。通过借鉴其他民族的优秀文化,酒店不仅能够获得更多顾客的认可与赞赏,也能在未来的发展中经久不衰。

3. 从市场的其他竞争者中吸取经验

酒店管理者在创立酒店时,势必要分析目前市场上现有的其他酒店,而为了更好地给酒店品牌命名,需要评析其他品牌命名的方式与做法,进而从中吸取经验与教训,摒弃失败案例,学习成功方法。

(三)提高商标的文化含量

同酒店命名一样,对商标的命名,同样也影响着顾客对酒店的选择,关系着商标在市场上的区别和定位。酒店商标不仅仅是一个普通的符号,更是酒店形象或服务质量、文化信誉的标志,被喻为"沉默的推销员"。酒店商标是否具有文化内涵,在很大程度上直接决定了酒店的经济效益。因此,要特别注意提高商标的文化含量。首先,商标要能给人以艺术美感,让人在欣赏夸饰巧喻的愉悦中,达到记忆的目的。其次,商标要字音和谐押韵,易于联想。如"茅台""凤凰"均为叠韵词,读来琅琅悦耳,众口成诵。最后,商标要适应现代经济生活的明快节奏,提高响亮度。

(四)增强品牌的文化内涵

品牌的精神和核心在于文化,而品牌的文化内涵主要表现在品牌积淀着特定的文化精神。品牌内涵的丰富和延伸是酒店保持在竞争中长久不衰的必要因素之一。因此,为了适应激烈的市场竞争,酒店必须在品牌的建设与传播中融入文化内涵。首先,理念是品牌的灵魂,是酒店力量、效益和管理精华的体现。酒店生产的不仅仅是产品,更重要的是理念,理念的确立是经营决策的前提。鉴于此,酒店必须用明确的信念、理想、宗旨和经营哲学，用崇高的目标和价值准则去说服人、凝聚人、鼓舞人，才能最大限度地去发掘、释放、引导、提高员工的潜能，从而构建酒店特有的营销文化。其次，品牌要在市场上造就。品牌从创意策划、工艺设计、商标确立、质量定位到进入市场都要符合市场的需求，坚持以人为本的准则。在品牌文化中，作为沟通促销最有力手段的广告，其文化环境、广告心理、广告美学、广告语言等，无一不是文化的体现。因此，酒店可以借助影视媒体、大型赛事活动传播酒店的产品文化，宣扬企业追求的价值。也可以结合酒店推广活动，设计举办酒店品牌体验活动，引导客户了解品牌内涵、体验品牌、分享酒店品牌故事，让酒店客人参与到酒店品牌建设中，通过客人的品牌分享，让潜在客户愿意了解酒店，感受酒店"以人为本"的品牌精髓。

（五）拉近与顾客的文化距离

每一个成功的酒店之所以得到顾客的认可，是因为酒店的某一行为或活动实现了客户的价值追求，产生了内心强烈的共鸣。因此，酒店可以以拉近其与顾客的文化距离，来构建专属的营销文化。其一要结合地域文化，善于运用适合当地文化的市场营销策略，使营销更加符合本土文化需求。各国文化存在着巨大的差异，任何一种外来文化只有与当地文化融合在一起才能发挥它的威力与作用。酒店要实现市场竞争的战略目标，就必须把握这种嫁接效应，与当地文化融合的速度越快、层次越深就越能体现营销文化的价值。其二利用感情的沟通来提高营销的亲和力。酒店的营销传播需要借助于感情沟通。如美国绿巨人罐头食品公司，在其产品刚进入市场时，将身披树叶的巨人作为广告创意，其意在于绿色代表着生命、活力，巨人则表示强壮、健康，这个形象沟通了与消费者的感情，给消费者留下了深刻印象，吸引了大批顾客。由此可见，酒店可以通过广告的形式将感情融入营销活动之中，拉近与消费者之间的距离，获得消费者好评。

第五节 桔子酒店集团的营销文化案例分析

一、桔子酒店集团简介

桔子酒店集团是一家国内设计师酒店集团，创立时间为2006年。旗下拥有三个品牌："桔子水晶"、"桔子酒店·精选"和"桔子酒店"三个品牌。其中"桔子水晶"酒店定位于高端客户，"桔子酒店·精选"和"桔子酒店"定位于中端设计师酒店。"桔子酒店"在酒店业独树一帜，具有独特的个性，拥有豪华、典雅、自由、反叛等特点。酒店大多由旧建筑物改建而成，但每个酒店的优势各有不同，房间没有标准化的规则，不同的酒店拥有不同的风格。同时，"桔子酒店"力求通过给顾客提供豪华酒店设施来打造竞争力。例如，"桔子酒店"号称通过中端的价格提供五星级的体验，其房间的配备远超一般的经济类型酒店：有国际品牌的 42 英寸液晶电视、独立的音响系统和国际顶级的卫浴设备等。此外，"桔子酒店"为提供良好的体验，在诸多细节方面进行了设计，比如为了给客人提供一个安静的睡眠，酒店聘请了专家设计酒店房间，以确保隔音效果。

由于这些特有的优势与特点，桔子酒店集团获得了很多荣誉，如 2011 年 12 月，"桔子水晶酒店"获得了最佳精品设计酒店。这个富有情调、充满艺术气息的设计师酒店，在为客人的商务及旅游出行提供便利的同时，也在引领着时尚人群的酒店住宿新观念。

二、桔子酒店集团的营销文化

（一）清晰的市场定位

21 世纪初，我国酒店业主要分为两个极端的细分领域：一是定价较高的星级酒店；二是走亲民路线的经济型酒店，如汉庭、如家等。鉴于此，集团的创始人将酒店定位为充满艺术与个性的中端设计师酒店，目标客户群为比较喜欢新事物、自我、张扬的人群。"桔子酒店"的这种介于经济型酒店和星级酒店的价格也体现了不同的品牌定位，在无形中锁定了一批稳定的目标消费群体，使其在经济酒店和星级酒店的夹击中，找到了自己的生存空间。桔子酒店集团在进入市场前，根据当时酒店业的现状，制定出了清晰的市场定位与目标，这是酒店顺利开展营销活动的前提，也是桔子酒店集团理性又睿智的营销理念与行为的体现。

（二）营销模式的创新

"桔子酒店"借鉴星巴克在中国的策略，先把焦点放在北京和上海等主要城市，通过酒店的特色优势与耐心服务以期建立人人认可的品牌。当这些造访过大城市"桔子酒店"的其他城市的人回到家乡后，自然会把这个品牌介绍给他们的朋友和家人，久而久之，品牌在小城市的知名度也提高了，从而为品牌最终进军这些小城市并收取与大城市一样的价格铺平了道路。可见，这是酒店业推广模式的一大创新之处。此外，"桔子酒店"在营销渠道上只采取直营模式，不做加盟酒店，从而保证了酒店品质。这种不盲目追求数量和规模、注重品质与消费者体验的经营理念，为酒店赢得了独特韵味和良好口碑。同时，"桔子酒店"特别注重借助携程网、艺龙网等中介网站的影响力。在"桔子酒店"开业的第一个月里，中介网站为酒店带来了总住客的 50%，从而保住了酒店房间的价位。由此可见，酒店与在线销售中介网站合作的重要性。但需要注意的是，尽管酒店与在线销售中介网站的合作是目前酒店重要的营销模式，也会提高酒店的客源量与入住率，但主要依赖中介网站来推销与盈利，会由于中介费用过高或其他原因致使酒店处于较为被动的局面。因此，如何创建与扩展直接营销渠道是酒店在未来思考与解决的一大问题。

(三) 营销手段的创新

"桔子水晶"酒店先后策划了一系列微电影作品,如《十二星座》系列、《三青住店》、《让火车叫》等。尤其是《十二星座》微电影系列,以星座为主题来展现各个星座男生的爱情特质。微电影借助影视剧惯用的剧透方式,每隔一星期播出一集。通过官方微博发布节目预告表,调动相关星座男女的观看积极性,让其微视频形成类似影视剧的粉丝圈子,进而在微博和各大门户网站、视频网站上广为流传。这种结合了酒店与网络热点话题的内容营销方式,因为趣味性大,引发了很多网友的主动传播,让很多人一下子知道了"桔子水晶"酒店这家另类的设计师酒店。与此同时,酒店很少做广告,而是利用微博等网络方式进行口碑营销。对于消费者的投诉,各区域的负责经理都会及时在微博上回复,把售后反馈与售后服务做好。

"桔子水晶"酒店星座微电影无论是内容还是传播上,都受到了消费者的赞许,引发网友的广泛关注。从社会化媒体的应用,到视频营销及整合营销,展现了"桔子水晶"创意团队在网络营销领域杰出的整合能力和创新精神,做到了"花最少的钱,得到最好的广告效果"。酒店成功利用网络媒介达到了营销目的。同时,在合作过程中灵活运用、巧妙融入、严格把控选择与酒店相匹配的品牌,在避免了植入品牌广告给观众带来反感与厌恶心理的同时,也为酒店营销开辟了另一个新思路,即"联赢"模式在成就了"桔子水晶"酒店微视频的传播的同时,也为其他众多品牌带来了效益。较之噱头式的创意,这种开放的营销方式才是酒店真正值得学习的。但由于微视频的制作除了本身的创意提炼外,社交媒体传播渠道的宽窄和传播能量的强度都是制约瓶颈,是不容易控制与操纵的。"桔子水晶"酒店的微视频主要在微博上进行分享,而微博具有很强的时效性,如果网友在一小时内没有看到这个东西,就很难在后续的时间被看见。由此可见,微视频的生命力比网络新闻更短。在抛开网络水军虚假的转播和点击率前提下,为了起到更好的传播效果,就必须结合最有影响力的品牌,借助它们拥有的受众群体进行反复传播,从而扩大品牌的影响力。总体看来,虽然酒店利用微博进行微视频的营销有一定的弊端,但在互联网时代背景下,"桔子水晶"酒店这种借助微视频与微博这类社交平台来开展酒店的营销值得其他酒店借鉴与学习。

参考文献

[1] 演克武,李顺.酒店服务文化的解析与构建[J].企业经济,2011(9).

[2] 刘万斌.现代企业营销文化传播[D].合肥:合肥工业大学,2001.

[3] Philip Kotler. Marketing Management[M].London: Pearson Education,1997.

[4] 郭国庆.市场营销通论[M].北京:中国人民大学出版社,1999.

[5] 黄性瑞.饭店市场营销[M].大连:东北财经大学出版社,2001.

[6] 张景智.国际营销学教程[M].北京:对外经济贸易大学出版社,1991.

［7］唐浩．现代营销理念在酒店经营中的应用［D］．北京：对外经济贸易大学，2007．

［8］马小霜．沙市商业营销文化研究［D］．荆州：长江大学，2018．

［9］吕月．中国保险企业营销文化建设研究［D］．沈阳：辽宁大学，2013．

［10］闫金红．中国企业营销文化战略研究［D］．哈尔滨：哈尔滨工程大学，2004．

［11］金成祚．中韩市场营销文化的比较分析［D］．鞍山：辽宁科技大学，2008．

［12］章琳琪．饭店营销文化主要构成因素与绩效研究［D］．杭州：浙江大学，2004．

［13］刘万斌．现代企业营销文化传播［D］．合肥：合肥工业大学，2001．

［14］刘芸．基于移动端消费者行为分析的酒店营销创新研究［D］．杭州：浙江工商大学，2015．

［15］鲁莉．基于大数据的酒店精准营销战略研究［D］．贵阳：贵州财经大学，2017．

［16］周懿雯．基于Web3.0的酒店微博营销研究［D］．上海：华东师范大学，2011．

［17］罗京．移动互联网背景下的星级酒店营销策略研究［D］．天津：天津科技大学，2017．

［18］姜华，姜锐．"互联网+"背景下的酒店营销策略探析［J］．商场现代化，2015（23）．

［19］范晓松，李晓丹．"互联网+"背景下经济型酒店营销模式研究［J］．旅游纵览：下半月，2017（10）．

［20］阳佶锦．大数据背景下度假型酒店营销管理模式创新探究［J］．现代营销：经营版，2018（9）．

［21］廖金灿，曾金华，袁婕妤．抖音在酒店中的营销策略研究［J］．中小企业管理与科技：中旬刊，2019（12）．

［22］黄煜轩．新媒体背景下酒店营销策略分析［J］．旅游纵览：下半月，2018（8）．

［23］魏欣．大数据背景下酒店精准营销策略的研究［J］．旅游纵览：下半月，2018（20）．

［24］唐伟，刘璇．酒店微信营销模式探析［J］．现代商贸工业，2017（32）．

［25］林煌．基于自媒体时代背景下谈酒店业新营销方式的运用——以微博营销为例［J］．中小企业管理与科技：中旬刊，2013（4）．

［26］刘君．基于微信平台的旅游酒店营销方法研究［J］．商场现代化，2019（23）．

［27］吉爽．"互联网+酒店"营销模式运用现状分析——以烟台万达文华酒店为例［J］．现代经济信息，2016（24）．

［28］凡丹.基于生态产业链理论的酒店营销模式的构建［J］.咸宁学院学报，2012（9）.

［29］周光宇."华住"酒店收购"桔子酒店"案例分析［D］.广州：广东财经大学，2019.

［30］方雅贤，张漫漫.我国酒店网络营销要素分析与对策研究——以北京桔子水晶酒店为例［J］.现代商贸工业，2012（18）.

［31］程靖涵.沈阳商贸饭店文化营销战略研究［D］.大连：大连海事大学，2011.

［32］张书乐.微视频催红桔子酒店［J］.销售与市场：评论版，2012（5）.

［33］王晓芝.酒店类微信公众账号营销模式研究［D］.北京：首都经济贸易大学，2015.

第四部分
酒店精神文化研究

4

第八章 酒店品牌文化

品牌一词源于英文"brand",意为"商标、类型、烙印、(独特的)个性"等,后逐渐被营销行业熟知和应用。虽然从表面上看,品牌仅仅是制造商或经销商加在商品上的标志,但本质上是消费者对产品及产品系列的认知程度。它反映的是人们对一个企业及其产品、服务、价值观念、企业精神的综合评价和认知。酒店品牌文化是酒店各方面文化的综合体现,既是酒店文化的高度抽象和高度凝练,也是消费者头脑中存有的对酒店文化的总体印象和认知。消费者通过酒店的品牌文化会联想起酒店的服务文化、管理文化、餐饮文化、营销文化等多方面的文化产品及其内涵。因此,酒店品牌文化是酒店文化的核心和灵魂,是酒店持久生命力的源泉。研究和探讨酒店品牌文化的内涵及其建设举措,不仅能从理论层面丰富酒店品牌文化研究的内容和体系,更有利于从实践层面指导酒店品牌文化建设,促进酒店的持续和健康发展。为此,本章在描述酒店品牌文化发展现状和梳理酒店品牌文化相关研究成果的基础上,重点对酒店品牌文化的相关理论进行评析,进而探讨酒店品牌文化建设对策与思路。

第一节 酒店品牌文化及其发展趋势

酒店品牌文化作为酒店文化的重要内容之一,在酒店发展中具有重要的地位和作用,并逐渐成为酒店获取竞争优势的一个重要手段。本节在明晰酒店品牌文化的定义与构成的基础上,探讨酒店品牌文化的发展现状和未来的发展趋势,从而为酒店品牌文化的优化建设奠定基础。

一、酒店品牌文化的定义与构成

(一)酒店品牌文化的定义与内涵

1. 酒店品牌文化的本质

酒店品牌文化是酒店品牌所体现和彰显的经营观、价值观、审美观等观念形态以及经营行为的总和。酒店品牌不是酒店产品本身,而是酒店产品中体现的文化情愫和情感氛围；酒店品牌也不是酒店服务本身，而是凝结在酒店服务中的服务理念和服务艺术；酒店品牌也不是营销策略，而是指导策略制订的营销理念和道德；酒店品牌不仅仅是酒店产品的商标或符号，更是顾客对其产品与服务的认知与评价。因此，酒店品牌文化本质上是超越了酒店产品与酒店服务等有形、实体层面的一种抽象概括与观念形态，这种抽象概括与观念形态构成了酒店品牌文化的核心与灵魂。

酒店品牌文化可以分为三个层次：外层品牌文化是酒店品牌文化物化形象的外在表现，包括酒店的名称、徽标、建筑形态、内部装饰等，是酒店文化的最基本要素；中层品牌文化是酒店品牌所展现的社会文化精华及民族文化精髓，包括品牌口号、品牌管理方式和营销方法、品牌广告和公关活动等，是品牌文化得以体现的关键；深层品牌文化是酒店品牌文化精神，包括酒店经营理念、价值观念、酒店良知等，它在长期的酒店品牌发展过程中形成，并渗透在品牌的一切活动之中，是酒店品牌文化的灵魂和核心。

当然，酒店品牌文化的形成和发展，绝不仅仅是酒店单方面的自导自演和自说自话，而是酒店方与顾客方有机互动的过程。酒店品牌文化体现在品牌与顾客、市场的每一次接触中。顾客购买了酒店产品与服务，既认同与选择了酒店品牌文化，也参与了酒店品牌文化建设与创新。

2. 酒店品牌文化是顾客与酒店共同的文化

酒店品牌文化是酒店品牌所反映的酒店企业文化与消费文化的结合。它是酒店和顾客共同作用下形成的对酒店品牌的价值评判，是酒店经营理念与顾客需求的结合，是产品与消费的精神沟通和价值共识。酒店品牌文化是酒店与顾客互动的结果，酒店品牌的建立不单是为顾客做些事，更是和他们一起做些事，并在互动做事的过程中彰显和实践酒店的文化精神。品牌文化体现了酒店与顾客关系的建立，其过程贯穿了酒店的理念和价值观，传播了以此为出发点的以顾客为中心的思想。因此，酒店品牌文化是顾客与酒店共同的文化。

同时，酒店品牌文化随着酒店顾客消费观念的改变而改变。随着时代的发展和收入水平的提高，酒店顾客的消费观念和消费结构也在不断地变化。酒店服务的宗旨就在于顺应时代的发展满足顾客日益变化的消费需要。因此，与酒店的发展相伴而生的酒店文化自然也就随着顾客消费观念的改变而呈现一种动态的变化与更新。当酒店顾客处于较低消费层次时，他们自然希望自己入住的品牌酒店能更好地满足其物质性生活需要；酒店品牌文化的重点在于突出和彰显建筑形态、空间布局、食品供给等有形和物质文化层面。当酒店顾客的消费结构向更高层次演进时，他们自然希望自己入住的品牌酒店更多地满足其精神性生活的需要；酒店品牌文化的重点在于营造和彰显环境氛围、文化底蕴、情感情调，以及具有社会地位象征的"标记价值"等无形和精神文化层面。随着消费观念和消费结构的改变，未来的酒店顾客将越来越看重和追求酒店消费所带来的精神价值和心理感受，进而决定和影响着酒店品牌文化建设的内容取舍和发展趋势。

（二）酒店品牌文化的构成要素

酒店品牌文化是一个由多方面要素构成的综合性的文化体系。依据文化形式的不同，可将酒店品牌文化分为有形品牌文化系统和无形品牌文化系统（见图8-1），二者互为前提，相互补充，全面地展现了酒店品牌文化的多层次性和多样性。

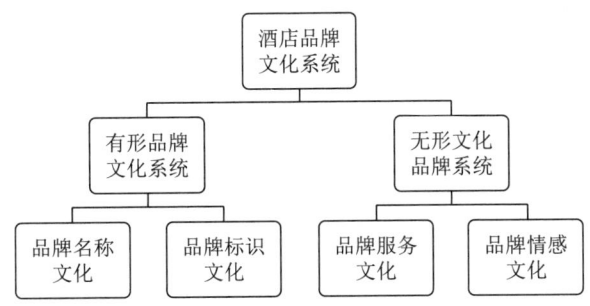

图 8-1　酒店品牌文化的构成要素

1. 有形品牌文化系统

有形品牌文化系统是指具有深刻文化内涵且直观可视的酒店品牌文化部分，具体包括酒店的名称文化和标识文化两方面。

（1）品牌名称文化

酒店品牌的名称是消费者最先了解某一酒店的重要途径，而品牌背后的文化内涵，更是吸引消费者深入了解酒店的重要因素。因此，创建具有特色文化的酒店品牌是增强酒店市场核心竞争力的重要环节。如"香格里拉"酒店品牌名称的文化内涵便可以追溯到一本名为《消失的地平线》的小说。书中的"香格里拉"是一个位于中国西藏、群山环抱、令人心驰神往的"世外桃源"。这本全球畅销的美国小说使越来越多的人对香格里拉产生了无限的向往和期待。"香格里拉酒店"这一集团名称的选择，无疑是看重了其神秘的色彩及其背后的美好寓意，希望为消费者营造一个舒适、完美、宁静、和谐的世外桃源般的酒店环境。而在多年以后，香格里拉酒店集团也以其优雅、安逸的环境与久负盛名、发自内心的殷勤待客之道，为"香格里拉"这个名字做出了完美的诠释。再如，近几年迅速占领国内中高端酒店市场的君亭酒店，其文化内涵源自白居易的《忆江南三首》中的"山寺月中寻桂子，郡亭枕上看潮头"。这一描写江南美景的诗句使君亭酒店创立不久便迅速被广大消费群体所接纳和认同。

不仅如此，酒店的品牌文化一旦得到了消费者的认同，其在下次选择目标酒店的时候，出于降低风险等因素的综合考虑，最终还会选择相同的酒店品牌，进而成为某个酒店品牌的忠实顾客。同时，酒店品牌也承担着传播酒店产品与酒店形象的重要职能。酒店品牌名称传播信息的效率越高，市场对酒店品牌的知晓度也就越高，顾客购买该酒店产品的可能性也就越大。因此，酒店品牌名称设计得是否科学对于酒店品牌的创建和传播是至关重要的。

（2）品牌标识文化

酒店品牌标识是酒店品牌传播过程中的载体，在市场经济活动中，它可以被看成酒店品牌内涵的替代品。一般来说，消费者群体首先会接触到酒店品牌符号，然后再深入了解酒店的其他产品和服务。也就是说，了解酒店品牌符号是全面掌握酒店品牌的重要前提。因此，酒店品牌符号只有在设计鲜明的前提下，才能提高酒店品牌的传播效率，进而扩大酒店品牌在消费者心中的认可度和美誉度。

酒店品牌标识指的是酒店品牌中可识别而又无法用言语来表达的部分，诸如符号、图案、专门设计的颜色和字体等，也就是人们通常意义理解上的"logo"。虽说"logo"的重要性因个人的理解不同而有所差别，但一个好的酒店形象标志，不仅能够充分展示品牌的核心形象，更能勾勒出品牌未来成长的基本框架和行动轨迹，体现出品牌的概念和诉求。世界知名的酒店集团，如雅高、四季、万豪等，之所以纷纷花重金不定期更新各自酒店的形象识别系统，无疑证明了现代背景下酒店"logo"的重要性。成功的酒店标识文化，不仅能够传递酒店所要表达的品牌故事，还有助于酒店内外形象的统一，帮助消费者与竞争对手区别开来。同时，酒店品牌标识也是酒店宣传的重要工具和手段，为扩大酒店的影响和知名度，酒店在营销活动中都会运用各自的品牌标志来促进销售活动的展开。酒店（集团）品牌标识内涵详见表 8-1。

表 8-1　酒店（集团）品牌标识内涵

酒店（集团）名称	品　牌　标　识　内　涵
君亭酒店	致力于开拓国内中高端酒店市场的君亭酒店集团，前身为西湖四季酒店，其酒店标志以"ssaw"四个字母为主体，所代表的的文化内涵则是春夏秋冬（spring、summer、autumn、winter）四季与迷人曼妙的杭州西湖四景。标志中间白色的字母，不仅浓缩了西湖的一年四季，同时形似两只高雅的天鹅游弋在山峰倒影的西子湖畔。无论倒影中是桥，还是耸立的双峰，都具有品牌起源地明快的地域特色。logo 颜色为典雅的金色，方块整体为镂空的中国印设计，契合了其传递给旅行者东方文化要素的品牌文化内涵，图形的抽象语言给人以含蓄之美，耐人回味
香格里拉酒店集团	香格里拉酒店集团从建立之初便从未忽略品牌的文化内涵建设，不仅体现在其极具亚洲式好客之道的品牌形象，更是从标识设计上也秉承着香格里拉这一地域优美的环境特点。标志中高耸入云的山峰倒映在澄澈的湖泊上，配以融合现代化及亚洲式建筑特色的标志性"S"图案，完美地象征了香格里拉亲切、和谐和自然美的精神文化服务宗旨
WEI RETREAT 酒店集团	代表中国民族品牌率先在全球奢华酒店行业中占有一席之地的 WEI RETREAT 酒店，在传承、分享、传播东方文化的同时，带给每一位顾客独一无二的难忘体验。品牌的标志由创始人魏黎先生姓氏即 WEI 变形而成，又是易经卦象之一，取其三三得九、九九归一、道生一、一生二、二生三、三生万物之意
文华东方酒店集团	金色的扇面一直是文华东方这一国际投资管理酒店集团引以为傲的标识。每一家酒店的镇店之扇都是由著名史学家、设计师和艺术家一起结合酒店当地的气韵共同创作的。扇面能在炎热的夏季带给人凉爽之意，金色兼具雍容与华贵的感觉

2. 无形品牌文化系统

品牌是一个极具联想力和竞争力的消费符号。它是企业的核心价值观、产品和服务的独特价值以及顾客的利益、感受和体验的契合或独特组合。一家酒店集团想要形成自己的品牌，就意味着它比其他企业能更有效地把资本、技术、人力资源和组织等要素有机地融合起来，保持长期稳定的竞争优势，获得持续盈利的竞争力。当一个品牌成为某种文化的象征，它的传播力、影响力和销售力便会大大提升，消费者也会因信赖和忠诚品牌产品而反复购买。因此，在品牌成为某种文化象征的过程中，无形品牌文化具有重要的作用。

无形品牌文化系统是体现酒店品牌深层文化内涵的各要素的总和，主要包括酒店品牌服务文化、酒店品牌情感文化，二者共同赋予了酒店品牌持久的生命力。

（1）品牌服务文化

特定的酒店服务文化，是基于特定历史、特定市场、特定企业文化形成的，具有鲜明的个性和特色，难以复制，从而成为酒店识别的重要环节。创造无法复制的卓越服务——唯其不可复制，方能成为企业核心竞争力，是酒店服务文化建设的目标。当前，我国酒店发展普遍存在的一个现象是：豪华舒适程度丝毫不比国际知名酒店集团差，但无论是经济效益还是从市场占有率，均低于国际知名酒店。研究表明，造成这一现象的最重要的原因是，我国本土的大部分酒店集团过于重视酒店硬件设施的建设，而忽视服务等软件设施的完善。因此，创建特色品牌服务文化是酒店未来稳定发展的必要前提。

无论是假日酒店集团的"热情式"酒店服务文化、喜来登的"关怀体验式"酒店服务文化，还是香格里拉的"亚洲式"特色亲情酒店服务文化、万豪的"殷勤亲切式"酒店服务文化都向消费者传递了酒店品牌的服务理念。这些可谓行业标杆的品牌服务文化理念，为后续酒店品牌服务文化的产生树立了榜样。再如，宜必思酒店是欧洲唯一一家7天24小时全天候提供主要酒店服务（用餐、接待、会议等）的经济型连锁酒店，地中海俱乐部聘请非专业教练教授初学者打网球，美国的一些度假式酒店为老年消费者提供免费学习计算机的机会，泰国的酒店可以为消费者提供免费学习泰式烹饪技巧的机会。相比之下，我国本土酒店集团在这方面做得很不够，尤其是在利用酒店品牌文化塑造特色酒店服务文化这一方面。许多本土酒店仅能满足消费者的基本服务需求，而无法满足消费者的个性化需要。因此，打造特色服务文化是国内本土酒店吸引和招徕消费者的关键环节之一。

（2）品牌情感文化

品牌情感文化指的是通过为员工打造归属感和良好的内部晋升通道，以及职业生涯规划等一系列人文关怀举措，使员工从情感上对酒店品牌文化产生认同感。这一过程实质是酒店品牌情感文化的形成过程。

作为品牌情感文化的一部分，员工的归属感源于其对酒店的信任和依恋，而信任与依恋的产生则依靠酒店内部科学化的管理。当下，我国酒店员工的福利待遇较低，普遍存在高强度的工作与低收入之间的失衡问题。这一现象不但使得员工的物质需求得不到满足，也严重影响其工作热情，最终难以在酒店获得归属感；而一个对酒店缺乏归属感的员工很难发自内心地为顾客提供热情和周到的酒店服务。

总体上看，国外许多酒店集团特别注重员工归属感所需的文化氛围的营造，尤其在员工与顾客关系方面，它们不是将两者之间的关系视为一种不对等关系，而是努力在充分考虑员工感受的基础上，构建一种和谐的酒店文化氛围，以强化员工对酒店的归属感。如希尔顿酒店集团的员工可以穿着自己喜欢的衣服为顾客服务，里兹·卡尔顿酒店集团时刻提醒自己的员工要以"绅士淑女的态度为绅士淑女提供服务"。在这样的一种尊重员工的人性化的文化氛围之下，员工自然会满足于当下的工作环境，进而获得对酒店的归属感，也才能以酒店"家人"的心态为顾客提供真心实意与全心全意的优质服务。

虽然时代的进步、消费需求的个性化，以及竞争的加剧，都从客观上对员工提出了新的要求，但酒店员工也早已不再是简单的"经纪人"而成为复杂的"社会人"。他们对所从事的酒店有更高的要求，既要获得满意的薪酬，也要获得愉悦感，并期望对自身的未来发展能有预见。因此，为酒店员工量身打造一份详尽的职业规划报告，既是满足其精神需求的基础，也是强化员工对酒店情感文化建设的有效手段。以四季酒店为例，该酒店从得体的制服到员工辅助、职业发展、职业培训、教育辅助、内部提升等方面为员工制定了详细的规划。其结果是酒店的高级行政人员和总经理平均的工作年限均超过了12年，其中大部分人都是从基层做起，并在酒店制定的职业生涯规划、发展系统和管理培训项目中受益，获得提高和发展。四季酒店已连续多年被《财富》杂志提名为美国最适宜工作的100家公司。由此可见，酒店的品牌情感文化虽然具有无形性，但其对酒店的生存和发展有着深刻而深远的影响。

二、酒店品牌文化的拓展途径

酒店品牌文化的拓展主要包括横向扩展、纵向延伸和多元化扩张三种途径，代表不同的方向和趋势。

（一）酒店品牌文化的横向扩展

根据经济学理论，当市场上同行业里企业数量过多时便会导致整个行业的利润下降。产品与服务的同质性特征必然会加大酒店集团之间的竞争。作为一个"低门槛，高竞争"的行业，在酒店市场趋于饱和、行业之间恶性竞争日益严重的情况下，实力雄厚的酒店集团只有通过兼并、控股、联合等手段才能实现酒店集团单个资本的增大，并减少行业中的酒店数量。酒店这种通过横向扩展来实现酒店扩大再生产，并最终实现利益最大化的过程，实际上也是酒店品牌文化的横向扩张过程。因此，酒店品牌文化的横向扩张在促进酒店集团优化市场结构、维持外部大环境的稳定和提高市场占有率与行业利润方面具有重要的意义和作用。

（二）酒店品牌文化的纵向延伸

所谓纵向延伸，就是通过酒店上下游的产业链来扩大自身的利润。酒店行业产业链的上游有酒店产品供应商，下游有酒店产品销售商，而酒店行业则处于这个链条的中央部分。如果酒店集团在经营过程中可以控制上下游部分，也就控制了整个链条的大部分，这将会大大降低经营成本而增加酒店利润。因此，在激烈的市场竞争中，通过纵向延伸来实现酒店品牌及其文化的拓展，也是酒店集团通常采用的重要途径之一。具体来说，酒店品牌及其文化的拓展可以先将链条上下游的旅行社、航空公司、旅游景区、娱乐行业等企业进行整合，通过合理的资源配置，来调节各部分之间的利益关系。酒店品牌及其文化的纵向延伸，有利于防止酒店集团的内部出现坏账或应收账款损失，还有利于维持酒店内部环境的稳定。

（三）酒店品牌文化的多元化扩张

在酒店品牌及其文化发展过程中，走多元化扩张之路是一条重要的途径。原因在于，营销专家早就告诉人们"不要把所有的鸡蛋放到一个篮子里"，否则一旦市场发生变化，企业很可能因为产品的崩溃而元气大伤。酒店经营也是一样，当酒店集团有可自由支配的多余资金时，不要把所有的资本都投入某一酒店业务中，而应做多手准备，通过多元化的扩张来巩固市场地位，减少经营和投资风险。从另外一个角度来说，任何产品都有一个生命周期，从开始进入市场到被市场淘汰要经历开发、引进、成长、成熟、衰退的阶段，酒店产品也不例外。当酒店的一种产品进入成熟期或衰退期，市场需求也达到顶峰并开始下滑时，酒店就应采取措施推出新产品或进入新的市场领域，以实现酒店的生存和发展。这也意味着，酒店经营者在长期经营过程中要时刻有多元化的经营与创新意识。只有通过酒店品牌文化的多元化扩张，才能巩固酒店集团自身的市场地位，规避风险，并保持酒店良好的发展态势。

三、酒店品牌文化拓展的影响

酒店品牌文化的拓展在丰富产品类型、创新产品内涵、扩大市场规模、分散市场风险、提高经营利润等方面具有重要的作用和意义。

（一）丰富酒店品牌产品类型

酒店消费者的需求具有多变性和多样性的特点。不同时期目标群体的喜好和需求会改变，即使在某一段时间内，同样的消费者也会因消费目的的不同而改变需求。因此，针对消费者需求的多变性特点，酒店只有通过品牌文化拓展，不断尝试开发新产品和服务，丰富酒店产品种类，才能满足顾客需要，并消除因酒店产品长时间不变而给消费者带来的心理厌烦情绪。

（二）创新酒店品牌产品内涵

一般说来，酒店每推出一个新产品都要经历开发和引进的过程，这其中虽然有形式上的变化和创新，但更主要的则是内涵上的深化和创新。就酒店产品的开发而言，如今的酒店消费者早已告别了追求"吃饱""吃好"阶段而向吃得"有文化""有品位"方向转变。因此，酒店产品的开发只有提炼和凝聚中外餐饮文化的精髓方能赢得顾客的满意。同时，酒店产品的引进，也不能全盘照抄照搬，而要结合酒店自身的特色，进行内容的整合、融化与创新，进而招徕和吸引更多的顾客。

（三）扩大酒店品牌市场规模

酒店打破以往先进行资本积聚再投资兴建酒店的传统做法，而采用通过特许经营、租赁、提供管理技术等方式拓展酒店品牌，这样不但有助于加快资金回笼的速度，也大大提高了投资回报率和资金周转速度。更为重要的是，这种新型的酒店品牌拓展方式对于拓展酒店市场网络、提高市场占有率、扩大市场规模具有极为重要的作用和意义。

（四）分散酒店品牌市场风险

从一定意义上来说，酒店品牌和产品结构的单一性，虽然有利于保持酒店产品的特色和核心，但也给酒店的持续经营和健康发展带来一定的风险。如果外部大环境发生变化，如政治经济环境的波动、国家政策的调整、不可抗力事件的发生等都会给经营结构单一的品牌酒店的生存与发展带来巨大甚至是致命的负面影响。而那些多品牌经营的酒店，即使其中某个品牌的经营遭遇了严重的生存与发展危机，也完全可以及时调动其他领域的资金来挽救当前局面，将风险降到最低。因此，酒店品牌文化的拓展对于分散和化解酒店品牌的市场风险具有重要的意义。

（五）提高品牌酒店经营利润

酒店品牌文化的拓展对于提高品牌酒店的经营利润具有重要的影响。酒店品牌在拓展经营范围和业务领域之后，不但使之前的闲置资源能被高效地配置，也有利于实现酒店品牌的规模经济。而品牌酒店一旦有了规模经济也就巩固了酒店的市场地位，提高了酒店的综合竞争力，进而增强经济效益，实现酒店利益的最大化。

四、酒店品牌文化盲目拓展的风险

任何事物的发展都具有两面性，酒店品牌的拓展也不例外。酒店品牌拓展顺利不但会使内部资源配置达到最佳，还会带来更多的利润；反之，则会带来诸多不利因素和风险，如资源分散、质量下降、品牌忠诚度降低、酒店品牌形象模糊等，进而影响品牌酒店的健康发展。

（一）酒店品牌资源过于分散

酒店品牌在拓展过程中必然要消耗大量的人力和物力资源，而任何一个酒店的资源都是有限的。虽然酒店品牌拓展的初衷是为了优化资源配置，但在没有对酒店品牌各项经营指标做详细准确的评估之前就盲目拓展,就会造成酒店资源的过于分散、短缺等,不但直接影响品牌酒店的产品质量,也严重影响到酒店的生存和发展。

(二)酒店品牌忠诚度下降

酒店品牌的忠诚度是消费者在购买酒店产品时对某个固定酒店品牌的偏向性购买行为。酒店品牌忠诚度不但可以为酒店品牌提供稳定的市场客源,还能稳定品牌的市场份额。酒店品牌忠诚度的建立是一个长期的过程,是酒店品牌的质量、品牌的形象和内在价值等多方面因素相互融合、相互作用的结果。然而,有些酒店在品牌拓展的过程中只注重利用原有酒店品牌的忠诚度来推出新产品,却忽略对新产品质量的严要求。随着酒店产品质量的下滑,顾客对酒店产品与服务的心理预期也会降低,进而影响他们对酒店品牌的忠诚度。

(三)酒店品牌整体形象模糊

酒店品牌的拓展实际上也是酒店形象的传播过程。酒店形象是酒店文化的精神内涵、价值观念、服务特色和个性特征的外在显现。酒店形象的塑造和维护在酒店的经营和发展中具有重要的地位和作用。从一定意义上来说,酒店只有将自己鲜明的品牌形象展现在消费者面前,并在其心中留下温馨、舒适和美好的形象,才能得到消费者的认同和接纳。随着酒店的发展和壮大,特别是同一个酒店品牌下衍生出众多不同酒店产品与服务的现实状况,会对酒店的整体形象带来冲击,存在一定的稀释和淡化酒店品牌形象的风险。因此,在酒店品牌拓展过程中,就必须注意酒店的拓展形象与原有形象之间的连贯性和匹配度问题,以保持酒店品牌形象的鲜明性和统一性,增强酒店的品牌效应。

第二节 酒店品牌文化的研究现状

近年来,随着经济全球化的迅猛发展和大众生活水平的提高,服务行业快速发展起来,酒店行业就是其典型代表之一。随着酒店业的不断发展,酒店之间的竞争也越来越激烈,以往的产品服务和硬件设施的竞争已经转向了酒店产品品牌之间的竞争,酒店品牌文化也因此成为社会各界关注和探讨的热门话题之一。目前,围绕酒店品牌文化这一主题国内外研究者做了大量的研究工作,也取得了较为丰硕的成果,从而大大促进了酒店品牌文化研究的深入和拓展。

一、国外酒店品牌文化的研究现状

总体上看,国外在酒店品牌方面的研究较早,研究方向和内容相对成熟,其主要研究内容大致集中在酒店品牌战略管理、酒店品牌定位、酒店品牌忠诚和顾客满意度,以及酒店品牌组合与延伸等方面。

（一）酒店品牌战略管理研究

酒店品牌战略管理要求全面规划酒店产品的质量、价格、营销与管理等因素，其根本目的是创立自身的酒店企业品牌，同时在激烈的酒店市场竞争中实现酒店品牌发展与壮大。为了提高酒店品牌战略管理的质量和水平，奥尔森·谢和韦斯特（Olsen Tse & West，2002）提出了两种在酒店业市场中存在的经营策略，分别是市场主导与成本主导的经营策略，而布鲁南（Breunan，1991）等人的研究则表明市场定位和经济效益这两方面能够同时顾全。李琦（Chyi Lee，2015）指出，品牌的优势、评价、文化、承诺以及规划就是品牌战略的主要内容。米歇尔（Michael，2017）认为，企业应对品牌建设加以重视，在企业的产品战略中，最关键的一个构成环节就是品牌，品牌管理如商标的标识、品牌的使用是产品决策的关键组成部分，在制定产品营销策略时也要按照品牌目标进行营销活动。

（二）酒店品牌定位研究

美国市场营销学会（1960）认为，品牌是一种名称、术语、符号设计，或是它们的组合运用，目的是借以辨认某个或某群销售者的产品和服务，并使之与竞争对手的产品和服务区别开来。在此基础上，一些学者对品牌定位进行了研讨。杜波夫（Duboff，2014）认为，品牌定位是对消费者需求进行分析探讨，根据消费需求去制定品牌策略或产品销售计划。产品的价值及功能是进行产品定位时必须考虑的两大要素，要根据各类消费者的需求去制定公司产品或服务策略。换言之，品牌定位就是要求企业推向市场的产品及服务必须与客户需求相符。上述有关品牌内涵及其定位的研究，虽然没有直接论及酒店，但对酒店品牌定位的研究具有重要的指导和借鉴意义。

（三）酒店品牌忠诚与满意度研究

对于品牌忠诚度的研究，国外的研究历史较长，学者们的观点也各不相同。雅各比和凯纳（Jacoby & Kyner，1973）认为，品牌忠诚度不但具有行为和态度两种特点，同时还是来自心理的一种行为重复。古尔德（Gould，1995）的研究表明，如果一个顾客对于某一个品牌非常忠诚，他就会把这个品牌的产品或者服务推荐给自己周围认识的人。从心理学的角度来分析，顾客在向别人推荐该品牌的产品或者服务的时候，其实也是在用自己的信誉为这个品牌作保证。尼尔森（Nilson，1998）认为，最终影响消费者对某一品牌满意度、购买选择与做出重复购买行为的因素就是服务性企业提供服务的水平。同时，较好的信誉与特别的营销手段也会增加该品牌的忠诚度。坎丹普利（Kandampully，2003）认为，顾客对某一品牌的忠诚度会受到很多因素的影响，其中最重要的就是顾客的使用经验，也就是说顾客对品牌的忠诚度和使用经验密切相关。

（四）酒店品牌组合与延伸研究

随着经济全球化的到来，世界上各大品牌酒店都逐渐走出国门、面向国际，不仅扩大了集团规模，自身品牌也得以延伸。在此背景之下，品牌组合或品牌延伸便成为酒店品牌化的首选路径，相关的研究也成为学者们普遍关注的重点话题。孔斯（Koonce，1998）认为，由于品牌管理添加了品牌组合的数量，使酒店业的基本结构发生了变化。因此，不要轻易低估它的作用，要对它越来越重视。克沙夫（Keshav，2000）认为，大型酒店集团通常都拥有很多的品牌与比较长的产品线，可以组合出很多优秀的产品。各大酒店集团在进行竞争时，为了能够扩大市场份额，一定会进入很多细分市场，同时也会设计出非常多的新型产品，进而形成许多具有特色的新品牌，可以满足不一样的细分市场的消费者。

二、国内酒店品牌文化的研究现状

虽然我国自20世纪90年代起就开始引进并应用品牌发展战略理论，相关的研究也逐步得到学者们的关注，但有关酒店品牌文化的研究起步较晚，直到近些年才出现了一些高质量的研究成果。这些成果主要围绕酒店品牌发展等主题，具体表现在酒店品牌文化的概念内涵、功能价值以及发展战略等方面。

（一）酒店品牌文化的概念内涵

关于品牌文化的概念内涵，国内学者王雪峰（2015）认为，品牌既是一个企业的名称、标识，更是企业文化的象征，承载着公司各方面要素。日益加剧的市场竞争，使品牌消费越来越活跃，要想对品牌价值进行公正、客观的评价，首先就要知道客户是否愿意购买公司的产品或服务。只有产品或服务被客户肯定，它们才有存在的意义和价值。同时，一个良好的品牌形象能够促进公司核心竞争力的提升和持续强化。金刚则（2017）认为，传播、扩散是品牌建设的关键所在，因此，在进行酒店品牌定义时应从以下几方面入手：品牌来自产品或服务的营销，是为企业、产品及客户搭建交流互动的平台，并在此期间实现自我增值。从这个意义上来说，酒店的品牌经营是通过品牌设计、品牌传播、品牌销售和品牌管理等策略，以提高客户的满意度、酒店自身知名度为目的，而采取的一种多方面有机结合的市场活动。陈纪明（2011）认为，一个具有良好品牌建设的酒店起码应该具备的特质有较高的品牌知名度、较好的美誉度等，以此拉动品牌效应。

（二）酒店品牌文化的作用与价值研究

陈培爱（2014）认为，品牌使企业与客户获得了一个信息交流平台，在此基础上提出"名牌生态系统"理论，分析探讨名牌生态理论的产生机理、市场环境、竞争体系、发展与拓展过程、考核评价等内容。董宝君（2014）认为，企业战略应致力提高品牌收益，充分挖掘品牌的潜在优势及竞争优势，提高企业的核心竞争能力，并使其顺利转化为品牌战略。王征（2017）认为，品牌建设应从企业实际情况入手，设计行之有效的品牌战略，保证企业经营活动可以顺利实施。郑彬（2011）指出，品牌之所以能够存在，是因为品牌能够为消费者创造价值，同时也能获得来自消费者的忠诚，品牌的价值性体现在消费者和品牌的关系之中。消费者感知在企业的品牌竞争力及竞争优势中起到重要的作用。邹益民认为，为了能够在竞争中取得胜利，每个酒店都要根据自己的实际情况进行合适的品牌定位，精心地设计自己的品牌，完善品牌营销的战略，通过良好的品牌宣传渠道，扩大自己品牌的知名度。戴斌认为，酒店行业提供的服务属于无形产品，服务的无形性增加了顾客购买的风险性。产品的这一个特点就决定了品牌对于酒店的主要意义。品牌是酒店集团核心竞争力的一个非常重要的指标，它可以给集团在市场竞争中带来长久的优势与很好的美誉度。

（三）酒店品牌文化的建设战略研究

关于酒店行业的品牌建设，吕建军（1998）对我国酒店实施品牌战略时需要解决的问题进行了一定分析。郭鲁芳（2001）认为，一个酒店品牌策略模式的选择，应是酒店的名称和品牌的名称一起运用，这既可以让旅游品牌更加明确地对产品的特征进行反应，还可以帮助旅游产品差异化的产生。邹益民和黄浏英等（2000）认为，伴随着微利时代的到来，我国的酒店行业会进入一个以消费者满意度、忠诚度与企业知名度、美誉度为中心的品牌经营时代，进而给出了酒店进行品牌建设的一个常规模式。邹益民和戴维奇（2003）从大型酒店集团品牌结构的角度对酒店集团的四种品牌结构进行了相关分析，并对品牌的组合管理进行了研究。此外，陈春琴等在对国内外酒店品牌建设情况研究的基础上，构建了酒店品牌战略营销科学与品牌战略发展的研究架构。俞迎新认为，品牌战略和多品牌战略逐渐成为酒店行业研究人员关注的焦点，酒店的竞争慢慢地由产品的竞争向品牌的竞争过渡。国外的大型酒店集团也逐渐通过多品牌的方式扩大自己的市场份额，增加自己品牌的知名度，我们国家的酒店集团也要根据自己企业的实际情况选择适合自己的品牌战略，发挥自己的优势，避开自己的劣势，提升自身企业的整体竞争力。

总体上看，日益扩大的酒店品牌效应使酒店品牌文化研究在一定程度上引起了国内学者的关注和重视，相应的研究成果也日益增多，从而促进了酒店品牌文化研究的深化。当然，国内学者在酒店品牌建设与战略管理的研究上同国外相比尚有一定的差距。此外，部分学者对品牌的理解尚较为片面，未来酒店品牌文化的研究也应进一步处理好理论和现实的联系问题。

第三节　酒店品牌文化的理论评析

在对酒店品牌文化研究现状的回顾的基础上，进一步阐述和分析酒店品牌文化的相关理论，有助于酒店品牌文化理论研究的深入和拓展。

一、酒店品牌文化的定义与内涵

(一)现有酒店品牌文化定义的述评

由于酒店品牌文化具有无形性和隐秘性,不像酒店服务或酒店产品那样对酒店的生存和发展能产生立竿见影的经济效益,所以一些酒店的经营者常常会忽略酒店品牌文化的重要性,致使人们对酒店品牌文化的概念内涵的理解也不尽相同。目前,国内学者对酒店品牌文化的定义主要有泛文化角度定义和企业文化角度定义两种主要代表性观点。

泛文化角度的酒店品牌文化定义以马勇和陈雪钧为代表。他们在其编著的《饭店集团品牌建设与创新管理》一书中明确给出了酒店品牌文化(Brand Culture of Hotel)的定义,认为饭店品牌文化是指文化特质,如价值观、审美观等观念在饭店品牌中的沉淀和品牌经营活动中的一切文化现象,以及它们所代表的利益认知、情感属性和文化传统的总和。这一定义强调了酒店品牌文化中文化的要素、内涵与表现,将酒店品牌文化视为一种文化现象。

企业文化角度的品牌文化定义认为,酒店品牌文化是酒店企业文化的延伸和鉴别,更是酒店企业文化的重要组成部分。这一角度的酒店品牌文化定义以薛秀芬为代表,在其编著的《中外酒店集团比较研究》一书中指出,酒店企业文化是酒店集团在长期的经营管理实践中逐渐培育成的、占据主导地位的,并为全体员工所认同和遵守的企业价值观、企业精神、经营理念以及行为规范等意识形态和物质形态的总和,其内容具体包括物质文化、行为文化、制度文化,以及处于核心地位的精神文化。这一定义将酒店品牌文化视为酒店企业文化的一部分有其内在的合理性。

应当说,如何定义酒店品牌文化是一个见仁见智的问题,多取决于学者的研究需求和研究角度,但为概念下定义的过程实际上是一个揭示概念的本质与内涵的过程。因此,尽管学者们彼此观点间的定义重点和文字表述可能有所不同,但揭示酒店品牌文化概念的本质内涵方面则不会有大的不同。这是我们在进行酒店品牌文化定义时必须首先注意的问题。

(二)酒店品牌文化的概念内涵

通过对上述酒店品牌文化定义的述评,我们认为,酒店品牌文化的定义应重点考虑两个关键词,即酒店品牌及其文化。也就是说,要科学定义酒店品牌文化,既要着重理解"文化"的本质与内涵,还要将"文化"融入酒店品牌中,以体现出"文化"在酒店品牌塑造与建设过程中的积累与渗透,使之成为酒店品牌的灵魂。鉴于此,我们尝试对酒店品牌文化做出如下定义:酒店品牌文化是酒店品牌的文化内涵与外在显现相统一的文化,它是在明确酒店品牌定位的基础上,通过赋予酒店品牌以丰富的文化内涵和外在形象,借以培养消费者的品牌认同度和品牌信仰的综合性文化现象。其具体内涵如下:

酒店品牌文化是酒店品牌的文化内涵与外在形象的统一。作为一个既有酒店品牌特色，又有文化特征的综合性文化现象，酒店品牌文化的内容，除了酒店品牌所体现的目标愿景、经营理念、价值观念和企业精神外，还包含酒店品牌从建立到成长，再到成熟期间所发生的一系列品牌故事、攻坚克难经历、面对危机时的决策选择，以及随着酒店品牌的成长所积累起来的经验和教训等，它们是酒店品牌文化中最具特色和最为宝贵的文化内涵。此外，酒店品牌文化还具有丰富的文化形象和外在显现，包括酒店的建筑风格、色彩造型、空间布局、装饰装潢，以及员工的仪容仪表、行为举止、服务规范等。这些文化形象和行为举止，既是品牌酒店同其他酒店相区别的外在标志，也是酒店品牌的精神内涵的外在显现。因此，酒店品牌文化从根本上来说是酒店品牌的精神内涵和物质外显相统一的文化。

酒店品牌文化是品牌酒店主动建构和塑造的文化。任何酒店要在激烈的市场竞争中获得生存和发展，就必须使自己同其他酒店相区别，形成自己独特的品牌及其文化精神。因此，酒店品牌的定位和塑造在酒店的经营发展中具有重要的地位和作用。酒店只有理解酒店品牌文化的概念之后，结合目标群体的消费特点、消费需求及市场规模等进行准确的品牌定位，才能找准消费对象和目标市场，进而实现酒店的快速和健康发展。酒店品牌的创建过程实际上就是酒店品牌文化的建构过程，它需要品牌酒店积极主动地将自己的企业愿景、目标追求、服务理念等丰富的文化内涵凝聚提炼为酒店的品牌精神，并将其外化为各种外在形象、标志及其服务规范，并用来指导、规范和约束酒店的经营与服务。因此，品牌酒店只有在明确品牌定位与目标的基础上，积极主动地构建和塑造品牌文化，才能使自己的品牌形象为外界所认知和认同，才能吸引和招徕消费者，并提高酒店的经营与服务水平。

酒店品牌文化是酒店消费者认同和信仰的文化。一般说来，酒店品牌文化准确定位之后的一个重要环节就是品牌形象与品牌文化的传播。只有广泛利用各种有效的宣传手段和传播途径将品牌文化向外传播，才能使消费者在短期内认知并认可酒店品牌及其文化。研究表明，当消费者决定第二次购买同类酒店消费产品时，潜意识里就会有该酒店品牌，长久以后便形成一种稳定有效的消费习惯，进而形成对酒店的品牌信仰。酒店品牌信仰可以理解为消费者对酒店方的价值观念、服务宗旨、服务规范和服务行为的高度认可和肯定。一旦消费者对酒店品牌文化形成品牌信仰，就会形成对酒店品牌的忠诚，自觉或不自觉地宣传与传播酒店的品牌文化与品牌形象。

酒店品牌文化是品牌酒店与酒店消费者之间交相互动的文化。酒店品牌文化的创建是一个主客双方互动的过程，它既需要品牌酒店主动地建构和塑造，也需要酒店消费者的认同与信仰。从品牌酒店的角度来说，酒店品牌文化的创建虽然肇始于酒店方的主动构建和塑造，但绝不是酒店单方面的主观臆造和凭空想象。在酒店品牌文化的最初形成阶段，需要酒店方在做好充分的市场调研和市场分析的基础上，有针对性地实施品牌定位与市场定位。随着消费市场的发展和顾客需求的变化，酒店方也必须及时更新、调整酒店品牌文化的内容和发展方向，以顺应时代和市场发展的规律。从酒店消费者的角度来说，虽然在酒店的消费过程实际上是一个对酒店品牌文化的被动接受、认知与认同的过程，但随着个性化时代的到来，消费者会对酒店品牌文化的内涵与发展趋势提出自己的建议与需求。而一旦这些建议与需求被酒店方采纳和吸收，不但有助于促进酒店品牌文化的丰富与发展，也会提高消费者对酒店品牌文化的认可度和忠诚度。因此，酒店品牌文化的创建与维系永远是一个需要主客双方及时互动的、长期而动态发展的过程。

二、酒店品牌文化的结构研究

所谓结构，是指事物各要素的排列组合方式。认清事物结构，是对事物了解更加透彻的表现。由于企业文化是品牌文化的基础，其内部结构对品牌文化的构成具有重要影响。目前，学者们对企业文化的内部结构的分类主要有三分法、四分法和五分法。

林国建在《企业文化概论》中将企业文化分为物质层、制度层和精神层三个层次。其中，精神层为核心层，包括企业全体员工共同遵守的价值观、道德行为准则等。刘光明在三层次的基础上，将精神层次中的行为层面单独分离出来，形成了企业文化的四层次说，即物质层、制度层、行为层和精神层。于光远提出企业文化的"五层次"说，认为企业文化的第一个层次是适合本企业利益的价值观或称为企业精神、企业哲学；第二个层次为企业的管理文化和经营文化；第三个层次是企业全体职工的文化水平、文化素质等；第四个层次是企业热心社会文化事业方面的文化；第五个层次是培养企业领导人的政治敏感度，以便企业做出重要决策时提出建设性意见。

在上述几种有关企业文化结构的分类中，三分法虽可以广泛应用于各种类型的文化领域，但过于笼统，缺少一定的针对性。五分法中前三个层次属于企业内部文化，后两个层次则属于企业外部文化，这种分类看似细微，但实际上也是较为宽泛的。因此，本文主要借鉴企业文化四分法的精髓，从四个层面对酒店品牌文化的结构层次进行划分。

第一个层次为酒店品牌物质文化，是能体现酒店文化品位和特色的建筑外观、内部装饰、酒店用品等一切物质实体的总和。物质文化虽然为酒店品牌文化的外显层面，但是消费者深入认识和了解酒店品牌文化的基础与前提。酒店品牌只有在物质文化层次上引起消费者注意，才能吸引消费者，也才能使其产生进一步了解品牌深层文化内涵的欲望。如沈阳香格里拉商贸饭店在设计之初，不但巧妙地将沈阳故宫御花园中的自然元素融入其中，还通过雕刻着吉祥"风、云"纹路的大理石石柱和龙袍纹路编织的地毯为消费者营造出"亚洲式"的服务文化氛围。整个饭店的外观设计和造型令消费者眼前一亮，心生喜欢，自然赢得消费者的青睐。

第二个层次为酒店品牌行为文化，是酒店经营管理者与服务者在酒店品牌塑造和品牌服务过程中所体现的各种"人"的活动与行为的总和。同酒店物质文化一样，酒店品牌服务文化也是一种外显文化，两者唯一的区别就是酒店品牌物质文化外显的是"物"，而酒店品牌行为文化外显的是"人"。酒店品牌行为文化既包括酒店品牌塑造、建设、经营和维护等行为，也包括为酒店消费者提供具体服务的行为。其中，酒店服务者的具体服务行为是酒店品牌行为文化的核心部分。因此，在一定意义上来说，可将酒店品牌行为文化视为"酒店品牌服务文化"。一般来说，不同品牌的酒店常常拥有自己独特的服务宗旨，意在通过自己个性化的服务使顾客获得情感上的归属，进而对酒店品牌产生认同。如假日酒店集团的"热情式"酒店服务文化、喜来登的"关怀体验式"酒店服务文化等无不体现酒店自身的服务特色和标准。这些品牌酒店所提供的特色服务均是其品牌文化的重要体现，它为顾客营造了自我实现、情感归属和备受尊敬的氛围。因此，酒店品牌行为文化在整个酒店品牌文化中具有极为重要的地位和作用。

第三个层次为酒店品牌制度文化，是酒店为管理和规范品牌建设与品牌服务而制定的各种规章制度与行为规范的总和。酒店品牌制度文化具有内在的存在感和无形性，虽然不能被直接感知，但可以通过规范、影响和约束酒店的经营管理者和服务者的具体行为而被人们间接感知。因此，酒店品牌制度文化对于酒店品牌文化的塑造、建设和维护等具有重要的行为规范和质量保障作用。总体上来说，酒店品牌制度文化可细分为领导制度文化、部门组织文化、规章制度文化三个主要方面。其中，酒店品牌的领导制度文化包括传统的领导方式、领导结构和领导制度，在酒店品牌制度文化中具有灵魂作用。部门组织文化是指酒店内部各部门设立的宗旨和意义，在酒店品牌制度文化中具有贯彻执行作用。规章制度文化是酒店全体人员所必须遵守的行为准则，是酒店品牌制度文化的具体内容。上述三方面的内容不是截然分开的，而是相互关联、相互作用、相互制约的关系。只有三者融为一体，才能从制度上保证酒店品牌文化的顺利建设和发展。

第四个层次为酒店品牌精神文化，是酒店品牌所蕴含的价值观念、愿景追求、经营宗旨、思维方式等的综合。其中，价值观念是酒店品牌精神文化的核心部分。酒店品牌精神文化具有无形性和存在感，它不像酒店品牌物质文化和行为文化那样易于被感知，常常需要通过分析、判断和推理才能理解和感知。酒店品牌精神文化在整个酒店品牌文化中处于核心和支配地位。无论是酒店品牌物质文化、行为文化，还是酒店品牌制度文化，从一定意义上来说，都是酒店品牌精神文化的外显和呈现，都是为实现酒店品牌精神文化的宗旨和目标服务的。一般来说，酒店品牌精神文化，特别是其中的价值观念，常常被提炼和凝聚为酒店形象口号或标语，借以激励员工，并为外界感知。如四川锦江宾馆的"真诚、公平、准确、高效"，北京饭店的"爱、诚、和、信"。这些都是品牌核心价值观的外在表现。当然，酒店品牌精神文化的内容并不是一成不变的，它会随着时代的发展和社会的变迁而有所调整，以展现新的魅力和生机。

上述酒店品牌文化中的物质文化、行为文化、制度文化和精神文化之间的关系由内到外，由有形到无形，彼此之间相互关联、相互制约，共同构成品牌文化整体。总体上看，物质文化和行为文化为酒店品牌文化的外显部分，一个是有关"物"的，一个是有关"人"的，都是可以被感觉器官所直接感知的，但它们却受内在的制度文化和精神文化的约束和支配。任何物质文化和行为文化都必须彰显和体现酒店品牌精神文化的价值观念和理想追求，也必须受制度文化的规范和限制。制度文化和精神文化，虽然具有无形性和内隐性，但它们要发挥出自己应有的作用和影响，就必须通过外在的物质文化和行为文化得以贯彻和彰显。所不同的只在于，制度文化最终也要受精神文化的制约和影响。因此，酒店品牌文化中的精神文化是整个酒店品牌文化的核心，它对酒店品牌文化中的物质文化、行为文化和精神文化拥有最终的支配权和控制权。

三、酒店品牌文化的特征

要深入认识和理解酒店品牌文化的本质与内涵，除了要对酒店品牌文化进行结构分析外，还要从宏观和全局的角度来研究和探讨酒店品牌文化的特征。从一定意义上来说，酒店品牌文化的特征是酒店品牌文化概念内涵的外在显现，也是酒店品牌文化区别于其他类型文化的显著标志。因此，只有认识和理解酒店品牌文化的特征，才能深入理解和把握酒店品牌文化的本质内涵，也才能更好地将酒店品牌文化与其他类型文化区别开来。

关于酒店品牌文化的特征，学者们的主要观点有综合性、服务性、地域性、民族性、时代性和新奇性等。综合学者们的观点，从宏观和综合性的角度来分析，我们认为酒店品牌文化主要有主题性与综合性、地域性与民族性、规范性与差异性、稳定性与变异性、过程性与实践性等特征。

（一）主题性与综合性

酒店品牌文化是主题性和综合性的统一。主题性是酒店品牌文化的重要特征之一。所谓酒店品牌文化的主题性，是指酒店要围绕酒店的物质文化、服务文化、制度文化或精神文化的某一核心内容来塑造和建设品牌文化，以同其他酒店区别开来，并在消费者面前展示出独特、鲜明的形象，吸引和招徕消费者。因此，主题性在酒店品牌文化的塑造、建设、传播和维护过程中具有重要的地位和作用。任何酒店只有拥有主题鲜明的品牌文化才能获得消费者的感知和认同，也才能增强酒店的影响力和竞争力。同时，酒店品牌文化也具有综合性的特征。它既是酒店品牌的物质文化、行为文化、制度文化和精神文化内涵的融合和统一，也是酒店的有形文化与无形文化、外显文化与内隐文化的统一，涉及酒店的建筑、设施、服务、管理、营销等多方面的内容。就主题性和综合性的关系来看，二者虽然统一在品牌文化的范畴之内，但其地位和作用是不同的。酒店品牌文化的综合性是在主题性的统御和规定之下的综合，是主题性的拓展和丰富。

（二）地域性与民族性

酒店品牌文化的主题性，直接影响和决定着酒店文化的地域性和民族性。"民族的东西是独特的，文化的流传是久远的""五里不同俗，十里不同风"。酒店品牌文化只有拥有独特的地域性和民族性文化元素和内涵，才能展示自己独特而鲜明的品牌形象，赢得消费者的认知和认同。因此，无论是酒店的建筑装潢、设施设备、装饰色彩，还是服务程式、服务规范、服务礼仪，抑或是服务理念、酒店精神、价值观念等都必须彰显和适应特定地域文化与民族文化的要求，才能被理解和认同，进而化为酒店生存和发展的内在动力。虽然酒店品牌文化的地域性特征和民族性特征的区别是明显的，一个指向地域（自然），一个指向民族（人），但二者的联系也是非常紧密的。因此，一些酒店的品牌文化常常将地域性特征和民族性特征融合在一起，而以一个综合性的形象展示在消费者面前。如香格里拉大酒店的品牌形象口号"温馨浪漫亚洲情"，就巧妙地将"亚洲"与"亚洲人（民族）"融合起来，令人感到非常地有人情味和地域特色。

（三）规范性与差异性

酒店品牌文化是规范性和差异性的统一。任何酒店品牌文化建设的宗旨都是通过向外展示鲜明的酒店品牌形象来赢得消费者，并扩大酒店影响，提高竞争力的。因此，酒店品牌文化无论是在内容上，还是在形式上都有一定的规范性和统一性的要求。如内容上既要有有形文化元素，也要有无形文化元素；既要有外在的独特的物质和行为表现，也要有内在的价值观念与愿景追求。形式上，哪怕是一个微小服务细节，甚至一个商标或徽标（logo）的色彩等都必须符合酒店品牌文化主题的要求。因此，规范性是酒店品牌文化的重要特征，也是酒店品牌文化的共性之所在。同时，品牌酒店因其各自的地域范围、文化传承、建筑风格、经营理念、服务特色的不同，自然会造成其品牌文化具体内涵与外在表现形式上呈现出一定的差异性。从某种意义上来说，酒店品牌文化的差异性，是酒店品牌文化特性和特色的体现，也是酒店区别于其他酒店的重要标志，对酒店的生存和发展具有重要的意义。当然，酒店品牌文化的差异性是规范性约束之下的差异性，它是酒店品牌文化内在规范性的个性呈现。

（四）稳定性与变异性

酒店品牌文化一旦形成，便具有较强的持续力，以其稳定的形态长期存在，不会因为个别因素的改变而彻底发生改变，并潜移默化地对酒店的各项经营发展起着作用。从某种程度上看，所谓"百年老店""历史悠久""风格特色"等有关对酒店品牌的口碑传承和文字表述，都在一定程度上揭示着酒店品牌文化的稳定性。当然，任何酒店品牌的创建和运作都是在一定的时空条件下进行的，总会在一定程度上受到当时的政治、经济和社会环境的制约，进而体现出一定的变异性和时代性。例如，20世纪60年代是先行者创立行业标准的酒店品牌文化时代，70年代是新机遇和新挑战并存的酒店品牌文化时代，80年代是追求奢华、扩张和全球化的酒店品牌文化时代，90年代是由创新、交易和发展主导的酒店品牌文化时代，到了20世纪则是全球化和互联网将世界变为一个平台的酒店品牌文化时代。上述酒店品牌文化的变异性表明，酒店品牌文化常常是一个时代的缩影。

（五）过程性与实践性

酒店品牌文化的建立是一个融合与提炼的过程，也是一个与酒店品牌相生相伴的过程。它需要品牌酒店在全体员工的共同参与下顺应社会和外界环境变化的要求，不断以新的观念、新的知识、新的技术手段以及新的思维方式实现品牌文化的持续和创新发展。酒店品牌文化的形成需要酒店在长期的经营管理过程中去精心培育，绝不是仅靠一时兴起的几次策划设计和简单的培训学习就能达到目的。同时，酒店品牌文化是酒店管理实践和服务实践的经验的提炼和升华。酒店的经营管理者只有对酒店实践经验进行认真地总结和提炼，将具体的经营管理与服务行为抽象为无形的管理理念、价值追求、企业愿景，才能实现由经验到理论的升华，进而形成指导企业经营和发展的品牌文化。因此，在酒店品牌文化的形成和发展过程中，始终体现出较为鲜明的实践性特征。当然，酒店品牌文化的过程性和实践性是紧密相连的，过程性体现着实践，而实践性本身也体现着过程，二者共同揭示和彰显着酒店品牌文化的动态性特征。

第四节　酒店品牌文化的建设对策

酒店品牌是一种名称、术语、标识、设计或是它们的组合应用，其目的是同竞争对手的产品和服务区别开来。品牌文化不仅体现着酒店服务产品的差异与文化特色，更代表着一个品牌的价值和竞争优势。一般说来，如果顾客能够认同与之身份、情感、喜好相符合的品牌酒店，那么他们对这一品牌的忠诚将不可取代。因此，无论是从酒店发展的角度，还是从提高酒店竞争力的角度，酒店都应该强化品牌文化建设，以实现酒店的持续和健康发展。

一、酒店品牌文化整体形象建设举措

酒店品牌文化建设涉及酒店各个部门和多个生产经营环节，是一项系统性和综合性的工作。因此，只有兼顾品牌文化建设的宏观性和整体性，才能切实收到品牌文化建设的实效。

（一）精准定位市场，传播品牌文化

酒店要获得生存与竞争的优势，必须根据市场的发展趋势和需求特征建立针对目标市场的酒店品牌形象，实现品牌文化的传播。也就是为品牌酒店确定一个适当的市场定位，使酒店品牌能在消费者心中占有特殊位置，一旦他们产生消费动机或欲望时会首先想到该品牌酒店。准确定位目标市场之后，品牌酒店的所有产品和服务都要围绕目标市场的消费动机和消费需求来展开。只有这样，酒店才能"投其所好"，赢得顾客的满意和肯定，进而扩大酒店品牌文化的传播范围，获得发展先机和竞争优势。当然，酒店品

牌及其文化始终处于一种动态的平衡状态。随着外界环境和酒店自身条件的变化，酒店多围绕品牌文化的核心选择与原有文化主题相关的文化素材来充实品牌文化内涵，以适应时代的发展和市场需求的变化。例如，定位为音乐主题的酒店，为满足当代年轻人多样化的需求，常常由最初的一种音乐风格发展到多种风格的品牌文化，不但深受年轻人的欢迎，也扩大了目标市场的规模。

（二）完善硬件设施，塑造品牌形象

酒店品牌文化要为顾客或消费者所认识、理解和认同，必须有一个鲜明的品牌形象。而鲜明的酒店品牌形象常常通过酒店的各种外在的硬件设施设备呈现和展示出来。因此，要做好酒店品牌文化的整体建设，就必须将品牌文化融入酒店的硬件设施建设中去，通过有形的表现载体塑造主题鲜明的酒店品牌形象，并营造出独特的文化氛围，以吸引和招徕消费者。具体来说，在酒店的建筑风格、室内装潢、背景音乐、设施设备和相关用品的造型与图案色彩、餐饮食品、娱乐设施和项目，以及各项服务操作等方面都应始终贯穿和彰显品牌文化元素。在设计方面，酒店可以借助独特的造型、视觉或听觉来激发顾客的文化意识和文化认同，进而引起文化共鸣。例如，深圳威尼斯酒店，为营造"舟行碧波上，人在画中游"的意境，精心设计了酒店内湖、小船、船夫等元素，让顾客仿佛置身于真正的水上世界——威尼斯，同时也产生无限遐想。在餐饮方面，为突出酒店品牌形象，除了可采用不同地域的独特原料和烹饪方法外，还可在餐厅环境上呼应主题。例如，深圳威尼斯酒店的意大利餐厅"Blue"，就是一家以宝石蓝为背景基调的餐厅。整个餐厅笼罩着忧郁又浪漫的氛围，让人想起了意大利式的浪漫情调。因此，通过完善硬件设施，来塑造品牌形象，对于促进酒店品牌文化建设具有重要的意义。

（三）丰富软件内涵，强化品牌主题

要强化酒店品牌文化的整体建设，除了要完善硬件设施，塑造品牌形象外，还要丰富软件设施内涵，强化酒店品牌主题。首先，要通过服务人员的行为举止和优质服务来彰显和强化品牌文化的主题。从一定意义上来说，酒店服务本质上是一种面对面的服务，"人"的因素在酒店服务中具有极其重要的地位，也是酒店品牌文化建设中必须高度关注的因素。因此，只有将酒店员工的服装衣饰、行为举止、语言表达、服务流程、服务规范等因素融入品牌文化中，强化酒店品牌的主题和服务特色，才能带给顾客最大化的体验价值，赢得顾客的肯定和满意。例如，里兹·卡尔顿酒店的理念就是它的"黄金标准"，而员工的满意度则是"黄金标准"中的闪光点。希尔顿的员工可以穿自己喜欢的衣服为顾客服务。这就在人性化的软件设施中强化和彰显了酒店品牌文化的主题，自然会赢得顾客的满意。其次，要通过环境氛围和文化氛围的营造来彰显和强化品牌文化的主题。酒店的环境氛围和文化氛围作为品牌酒店的一种难以用言语表达的软件建设内容，在酒店品牌文化建设中具有重要的作用。这种"氛围"虽然是无形的，但它可以

通过各种有形的空间布局、装饰装潢、色彩配置、光线强弱、行为举止,哪怕是一个盆景或一个简单的挂件,营造出一种独特的环境和气场,从而以一种柔弱的力量彰显和展示酒店品牌文化的内涵与精髓。从一定意义上来说,这种无形的氛围的营造,对品牌文化建设的影响常常是长久而持续的。因此,通过氛围的营造来强化酒店品牌文化建设具有深远的意义。

二、酒店品牌有形文化建设举措

酒店品牌有形文化主要包括酒店品牌的名称和标志两大类别。其中,酒店品牌名称是酒店品牌的名号和称谓,用以识别该酒店品牌的专属名词(见表8-2)。酒店品牌名称要吸引和招徕旅游者,需要以一种外在的有形形象展现和呈现在顾客面前。酒店标志,即酒店的"logo",有时也写作"标识(biāozhì)",是品牌酒店用来表明其特征的记号。为便于消费者识别和记忆,酒店标志常常以简单、显著、易识别的物象、图形、文字、符号等形式在酒店的显眼处直观而形象地展示在人们面前。酒店品牌有形文化是酒店品牌文化内涵的重要外在显现内容,其作用在于,既表明本酒店与其他酒店在外在特征方面的区别,也表明本酒店自身的愿景追求和经营理念。因此,做好酒店品牌有形文化建设,对于酒店的生存和发展具有重要的意义。

表8-2 世界著名酒店集团品牌名称

酒店集团名称	旗下系列品牌名称
洲际集团	舒适客栈(Comfort Inn) 品质(Quality) 号角(Clarion) 睡眠客栈(Sleep Inn) 路德维客栈(Rodeway Inn) 舒适套房(Comfort Suites) 经济住宿(Econo Lodge) 支柱套房(MainStay Suites)
温德姆酒店集团	温德姆酒店和度假村(Wyndham Hotels and Resorts) 华美达(Ramada) 天天客栈(Days Inn) 速8(Super 8) 赢门(Wingate) 贝蒙特客栈与套房(Baymont Inn & Suites) 微泰尔客栈与套房(Microtel Inn and Suites) 山楂套房(Hawthorn Suites) 豪生(Howard Johnson) 旅宿酒店(Travelodge) 骑士客栈(Knights Inn)

续表

酒店集团名称	旗下系列品牌名称
万豪国际集团	万豪酒店及度假村（Marriott Hotels & Resorts） JW 万豪酒店及度假村（JW Marriott Hotel & Resort） 万丽酒店及度假村（Renaissance Hotels & Resorts） 万豪万怡酒店（Courtyard by Marriott） 万豪公平地客栈（Fairfield Inn by Marriott） 万豪居住客栈（Residence Inn by Marriott） 万豪城镇套房（TownePlace Suites by Marriott） 万豪春山套房（Spring Hill Suites by Marriott） 里兹·卡尔顿酒店公司（The Ritz-Carlton Hotel Company） 万豪行政酒店（Marriott ExecuStay）
希尔顿酒店集团	华尔道夫酒店及度假村（Waldorf Astoria Hotels & Resorts） 康莱德酒店及度假村（Conrad Hotels & Resorts） 希尔顿（Hilton） 逸林（DoubleTree） 尊盛酒店（Embassy Suites Hotels） 希尔顿花园酒店（Hilton Garden Inn） 欢朋酒店（Hampton by Hilton） 希尔顿欣庭酒店（Homewood Suites by Hilton） 希尔顿惠庭酒店（Home 2 Suites by Hilton） 希尔顿分时度假俱乐部（Hilton Grand Vacations）
喜达屋酒店与度假村国际集团	圣瑞吉斯（St. Regis） 至尊精选（The Luxury Collection） 喜来登（Sheraton） 威斯汀（Westin） W 酒店（W Hotels） 福朋（Four Points） 艾美（Le Méridien） Element 雅乐轩（Aloft）

资料来源：奚晏平. 世界著名酒店集团比较研究［M］.2 版. 中国旅游出版社，2012.

（一）酒店品牌名称文化建设举措

酒店品牌名称作为识别酒店品牌的专属名词要吸引和招徕顾客，就必须以一种外在的有形形象展现和呈现在顾客面前。因此，酒店品牌名称设计在酒店品牌文化建设中具有重要的地位和作用。

一般来说，酒店在设计品牌名称时要遵循简洁易记、突出个性和意蕴深刻三个方面的基本要求。

第一，简洁易记。酒店品牌名称既要读音简洁，朗朗上口，还要简短，以便于顾客记忆，同时也有助于酒店后期的宣传和传播。如希尔顿、香格里拉、君悦、凯莱等都简洁明快，也非常容易被顾客记住。

第二，突出个性。酒店品牌名称的一个重要功能就是要通过酒店的价值观念、愿景追求、产品服务方面的特征提炼而同其他品牌酒店区别开来。因此,酒店品牌名称的设计在追求标新立异的同时,既要规避雷同,还要充分展示自己的个性化形象和特征,展现自己的优势和个性。

第三,意蕴深刻。虽然酒店品牌名称可能就是非常简洁而简短的几个字或词,但绝不意味着苍白和浅显。酒店品牌名称只有既反映出酒店的经营与服务理念、价值观念和愿景规划,又能在顾客的头脑中激起想象和展望,才能深受他们的信赖和爱戴。因此,酒店品牌名称既要有形象,也要有深度,有内涵,既要引起顾客的注意,也要引起他们的思考。只有这样才能将酒店品牌名称的象征功能和联想功能有机地结合起来,强化酒店品牌的拓展与传播。

（二）酒店品牌标志文化建设举措

作为酒店用来表明其特征的记号,为便于消费者识别和记忆,酒店品牌标志常常以简单、显著、易识别的物象、图形、文字、符号等形式在酒店的显眼处直观而形象地展示在人们面前。因此,酒店标志文化建设是酒店品牌文化建设的重要内容。一般来说,酒店标志应重点突出识别性、象征性和审美性的要求,这也是在进行酒店标志设计时必须优先考虑的问题和总体要求。

首先,酒店品牌标志设计要具有鲜明的识别性。酒店品牌标志除了要特色鲜明、个性显著外,最重要的功能在于要将自己与其他品牌酒店区别开来。因此,酒店品牌标志必须醒目直观、新颖独特、简洁鲜明,以方便消费者识别和记忆。例如,凯悦酒店集团以自身的名字作为标志不但具有较强的识别性,也有深刻的含义:深色的背景色使得字母更清晰明亮,结合新月形的线条,令人想起初阳和日落,极具美感,向世界表示来凯悦的顾客会获得宾至如归的服务。

其次,酒店品牌标志设计要具有独特的象征性。作为酒店品牌文化的外在显现,品牌标志只有体现出酒店价值观念、经营理念、企业愿景等内在的精神文化内涵,才能充分发挥酒店品牌标志的象征性作用,吸引和招徕消费者。因此,突出象征性是酒店品牌标志设计的内在要求之一。例如,希尔顿酒店集团的标志是一个旋涡状的字母H。铂金和黄金打造出的字母H造型使人们很容易联想到希尔顿的高品质和丰厚的历史遗韵;上下的两个半弧形分别代表着希尔顿成功的过去和充满活力的未来,而将两个弧形设计成一个开放的旋涡状,更代表着希尔顿酒店集团欢迎和包容的姿态,以及无限宽广的前景和无限可能的未来。这一独特的象征性对于扩大希尔顿酒店的品牌形象和品牌文化传播具有极为重要的意义。

最后,酒店品牌标志设计要具有和谐的审美性。作为顾客直接感知和面对的外在形象,酒店品牌标志无论是在造型设计、色彩搭配,还是在空间布局等方面,都应当体现一种和谐、均衡的美感,才能带给人们一种舒适、温馨、柔和的视觉美感体验。因此,在酒店品牌标志设计中体现和谐的审美性具有极为重要的意义。例如,北京西山酒店标志中的罗马柱图案巧妙地将字母 R 融入其中，罗马柱在西方象征着浪漫，而字母 R 是 rail 的首字母，传达了酒店的铁路系统的归属性。同时，标志的主体部分将金色和红色宫灯与昂首的金狮结合在一起，烘托出酒店高端大气的氛围和高品质的定位。整个标志通过概念化的视觉语言将中西传统建筑元素有机地融合在一起，不但体现出高品位的和谐之美，也内涵丰富、寓意深刻，对于扩大酒店形象的提升与传播具有极为重要的意义。

三、酒店品牌无形文化建设举措

酒店品牌无形文化主要包括酒店品牌服务文化和情感文化两方面。因此，酒店品牌无形文化的建设应从如何提供特色的酒店服务与如何增强员工对酒店的情感两方面进行分析和探讨。

（一）酒店品牌服务文化建设举措

酒店品牌服务文化是酒店在长期对顾客的服务实践与服务关系中形成、发展、表达和传播的服务理念、职业观念等服务价值取向的综合。酒店品牌服务文化虽然含有体现酒店服务特色、服务水平和服务质量等方面的物质性内涵，但其核心则是精神性，总体上可将其视为酒店品牌无形文化的范畴。因此，传统的规范化、程式化的服务已无法称为服务文化，仅能称之为流程，要具有品牌特色的服务理念，才能称为品牌服务文化。例如，香格里拉酒店一直秉承着"do more"的服务理念，让员工主动与顾客交流，设身处地为顾客着想，为顾客提供更多更周到的服务。

酒店品牌服务文化在酒店的经营发展中具有极其重要的地位和作用。四季酒店的创立者伊萨多·夏普在《四季酒店：云端筑梦》一书中指出，四季酒店成功的重要因素之一，就是酒店"始终如一的优质服务"，服务与质量、文化和品牌是支撑四季酒店成就辉煌的四大支柱和战略关键。而服务之所以重要，就在于它是一种文化，且服务文化"基于企业文化本身，而文化不能像政策规范一样被复制。文化一定是发自内在的需求，并建立在公司职员的长期一致的行为之上"。酒店品牌服务文化的这一难以复制的特征，将大大增强酒店的核心竞争力，对于促进酒店的建设和发展具有重要的意义。因此，要做好酒店品牌无形文化建设，必须首先搞好酒店品牌服务文化建设。

具体来说，酒店品牌服务文化建设可以从以下三个方面着手：

第一，构建以顾客为导向的体系。顾客是品牌酒店服务的对象，只有坚持顾客本位，以满足顾客的价值诉求和体验诉求作为企业进行服务设计、提供和管理的出发点和归宿，以顾客对服务所给予的价值体验评价——"满意不满意"，作为对服务品质判断的首要依据和终端标准，构建以顾客价值体验诉求为导向、独具个性的服务文化体系，更好地为顾客提供优质的服务。因此，酒店必须以顾客为中心，善于从顾客的角度体验酒店并理解顾客，要了解顾客认为最重要的东西是什么，最认同的价值是什么。只有这样，顾客才会因为感觉对自己有价值而毫不犹豫地消费和付出。当然，坚持顾客本位或顾客导向，还意味着酒店必须不断地改善服务品质，使服务更具针对性，有更丰富的情意内涵和更多的新颖性与创造性，才能赢得顾客的信赖和肯定。

第二，实现质量提升与品牌塑造的整合。服务质量是酒店的生命，而服务品牌又是一种文化的象征。一般说来，当服务品牌成为某种文化的象征的时候，其传播力、影响力和销售力往往超出常人的想象。消费者会因信赖和忠诚而对其心仪的服务品牌反复购买和消费。虽说市场竞争千姿百态，但最后总会演变成品牌的竞争和消费符号的竞争。因此，要做好酒店品牌服务文化建设，就必须将酒店产品及其服务的质量提升与品牌塑造有机地整合起来。一方面，酒店产品与服务质量的提升将使酒店的品牌定位、品牌塑造、品牌包装、品牌经营、品牌管理和品牌传播等始终得到坚强的质量保障与支撑；另一方面，酒店围绕品牌塑造所进行的一系列建设、管理和传播活动又为酒店产品与服务质量的提升提供内在动力和压力。酒店产品与服务的质量提升与品牌塑造之间的交相互动将大大提升整个酒店服务文化的质量和水平。

第三，切实发挥酒店员工的核心作用。众所周知，酒店最大的财富和赖以成功的决定因素是员工。酒店无论是要实施文化战略，达成文化目标，还是要提升酒店的服务品质，保持持续竞争优势，最终都要落实到员工身上，并由员工来贯彻和实施。因此，酒店品牌服务文化建设的成败关键就在于能否充分发挥酒店员工的核心作用。而要充分发挥酒店员工在酒店品牌服务文化建设中的核心作用，酒店就要以期望员工对待顾客的方式来对待员工，了解员工、尊重员工、信任员工、关心员工，重视每个员工的贡献和重要性，关心员工的物质利益、精神利益和价值利益。酒店更要用经营理念和愿景目标来凝聚并激励全体员工，以增强员工工作、学习和生活的快乐指数、幸福指数，增强员工对酒店的认同感和归属感。只有这样才能有效地激发每个员工的工作主动性、积极性和创造能力，切实提高酒店服务文化建设的水平，增强酒店的持续发展能力和竞争能力。

（二）酒店品牌情感文化建设举措

酒店品牌情感文化在酒店品牌文化建设中具有重要的地位和作用。原因在于，无论是酒店品牌的塑造，还是品牌酒店所提供的各种服务，都需要"人"来完成，而人则是有情感的动物，他们的喜怒哀乐等情感和情绪表现，不仅直接影响酒店所提供的服务质量，而且也在很大程度上影响着酒店的品牌形象。因此，要加强酒店品牌文化建设，就必须高度重视酒店品牌情感文化建设。

从一定意义上来说，酒店品牌情感文化涉及的人员较为复杂，如酒店管理者对酒店的情感、酒店服务人员对酒店的情感、顾客或消费者对酒店的情感，以及社会大众对酒店的情感性认知等。这些人由于各自的立场、经历和出发点的不同，在对酒店情感的具体表现内容上既丰富多彩，也呈现出较大的差异，从而在不同层面、不同程度上对酒店品牌文化产生或大或小、或直接或间接的影响。然而，从情感文化对酒店品牌影响的直接性和重要性来看，酒店员工对酒店的情感无疑是最值得关注和重视的。因此，酒店品牌情感文化建设应重点加强员工对酒店情感的培育与氛围的营造。

一般来说，品牌酒店只有通过多种形式和方法精心塑造自己独有而又特色鲜明的酒店品牌情感文化及其氛围，才能使员工从情感上对酒店产生依赖和忠诚。而员工对酒店的依赖与忠诚，一方面来自酒店卓有成效的归属感的培养，另一方面也来自员工对自身未来发展的信心。因此，在加强酒店品牌情感文化建设时，除了要为员工提供一定的岗位培训、职业深造的机会，以提高其服务素质和能力，还要强化对员工的情感关怀。

就情感关怀来说，酒店只有尊重员工、信任员工、关心员工，及时化解和消除员工在酒店服务中的不良情绪与情感，并切实解决员工在酒店服务过程中遇到的各种困难和问题，才能使员工对酒店产生一种"家"的感觉，进而才能心情舒畅地以"主人"的身份，自觉为顾客提供优质的服务。例如，万豪酒店集团本着"人服务于人"的理念，坚信"只有对员工好，员工才会对顾客好"，就收到了良好的效果。希尔顿酒店的管理者要求酒店服务人员要为顾客提供"微笑服务"，认为服务人员脸上的微笑，永远是顾客心目中的一片冬日阳光。这也从一个侧面反映出，酒店员工心情舒畅情况下的微笑服务，对提高酒店服务水平具有极为重要的意义。因此，要加强酒店品牌情感文化建设，酒店方面首先必须给员工以情感关怀。

就岗位培训和职业深造来说，酒店方面只有针对本酒店员工的特质，从思想素质、文化素质、服务规范、专业技能等方面为员工制定出详细的岗位培训与职业深造方案并具体实施，才能使员工感到酒店对他们的关注、关心和期待。因此，岗位培训与职业深造不但能强化员工对酒店的归属感和信任感，同时也能增强员工的自豪感和自信心，进而圆满地完成酒店服务工作。从实践层面来说，一些酒店员工在比较工作机会时，常常会挑选那些具有独到的文化特色、能资助终身学习，并给予各种培训与深造机会的酒店，以促进其事业的发展。以希尔顿酒店为例，很多内部晋升上来的员工工作年限基本上超过十年。原因在于，希尔顿集团会选拔员工到密歇根州立大学和康奈尔饭店管理学院进修或进行在职培训，以提高他们的服务技能和水平。由此可见，酒店岗位培训和职业深造绝不是仅仅为了完成具体工作任务而获得必要的技能，而是一种情感文化的塑造与经营。因此，酒店品牌情感文化在酒店品牌文化建设与传播过程中具有重要的地位和作用。

第五节　希尔顿酒店品牌文化的案例分析

希尔顿酒店集团（Hilton Hotels & Resorts）源于帕丽斯·希尔顿（Paris Hilton）和妮基·希尔顿（Nicky Hilton），但希尔顿酒店集团的作风与其星级代言人 Paris Hilton

和 Nicky Hilton 截然不同，其星级代言人奢华、狂野和轻浮，而希尔顿酒店是低调的典雅、令人安心的品质和扎实的品牌管理。尤其是在品牌文化建设方面，希尔顿酒店具有其独到的方式，将其酒店打造为全球酒店品牌的标杆之一。

一、用品牌"货架空间"赢取客人

希尔顿酒店集团始创于1919年，现今旗下拥有14个酒店品牌，分布于全世界90多个国家和地区，酒店数量高达3800家。希尔顿酒店集团将其品牌酒店划分为三个档次，豪华品牌为华尔道夫（Waldorf Astoria）、希尔顿分时度假俱乐部（Hilton Grand Vacations）和康莱德（Conrad）；中档品牌为希尔顿（Hilton）、希尔顿逸林（DoubleTree）和尊盛酒店（Embassy Suites Hotels）；经济实惠品牌为希尔顿花园酒店（Hilton Garden Inn）、希尔顿欢朋酒店（Hampton）、希尔顿欣庭酒店（Homewood）以及新策划的惠庭酒店（Home 2）。同时，这些品牌中每个酒店都各具特色、各有定位，如新成员 Home 2，其房间设计时尚新颖，主要面向年轻一代，像高端的青年旅馆，但其设施比青年旅馆时尚且高端得多。多样化的品牌、广泛的定位，希尔顿酒店集团高层对其解释为"我们不想给竞争对手输掉任何一个顾客，而唯一的做法就是拥有自己的货架空间，但目前酒店行业要想拥有自己的货架空间就只能在每种定位上都具备不同的品牌"。这就是为什么希尔顿酒店集团将自己的发展立足于不断开发新品牌的重心上。在美国，酒店业竞争异常激烈，BDRC 2019 美国酒店排行显示，希尔顿酒店是商务旅客的首选。

二、用细节赢取品牌忠诚度

希尔顿酒店集团能获得广大顾客的青睐，不是仅依靠硬件上的装饰，而是用细节赢取品牌忠诚度。希尔顿酒店对顾客的贴心细致服务，比华丽的装潢更加具有吸引力。在订房服务方面，充分利用了当代信息网络技术。订房网页非常重要，希尔顿酒店的网上订房方便简单，顾客只需要输入目的地的任何一个信息如机场、景点、城市、地址等，就可以显示附近的希尔顿集团酒店，再输入个人信息就可以完成预订，并接受网上付款。而且在预订时还可以根据个人需要，免费选择枕头的软硬度和是否需要添加毛巾、毛毯、水果、饮料等。完成预订后，在距离出发的前一天，希尔顿酒店集团会向顾客发一封"我们已经准备好，等待您的光临"为题的提醒邮件。邮件上除了客人的订房信息，还有目的地的天气和交通状况介绍。

三、用个性赢取品牌特色

酒店行业竞争激烈，要突出重围就需要建设自己的品牌特色。希尔顿酒店集团致力于为顾客打造个性化服务，其中，最值得一提的是希尔顿早餐。为了让更多旅客选择在酒店享用早餐，希尔顿酒店集团从2007年开始推出希尔顿早餐。希尔顿早餐的特色在于为客人提供专属的健康饮食。早餐的餐牌只是一张卡纸，但卡纸上面的饮料、面包、水果和小吃都列出了纤维量、热量和能量，让每位顾客可以依照个人喜爱和需要搭配选择属于自己的希尔顿早餐。

四、用追踪赢取品牌管理

顾客的反馈对企业的品牌提升非常关键。希尔顿酒店集团尤其重视顾客的反馈，但与大多数酒店采用的纸质问卷形式相比，希尔顿酒店选择的电子邮件追踪更具优势。每次退房后，顾客都会收到希尔顿酒店寄来的"Rate Your Stay"邮件，请顾客为留宿的希尔顿酒店的各种服务评分。邮件的问题都不会超过10项，而且都是简单的选择题；顾客完成填写后可以获得一张电子优惠券，可用于各个与希尔顿国际酒店集团有合作的餐厅或商店。

为了追踪目标顾客的消费习惯和增加顾客的忠诚度，希尔顿酒店集团还有"杀手锏"——希尔顿会员项目。加入希尔顿会员项目是免费的，作为会员可以享受一系列尊贵服务，包括登记入住和住房时有专用通道、消费可积分。一定的积分可以免费升级房间或抵房费，也可以兑现，并且在与其合作的航空公司、商店消费也可以获得其会员积分。希尔顿会员项目的会员，每星期都会收到希尔顿酒店集团寄来的对旗下各家酒店住宿的积分推广，如某一星期奥兰多的 Hilton 住宿可以获得加倍积分，某个月圣地亚哥的 DoubleTree 可以用积分换取高级 Spa 服务等。希尔顿酒店集团的推广邮件的页面通常都制作精美，并不像一般的广告邮件因令人厌恶而被顾客列入黑名单。这看似与其他酒店会员项目无异的计划，实际隐藏着商业取胜玄机。

除了让顾客建立对希尔顿酒店品牌的依赖和忠诚，可以通过会员项目记录会员的积分，分析会员日常的消费习惯。例如，顾客经常来往的城市，每年住宿酒店的时间，喜欢度假型酒店还是商务型酒店，喜欢有 Spa 服务的酒店还是有丰富运动设施的酒店等，这些数据都会被记录在希尔顿酒店集团的品牌管理信息库。这些数据可为希尔顿酒店集团的决策经营者在思考企业的战略和品牌管理时提供实效性的参考。此外，希尔顿会员项目还有另一个作用：将空置的房间推销出去，善用资源，用其原话说就是"No Black-out Dates"（无空房日）。当希尔顿酒店集团发现旗下有不热销的酒店或者某家酒店出现季节性滞销时，希尔顿酒店集团就会在此酒店实行双倍甚至三倍积分计划，并发送推广邮件通知会员。

综上来看，希尔顿酒店作为全球酒店业的品牌领导者，在品牌建设的策略上尽心尽力做到了极致。对于希尔顿品牌的未来发展，其领导人指出了明确的方向——建设包容性强的全球品牌，即企业的酒店品牌建设既要满足当地市场和客户的需求，又要符合全球希尔顿品牌客人情感需求的共通性。在企业品牌总定位不变的情况下，旗下酒店品牌会最大限度地满足市场文化与顾客的情感需求。通过提炼希尔顿酒店集团品牌建设的经验,希望可以为国内酒店行业进一步解放思想、拓宽国际视野、建设具有国际竞争力的大型综合性酒店提供参考和借鉴。

参考文献

[1] 闫颖.试论我国饭店品牌文化的提升[J].湖北经济学院学报:人文社会科学版,2008(5):49-50.

[2] 肖鹏.我国酒店的品牌策略分析[J].西部皮革,2016(24):149.

[3] Breunan Denise M. Business is Booming at Budget Hotel Chains[M].Restaurant Business,New York:1991.

[4] Michael D. Chinese immigrants in network marketing business in Western host country context[J].International Business Review,2017(21).

[5] Chyi Lee,Jie Yang. Knowledge value chain[J].Journal of Management Development,2015(9).

[6] Duboff Robert. True brand strategies do much more than name[J].Marketing News,2014(11).

[7] Robert J Lavidge,Gary A Steiner. A Model for Predictive Measurements of Advertising Effectiveness[J].Journal of Marketing,1961:59-62.

[8] 余明阳.品牌传播学[M].上海:上海交通大学出版社,2005:34-36.

[9] 周朝琦,侯龙文.现代市场营销战略[M].北京:经济管理出版社,2001:328-340.

[10] 郭国庆.市场营销学通论[M].北京:中国人民大学出版社,1999:12-14.

[11] 陈云岗.品牌设计[M].北京:中国人民大学出版社,2004:37-42.

[12] 马向荣.J宾馆品牌竞争力研究[D].成都:电子科技大学硕士论文,2006:5-8.

[13] 柴俊武,万迪昉.品牌延伸利弊与延伸绩效述评[J].预测,2004(4):26-27.

[14] 韩枚丽.构建联营:中国饭店业的现时选择——兼谈国际联营品牌的构建设想[J].北京第二外国语学院学报,2000(3):46-51.

[15] 胡大立,谵飞龙,吴群.品牌竞争力的内涵及其源流分析[J].经济问题探索,2005(10):28-31.

[16] 张婷.如家酒店集团品牌管理研究[D].西安:西北大学硕士学位论文,2010:8-12.

[17] (英)保罗·斯图伯特.品牌的力量[M].尹英,万新平,等译.北京:中信出版社,2010:4-6.

[18] 郑翠娥.越南国际品牌酒店的品牌管理模式研究[D].上海:华东师范大学硕士学位论文,2012:46-47.

[19] 王雪峰.企业品牌形象塑造与提升的途径和方法[J].汽车工业研究,2015(7).

[20] 金刚.浅析企业品牌营销策略的实施[J].现代营销:学苑版,2017(9).

[21] 郭鲁芳.旅游企业品牌战略探讨[J].旅游科学,2001(3):20-23.

[22] 陈培爱.中小企业的品牌扩张新模式[J].市场瞭望:上半月,2014(7).

[23] 董宝君.论我国中小企业的品牌建设[J].科技经济市场,2014(5).

[24] 王征.论企业品牌效应与企业发展[J].中国外资,2017(2).

[25] 郑彬,卫海英.基于消费者心理契约违背的品牌危机产生机理研究[J].企业活力,2011(5).

[26] 吕建军.关于酒店与品牌的思考[J].旅游科学,1998(2):33-36.

[27] 邹益民,黄浏英.品牌经营——21世纪中国饭店的战略选择[J].南开管理评论,2000(6):22-24

[28] 邹益民,戴维奇.饭店集团品牌组合管理——分析国外饭店集团之品牌结构[J].商业研究,2003(10):166-166.

[29] 陈春琴,郑向敏.关于我国饭店品牌战略研究的思考[J].南平师专学报,2003(10):96-98.

[30] 陈纪明.创新产业发展模式,推进民族品牌崛起——华天集团加快旅游酒店产业发展的模式探索与思考[J].饭店现代化,2011(9):31-34.

[31] 邹益民,黄浏英.品牌经营:21世纪中国饭店业的战略选择[J].南开管理评论,2000(6):22-24.

[32] 戴斌.酒店品牌创设的市场逻辑与商业行为[N].中国旅游报,2013-01-16(7).

[33] 俞迎新.浅析酒店集团的多品牌战略[J].中国科技信息,2007(11):171-176.

[34] 马勇,陈雪钧.饭店集团品牌建设与创新管理[M].北京:中国旅游出版社,2008.

[35] 田野.中国酒店行业企业文化建设[D].哈尔滨:哈尔滨工程大学,2007.

[36] 李婷.论企业品牌文化建设[D].武汉:武汉大学,2005.

[37] 林国建.企业文化概论[M].哈尔滨:哈尔滨工程大学出版社,1999.

[38] 张德,刘冀声.中国公司文化——现在与未来[M].北京:中国商业出版社,1991.

[39] 于光远.企业文化的"五层次说"[J].企业文化,1997(1):3-4.

[40] 马波.饭店企业文化的特性[J].中外企业文化,1999(6):44-45.

第九章 酒店名人文化

酒店文化是酒店业在发展过程中不断积淀形成的酒店价值观、道德观、企业精神、经营哲学等因素综合作用的产物。可以说，酒店文化是酒店生命的体现，是酒店的灵魂，而酒店名人文化，正是这种特色和灵魂最明显的体现。作为酒店文化的一个分支，酒店名人文化有着丰富的文化内涵，在一定程度上反映出酒店行业的文明水平。本章主要对酒店名人文化的发展与人物贡献、研究现状进行分析，并进一步评析相关的理论内容，进而提出酒店名人文化的建设对策。

第一节 酒店名人文化的发展与人物贡献

一、酒店名人的发展历程

酒店名人是酒店业在发展过程中所涌现的，对酒店业发展起到推动作用并做出杰出贡献的人。酒店名人不仅影响着酒店的发展，还会影响整个酒店业的发展，有的酒店名人甚至引起行业的革命。在古代客栈时期，由于商旅的需要，就已经出现了酒店名人，随着生产力的发展及酒店业规模的扩大，酒店名人的内涵也在不断地丰富。

1. 客栈时期的酒店名人

客栈时期横跨12世纪至18世纪，这一时期生产力不发达、交通不便，客栈分布零星、选择较少、设施简陋、功能单一且安全、卫生存在隐患、没有统一的标准和组织进行管理。仅仅能满足最基本的遮风避雨的需求，可以看作酒店业的雏形时期。这段时期出现的名人较少，且记载不详，在此不多赘述。

2. 豪华酒店时期的酒店名人

随着资本主义经济的发展，旅游业发展的脚步也在不断加快，开始成为一项经济活动。为了满足新的贵族资产阶级生活和社交活动商业化的需求，豪华酒店应运而生。这个时期的酒店规模宏大、设施奢华、供应齐全、建筑考究、服务正式，并且酒店内部出现了专门的管理机构，是酒店管理机构的雏形。在这一时期涌现了许多的酒店名人，如被称为"贵族饭店鼻祖"的凯撒·里兹（Caesar Ritz）创办了里兹饭店，卡罗创办了巴黎大饭店，这些饭店无论是装修、规模还是设备上无不体现着奢华、高级、时尚。

3. 商业酒店时期的酒店名人

在第二次工业革命的推动下，资本主义经济得到了迅速发展，人们外出经商、贸易的需求逐渐增多，对住宿的需求也随之增多。这个时期，随着国际市场的不断开辟和现代交通工具的大量使用，越来越多的人加入商务旅行的行列，豪华酒店对于他们而言过于奢侈，而古代的客栈则过于简陋，均无法与他们的需求相匹配。这一期间，价格低廉、标准化程度高、安全舒适的商业酒店成为他们的首要选择。这个时期涌现了大量的酒店名人，比如埃尔斯沃斯·斯塔特勒（Ellsworth Statler）等，他们促进了酒店的普及，使酒店业的受众面更广，并使酒店更好地满足于商务、差旅人士的需求。

4. 现代酒店时期的酒店名人

"二战"结束后，各国都在逐渐恢复生产和经济，现代交通工具的普遍使用扩大了人们的活动范围，促进了旅游业的发展，出现了大众化旅游的浪潮。酒店业为了满足不同类型客人的需求，呈现出多样化的趋势。这个时期产生了不少具有划时代意义的酒店名人，他们所创造的文化对现代酒店业影响深远。比如喜来登酒店（Sheraton）的创始人欧内斯特·亨德森（Ernest Henderson）、假日酒店（Holiday Inn）的创始人凯蒙斯·威尔逊（Kemmons Wilson）等。

我国酒店业在这个时期同样也发展迅速，出现了一些酒店名人。比如，我国第一家酒店集团公司上海锦江酒店集团创始人董竹君、中国酒店业创业达人季琦、我国最大民营酒店业集团创始人陈妙林、维也纳酒店创始人黄德满等。

二、酒店名人文化的贡献

（一）酒店名人的分类

关于酒店名人的分类有不同的标准。比如，按照酒店名人国别的不同，可以分为国外酒店名人和中国酒店名人；按照酒店名人工作性质的不同，可以分为经营领域酒店名人、管理领域酒店名人和服务领域酒店名人等，具体见表9-1。

表9-1 酒店名人的分类

划分标准	酒店名人类型
酒店类型	度假酒店名人、商务酒店名人、汽车酒店名人
酒店业发展时期	客栈时期酒店名人、豪华酒店时期酒店名人、商业酒店时期酒店名人、现代酒店时期酒店名人
国别	国外酒店名人、中国酒店名人
工作性质	经营领域酒店名人、管理领域酒店名人、服务领域酒店名人

（二）酒店名人文化的代表人物

在酒店业发展过程中，涌现出了一大批酒店名人，他们的创业故事、经营理念、企业文化、价值观等推动着酒店业的发展，促进酒店业的变革。本书主要介绍以下一些代表性人物。

1. 世界豪华饭店之父——凯撒·里兹

凯撒·里兹（Caesar Ritz）于1927年创办了第一家里兹·卡尔顿酒店，他被称为"贵族饭店鼻祖"。里兹·卡尔顿酒店也被人们视为"绝色的浪漫，人间的天堂"，是时髦、豪华的象征。店标由皇冠和狮子组成，皇冠象征着英国皇室，狮子象征着财源。由此也可以看出里兹·卡尔顿酒店的服务对象集中在皇家与上流社会人士。里兹·卡尔顿酒店还实行"一个客人一个仆从"的做法，即为每一个客人独立配备一名服务人员，是现在金钥匙服务的前身。里兹·卡尔顿酒店对于服务人员的选择也是非常慎重的，每一个岗位都要经过12轮面试，确保能够符合客人的需求，给客人带来满意的体验。

2. 世界酒店业标准化之父——埃尔斯沃斯·斯塔特勒

埃尔斯沃斯·斯塔特勒（Ellsworth Statler）推动了酒店业的普及化和大众化，而不单单是满足贵族的需求。斯塔特勒被誉为"世界酒店业标准化之父"。他注重酒店硬件建设，并首次提出在客房内设置单独的卫生间，并设计了两个房间合用一组水电暖线路的建筑结构——"斯塔特勒管井"。现在，世界上大部分的酒店和办公楼均采用这一建筑结构。对于硬件的结构、规格、尺寸、功能等，斯塔特勒都有统一的标准与要求，并不断寻求创新。规模性的采购大大节省了酒店的采购成本，同时，各种设备具有可替代性，一旦出现问题可以迅速得到解决。其理念是永远以客人为中心，满足客人多方面的需求，为客人提供真诚、周到、细致的服务。斯塔特勒提出了"顾客永远都是对的"这一经典论断，与里兹的"顾客永远都不会错"的理论遥相呼应，堪称酒店顾客服务理论"双璧"。斯塔特勒和里兹隔着时代的长河，发出了酒店服务管理标准的最强音。

3. 假日酒店（Holiday Inn）创始人——凯蒙斯·威尔逊

1946年，泛美航空公司成立假日饭店集团。紧接着，凯蒙斯·威尔逊（Kemmons Wilson）在1952年创办了第一家假日酒店。酒店凭借优质的服务、完善的设施得到了人们的认可并为人们所熟知。利用美国高速公路系统的延伸，威尔逊迅速将假日酒店开遍了全美国。同时假日酒店还积极向海外扩展，在统一服务质量、硬件设施标准的前提下，在经营理念、经营模式上持续创新，并结合当地特色进行本土化改造。他鼓励投资者购买假日酒店的品牌，让他们自己经营，开创了特许经营模式。首先采用Holidex客房预订和管理系统，方便世界各地的人随时、随地预订客房。目前，假日酒店在全球范围内已超过5400家，分布于近上百个国家及地区。优悦会的会员数量超过1亿。可以说在世界的任何角落，几乎都可以看到假日酒店。

4. 旅店帝王——康莱德·希尔顿

康莱德·希尔顿（Conrad Hilton）——希尔顿酒店的创始人，有"世界旅店帝王"的称号，是世界酒店业中声名显赫的人物。希尔顿酒店发展至今，已经有100多年的历史了。希尔顿倡导微笑至上的服务理念、坦诚信任的用人之道。他的著作《宾至如归》中，详细阐述了希尔顿酒店的历史、企业理念、企业文化等，是每个希尔顿人的必读书目。同时，希尔顿酒店还拥有自己的酒店管理学院——希尔顿酒店大学，每年都会吸引大量学生求学。学生处在一个开放、包容的环境中，并以自己身在希尔顿而自豪。每年培养的学生遍布世界各地，在希尔顿酒店乃至整个酒店业发扬着希尔顿酒店的文化。总的说来，希尔顿酒店无论是在其企业文化的塑造、传承及传播上都做到了极致，值得整个酒店业借鉴、吸收。

（三）酒店名人文化的人物与贡献

1. 霍斯特·舒尔茨：我们是为绅士和淑女提供服务的绅士和淑女

里兹·卡尔顿酒店是万豪集团下的一个经典、奢华的酒店品牌，是全球名门、贵族、政要的首选下榻的酒店，一向被称为"全世界的屋顶"。它的巨大成功，除了部分归功于其创始人凯撒·里兹以外，霍斯特·舒尔茨（Horst Schultz）也有不可磨灭的功勋。

卡尔顿最值得推崇的企业文化体现在它的座右铭上面："我们是为绅士和淑女提供服务的绅士和淑女。"有两层含义：①客人和员工是平等的关系，而并非主仆，应该互相尊重、理解。②服务要充满人情味和人性化。只有在员工的心里塑造平等的价值观念，他们才能更加热爱自己的工作，更加全心全意地为客人提供优质的服务。酒店给予员工处理问题的权限，任何一个雇员都可以用高达2000元来及时处理一个问题或者投诉。可以做自己认为对的事情，发挥自己的才能打造"惊喜时刻"。同时，里兹·卡尔顿还拥有其"黄金标准"，如酒店的理念、服务准则、服务步骤等，都有具体标准并设计成员工卡片，酒店所有员工不但需要随身携带，还要不断消化、理解上面的内容和思想并贯彻到自己的行为当中。通过这样的方式，酒店文化才能得以激活并传承，为客人提供真诚关怀和卓越服务的目标才能得以保障。同时酒店还开办了凯撒·里兹酒店管理大学，分别设在美国和瑞士。该大学向世界各地的学生传播里兹·卡尔顿的特色服务理念和奢华酒店管理思想，并为世界各地的酒店培养了大量的优秀储备人才。

2. 埃尔斯沃斯·斯塔特勒：顾客永远是对的

埃尔斯沃斯·斯塔特勒（Ellsworth Statler）是美国饭店业的开山祖师之一，被誉为"世界酒店业标准化之父"、商业酒店的创始人。今日饭店业中的许多服务以及广告促销等做法都是从他这里开始的。他首次提出"一间客房一浴室、一间客房一部电话"，第一个将铁路订票引进酒店服务中，强调酒店位置的重要性，并提出了"顾客永远都是对的"这一经典服务理念，即客人提出来的要求就是合理的，充分满足客人需求、永远站在客人的角度着想，关注客人的反馈并做出回应，理解客人的过错和失误，尽力满足客人并提供超越他们期望的服务。直到现在，这一准则仍被许多大酒店甚至整个服务行业作为处理宾客关系的重要准则，体现了对客人的尊重。但是这个准则也是有一定条件的，那就是在不能违背法律、法规、道德的前提下，尽力满足客人，酒店应该对各种情况做出明智的判断，而不应一味满足客人。

3. 康莱德·希尔顿：今天你对客人微笑了吗

1919年，康莱德·希尔顿（Conrad Hilton）建立起了第一家希尔顿酒店，随后饭店在全球范围内急速扩张，成为著名的高端连锁酒店品牌。希尔顿酒店最重要的一个服务原则就是微笑服务。希尔顿始终认为微笑有强大的感染力，能与客人产生亲近感，给客人持久的吸引力。年迈的希尔顿在每天的闲暇时间仍然会去一线部门视察员工的工作状态，是否做到微笑服务，并倾听员工的想法与感受。他要求员工不论工作如何辛苦，也应该将微笑示于他人。确实，正是微笑促使希尔顿酒店成为世界闻名的大酒店。他的《宾至如归》一书，不但影响着希尔顿酒店的员工，而且还对整个酒店业产生了深远的影响。其核心思想是："一流设施，一流微笑。"

4. 凯蒙斯·威尔逊：机遇就是财富

凯蒙斯·威尔逊（Kemmons Wilson）创建假日酒店源于一个偶然的机会。有一次他外出度假，入住一家汽车旅馆，但是让他大失所望：房间狭小，设施简陋，不能洗澡，没有餐厅，服务态度不好，也没有娱乐设施。让他陷入深思，他认为这样是不应该的，倘若我要是为客人提供各种配套设施如餐饮、存放行李、娱乐设施、代订服务等，那肯定会大受欢迎。他很快设计出了汽车旅馆的草图，并建立了世界上第一家假日酒店。酒店内设施完善，价格合理且儿童入住不单独收取费用。它的形象复制在假日酒店的餐巾纸、毛巾、圆珠笔、明信片、塑料袋等上面。客人入住还有免费的欢迎饮料，这一切都大大提升了假日酒店的知名度。可以说，凯蒙斯·威尔逊的成功不仅仅在于他有着敏锐的洞察力，能够把握商机，还在于他能够抓住机会并付诸行动。正如他所说："机遇是经常有的。对于机遇，只要你学会经常用耳去听，用眼去看，用手去摸，用脑去想，你就会感觉到它会来敲你的门。"

第二节 酒店名人文化的理论研究述评

一、名人和名人文化内涵

（一）名人的内涵

"名人"的概念自古就有。《吕氏春秋·劝学》中提到，"不疾学而能为天下魁士名人者，未之尝有也"。唐代罗隐《酬寄右司李员外》诗云："左省望高推健笔，右曹官重得名人。"由此可见，在古代社会，名人更强调明德和声望。到了现代，关于名人的定义有所变化。狭义上的名人指知名人士、杰出的或引人注目的人物、显要人物。广义上的名人，指在一定范围内具有较高的知名度的人。

在当代研究中，各学者对名人的定义也不尽相同。章采烈（1994）认为，所谓历史名人，即在历史上在某一领域崭露头角，对国家、对民族、对人民起过重大作用，并有深远影响的那类历史人物。既包括正面历史人物，也包括反面历史人物。王绍喜（2017）认为，名人构成要素包括知名度、社会影响力、成名的时间等。丹尼尔·布尔斯廷（2005）认为，名人很大程度上仅仅是因为"知名"而知名的，而不是因为名人自身的伟大贡献或者努力以及才华。

以上学者关于名人的定义更加强调名人的知名度及历史影响，所谓名人既包括正面人物，也包括负面人物，如赵高、秦桧等。但也有学者持不同意见。韩茹等（2001）认为，名人就是那些在历史的不同时期，产生于社会各界、各领域的具有社会公德、职业道德、传统美德，同时有所发现、有所发明、有所创造，对社会的进步和发展具有推动作用并被群众认同的著名人物。杰西卡·埃文斯（Jessica Evans）同样认为，那些魅力十足并且拥有非凡品质的人才能称为"名人"。以上学者更加注重名人的德行，名人应该对历史的发展起到积极、正向的推动作用。

从古代和现代学者的观点可以看出，古今关于名人定义的出发点不同，其定义也不尽相同。古代著作中强调名人应该具有"明德"，而现代词典中则强调名人的"知名度"。在当代关于名人的研究中，有的人认为，知名度是名人的主要特点，也就是说名人既有可能是正面的"名人"，也有可能是反面的"名人"。也有的学者认为名人之所以为名人，是因为名人在一定领域做出了突出的正面贡献而广为人知，强调名人的"明德"，强调名人的正面贡献及对于社会发展的推动作用。综上所述，名人可以从广义和狭义两个层面来理解。广义的名人是指在一定领域为大家所熟知的人，既包括做出突出贡献而广为人知的人，也包括产生较大负面影响而广为人知的人。狭义的名人则指在某一领域中对社会的发展起到较大的正面作用，从而在人们心中留下深刻印象的人。

鉴于酒店名人的特殊性及酒店名人文化所要传播的正面效应，本书采用狭义的名人概念。名人应该同时具备三个条件：第一，具有较高的知名度，在一定领域广为人知；第二，名人应该具有高尚的品德；第三，名人对社会做出了突出的贡献。据此，我们可以得知，酒店名人是指为酒店业的发展做出突出贡献，广为酒店从业人员所熟知和认可的品德高尚的人。

（二）名人文化的内涵

名人文化，即围绕名人所产生的文化。名人文化有着自己特定的基本概念、内涵和构成要素。关于其概念，尚未形成统一的认识。范红娟（2011）认为，名人文化是一个地方的历史、社会、文化特征的集中体现。沈艾娥（2012）认为，名人文化首先是一种文化形态，可满足认知、审美的需要，也可以转化为商业价值，同时在某种程度上辅助政治发展。杨艳（2006）认为，酒店名人文化是酒店名人在酒店实践过程中所形成的，具有一定的文化张力，并对酒店业的发展产生了一定影响的文化成果及文化现象的总和。

以上学者关于名人文化的表述虽然各有不同，但其关于名人文化本质上的论述是相同的。首先，名人文化是名人在各自领域的实践活动中所创造或围绕名人而产生的；其次，名人文化的内涵很丰富，包括物质层面和精神层面，但主要是精神文化，物质层面是精神文化的外在显现；最后，名人文化是一种文化现象，具有一定的社会文化张力，会产生一定的社会文化影响。

综上所述，我们认为，酒店名人文化是指酒店名人在酒店实践过程中所形成的，具有一定的文化张力，并对酒店业的发展产生了一定影响的文化成果及文化现象的总和。

总之，名人文化就其本质而言，是一种文化现象，具有丰富的文化和精神内涵，有着鲜明的地域特征和象征意义，能够对社会发展带来一定的影响。同时，名人文化又可以加以开发、利用，使其转化为经济价值，促进消费，带动相关产业的发展和社会关系的改变。酒店名人文化是酒店名人在其特定地域、时代、政治、经济背景下形成的文化，具有丰富的精神内涵和历史底蕴。由于酒店业的特殊性，酒店名人文化又有着很强的商业属性和经济价值，能够促进酒店业的发展甚至整个服务行业的变革，但主要部分仍然是精神层面的价值，物质层面只是其外在显现。

二、名人文化的特点研究

关于名人文化的特点，各学者的看法有一定差异。熊文平（2019）认为，名人文化作为一个地方的历史、社会、文化特征的集中体现，是地方文化、民族文化的精华，有着深厚的文化内涵和意义，具有品位高、影响深、数量多、类型多的特点。胡炎莉（2010）认为，名人文化具有浓厚的本地区特有的文化特征，具有原发性、持续性、融合性的特点。陶祝婉（2020）认为，历史名人是指在历史上某一领域起过一定作用、有一定知名度和影响力的人物，他们所形成的名人文化是历史文化资源的重要组成部分，具有时代性、领域性、级别性、内容丰富性、形式多样性等特点。韦弗·亚当（Weaver Adam, 2011）认为，名人文化可以促进商品和服务的主题化，可以促进旅游业与名人身份之间更加广泛的联系，带动相关产业发展，具有依恋性、独特性、文化性等特点。苏宛（Suwan Juntiwasarakij, 2018）认为，名人文化已经深深扎根于年轻一代，许多美国青少年选择将"名声"作为生活中的优先事项，具有消费性、社会性、情感依恋性等特点。伊丽莎白·柯里德-哈尔克特和艾伦·斯科特（Elizabeth Currid-Halkett & Allen J. Scott, 2013）认为，名人文化具有高度的审美性、象征性、社会性、集中性的特点，而并非仅是经济属性，名人文化形成的粉丝群是维系现代文化经济的象征性和商业性关系的关键因素。

从以上学者的观点可以看出,国内学者更加关注名人文化的地方性、历史性、多样性以及名人文化给社会所带来的各种影响,强调精神属性和文化内涵;而国外大多数学者的相关研究则更强调名人文化作为一种象征、符号,给不同群体所带来的依恋感和审美感受,以及名人文化给消费者的消费行为所带来的影响,具有明显的消费性、社会性、商业性、经济性的特点。

三、酒店名人文化的表现形式研究

目前,关于企业文化的表现形式存在着"三层次说"及"四层次说"两种说法。三层次说认为企业文化包括物质文化、制度文化、精神文化。四层次说认为企业文化包括物质文化、制度文化、精神文化及行为文化。

名人文化不同于一般的企业文化,因此不能简单地用企业文化的表现形式来解释名人文化。王彩琴(2011)认为,名人文化表现形式主要有三:一是名人本身,二是与名人有关的物质遗存,三是与名人有关的文化现象。赵心宪(2016)则认为,名人文化主要由两大部分构成:一是著名人物自身形成的文化,二是围绕他们的社会生活、英雄行为、高尚情操而创作的精神产品。

在对名人文化含义的搜集整理的基础上,笔者将名人文化内涵解释的核心词进行了整理提炼(见表9-2),以便于我们更好地理解名人文化的表现形式。

表9-2 名人文化概念的核心词汇

学 者	核 心 词 汇
沙永胜	精神财富、物质财富、文化现象
李 婷	文化影响
朱艳梅、郭顺峰	文化成果、文化张力
秦 晋	心理素质、道德规范、自律标准、行为方式
邓勇勇	物质财富、精神财富
谭清宣	价值观的凝聚、精神和时尚的体现、大众社会心理的反映
顾岫荫	文化现象、文化系列

结合不同学者观点可以得出,关于名人文化表现形式的核心词汇包含精神文化、文化现象、文化影响、道德规范、物质财富等,既有物质方面,也有精神方面。但正如邓勇勇、赵心宪等人所说,名人文化既包括物质财富,又包括精神财富,但更主要的是精神层面的价值。

综上所述,笔者也认为关于酒店名人文化的表现形式主要是精神层面,包括服务理念、价值观念、道德标准等。在后续关于酒店名人文化的讨论中,也都是基于精神层面的酒店名人文化来进行的。

第三节　酒店名人文化的特征与作用

一、酒店名人文化的特征

酒店名人文化不同于一般意义上的名人文化，由于酒店行业的特殊性，使其有着酒店业的烙印。在酒店业的发展过程中，酒店名人文化有其自身的特征，把握酒店名人文化的特征，有利于我们更好地了解酒店名人文化的精神内核以及其对酒店业的贡献。

1. 内涵的丰富性

酒店名人文化内涵丰富，外延广泛。既包括精神文化又包括物质文化。但有一点需要明确，酒店名人文化的本质是精神文化，物质文化可以在一定程度上反映名人文化，但并非其核心部分。如何塑造鲜明的酒店名人文化、充分挖掘精神内涵，使名人文化渗透在整个酒店的经营管理中并得以传承，给顾客不一样的住宿体验，促进酒店业整体提质增效是酒店业未来发展的重点。

2. 观念的时代性

酒店名人是在一定的时空条件下产生的，而相对应的名人文化也有着鲜明的时代背景。客栈时期，饭店业发展规模小，设施简陋，服务项目少，质量差；服务对象一般为信徒、外交官、商人等，如鸿胪寺、礼宾院等。在这一时期，相关酒店名人较少，在这里便不再赘述。大饭店时期，饭店业发展规模扩大，设施豪华，服务正规、完善，服务对象为王公贵族、上层人士。酒店名人更倾向于为上层统治阶级服务。商业饭店时期，饭店业规模急速扩张，设施齐全、安全、卫生、方便、实用，价格合理，物有所值，以顾客为中心；服务对象以公务旅行者和普通民众为主。到饭店业联号时期，发展更加迅速，种类丰富，规模、豪华度均超以往，饭店品牌成为核心竞争力；服务对象主要为大众旅游者。饭店集团化发展时期，饭店业运作模式更加成熟完善，数量更多，集团规模扩大，更加注重企业文化，服务对象多样化。如喜达屋酒店创始人巴里·斯特恩利赫特（Barry Sternlicht）的经营理念"喜达屋关爱"：关爱生意、关爱客人、关爱同事。不同时期涌现的酒店名人用其自身影响着酒店业的发展。新时代有新的文化和价值观，但并不代表过去的文化不适用于如今酒店业的发展，如何做好文化的传承与创造是酒店业发展应着重把握的问题。

3. 理念的独特性

酒店名人文化体现着酒店名人的个性特点、生平经历、精神理念、重大贡献等，利于酒店业保持长久的生命力。如何深挖精神内涵，在设计、层次、色彩、空间、感官等细节上营造出文化氛围，同时融入时代感，使用多种现代技术，如 VR、互动投影等，突破单一静态展示方式，做出别具一格的效果，使顾客在住宿过程中能沉浸到酒店特色文化当中，有所感、有所悟，以及如体现自身特色的同时，把握不同酒店文化的共性，融会贯通，使酒店独特的名人文化受众面更广，把握住酒店服务的关键时刻，给顾客独特的体验与感受，值得所有酒店人深思。

4. 影响的深远性

酒店名人文化是酒店无形的价值体现，凝聚着企业精神以及企业家的创新精神，是历史的积淀与仪式的传承，外现在酒店经营的具体实践中。酒店名人文化有着非常重要的意义，它不仅影响着所创酒店的企业文化，还会影响整个酒店业的发展，有的酒店名人甚至引起行业的革命。如斯塔特勒推进了豪华贵族酒店时代向现代商业型酒店时代的转变，推出了领先的酒店标准、强调酒店位置的重要性、完成了"一间客房一浴室"的创举、第一个将铁路订票引进酒店服务中，并提出了"顾客永远都是对的"这一经典服务理念，这一系列贡献在当时有着划时代的意义。

二、酒店名人文化的作用

（一）塑造酒店整体形象

酒店名人文化虽然作为一种精神文化，但可以转化为物质文化，即酒店通过酒店整体造型、硬件设施、物品摆放、内部装饰、员工服装等可由顾客直接感受到。如维也纳酒店将整体设计为欧式风格，以金色色调为主，使人有一种漫步音乐殿堂的感觉。而希尔顿酒店则偏向法式浪漫风格，其特点之一就是推出了"天梦之床"，所选用的床垫非常舒适并且能够改善睡眠，注重细节设计，关注客人感受，真正给人一种宾至如归的体验。这与希尔顿的酒店文化息息相关。

（二）提升员工积极性和环境适应力

酒店名人文化对酒店员工具有一定的激励作用。一方面，酒店名人所取得的成就本身对酒店从业者就是一种激励，它鼓舞着酒店从业者不断超越自我，追求卓越；另一方面，酒店名人文化所倡导的积极向上的理念及行为准则会形成强烈的使命感、持久的驱动力，成为员工自我激励的一把标尺。一旦员工真正接受了酒店名人文化，他们就会被这种理念所驱使，自觉自愿地发挥潜能，为酒店业做出更多贡献。酒店名人文化还可以提高员工对环境的适应能力。成熟的酒店名人文化可以影响员工的旧有价值观念，使其建立起新的价值观念，对外部环境具有更强的适应能力。一旦酒店名人文化所提倡的价值观念和行为规范被酒店成员所接受和认同，成员就会不自觉地做出符合酒店名人文化要求的行为选择，倘若违背，就会感到内疚、不安或自责，从而主动修正自己的行为。因此，酒店名人文化具有某种程度的强制性和改造性，其效用是帮助指导员工的日常生活，使其能够快速地适应外部环境因素的变化。

（三）增强酒店员工凝聚力

优秀的酒店名人文化是酒店业发展的灵魂，具有丰富的文化韵味和深厚的历史底蕴。酒店名人文化有着强大的感召力，广泛地存在于酒店经营、管理、服务等各个方面，能够促进酒店核心竞争力的形成。优秀的名人文化能够为酒店的发展提供科学的理论指导，使全体员工共同朝着一个目标前进。酒店名人文化凭借其巨大的感染力和号召力，形成了酒店的独特气质并塑造着每一位酒店人的价值观和服务理念，影响着员工的行为和酒店在公众心目中的形象与定位。酒店名人文化有利于促进酒店业的传承与发展，造就一个又一个的商业奇迹。

（四）完善酒店管理机制

酒店名人文化是酒店在发展过程中长期积累形成的与企业经营发展相适应的，与企业目标相一致的一套科学的管理理念和管理方法，利于提升管理层的水平，建立完善的计划、组织、领导、决策等机制，并制定长远的战略规划、健全规章制度。比如，制定严谨的打卡制度、服务准则、晋升机制、员工激励制度等。在今后酒店业发展中，如何让员工产生文化认同，认可酒店的文化理念，从而提高服务意识，为客人提供优质、周到的服务是酒店业得以取得长足发展的关键。

（五）扩大酒店品牌知名度

在酒店行业中，品牌是消费者选择的重要因素之一，也是酒店行业竞争的关键。酒店业品牌化发展基于其共同的酒店文化、价值观念，而酒店名人文化在其中扮演了非常重要的角色。一个历史悠久、具有文化内涵的品牌能够给消费者带来满意的入住体验，增加客户黏性，带来口碑效应，同时也利于形成规模经济，扩大市场占有率，增加议价能力。处于成熟期的酒店品牌由于其成熟的产品、周到的服务，在公众中有着良好的形象及较高的顾客忠诚度，在业界也有着较高的地位，是业界的标杆，不但影响着本酒店的发展，甚至会影响整个酒店行业的发展。但是我们也应认识到知名度高的酒店企业由于其产品及各项服务的成熟化、标准化，导致其内部往往缺乏创新。如何打造多元化产品，满足不同细分市场的需求，将产品、服务做到精细化，打动客人内心深处，延长客人对于品牌的忠诚度以及如何使用多元化营销手段继续扩大品牌影响力，弘扬酒店文化内涵，实现酒店业的可持续发展应当是未来重点考虑的问题。

第四节　酒店名人文化的建设对策

一、充分挖掘、塑造酒店名人文化

名人文化是打造企业核心价值观、建设积极向上的酒店文化环境的重要因素，利于酒店经营哲学的建设和服务精神的传承。因此，要做好酒店名人文化的挖掘和塑造，使其成为广大酒店业员工所认同的文化力量。塑造酒店名人文化，首先应多方面、多渠道、多层次挖掘酒店文化，并使之融入酒店的整体之中。可以对酒店以往的成功经营案例进行整理归纳，提炼出其所倡导的经营理念，充分听取各部门员工意见，考虑到员工认可度以及时代发展所带来的差异性，并充分吸收其他酒店的经验，与时俱进，积极促进酒店内部改革，塑造酒店整体形象。

二、提炼酒店核心价值观，增强文化认同

酒店名人文化以精神文化为主，具有抽象性。要想深刻理解酒店的名人文化，就应该对酒店的名人文化进行提炼。酒店名人一般都具有与其生存及成长环境相符的积极的、正确的价值观。不同的酒店名人，因为其成长轨迹的不同，所处企业的企业文化不同，因此会形成其对企业经营、对客服务等独特的看法，形成自身独特的价值观。可以通过酒店优秀经营理念及先进服务事迹的挖掘，从中发现并选择酒店名人价值观，为酒店名人文化的塑造奠定基础。在酒店价值观的选择过程中，应该注意所选价值观的正确、科学、特色等，还要注意价值观与酒店文化的一致性及酒店员工的认可程度。酒店名人文化效应发挥的前提是酒店名人文化所倡导的价值观被酒店员工所认同。因此，在选择了正确、科学的价值观之后，还应该将其通过一定的方式灌输给所有员工，让酒店员工的行为与酒店文化及酒店名人文化所倡导的价值观保持一致，强化员工的价值认同感。此外，针对不同受教育程度、不同部门的员工采取不同的策略。比如，针对教育程度低的员工，应尽量减少复杂晦涩的文字，尽量不使用英文，宣传册做到图文并茂、切合实际。比如，里兹·卡尔顿将酒店的"黄金准则"印在卡片上，要求全体员工随身携带并能严格要求自己，使酒店的核心价值观外显于形、内化于心，增强员工的文化认同感。

三、增加培训及素质扩展，贯彻酒店文化理念

为了更好地发挥酒店名人文化对酒店发展的促进作用，必须加强对酒店全体员工的培训及素质扩展。酒店员工应充分了解酒店文化、历史、服务理念、价值观、岗位职责等，并能够在工作中得以体现。无论是在谈吐、着装、礼仪还是服务流程上应体现酒店的整体风格与要求，维护酒店的整体形象，减少服务过程中不必要的失误。定期进行网络平台的学习及考试，同时还应积极参与线下员工学习培训，并将之纳入绩效考核当中，作为晋升、奖励、惩罚的依据。鼓励员工收集并记录经典的服务案例，总结相关经验，发扬优势、弥补不足，将酒店的文化理念融入酒店服务的全过程中。

四、创新酒店名人展示方式，提升顾客忠诚度

酒店可以充分利用酒店名人的历史背景、时代特征、社会影响、文化理念、价值观念等各个方面，深入挖掘其精神内涵并以有形方式展示给客人。可以在酒店内部专门设置一个酒店名人文化的展示空间，可以是一个房间，也可以是一个长廊，专门用来展示酒店名人的家庭背景、创业过程、经营理念、主要成就、奇闻逸事等相关信息。还可以播放相关影片、利用现代高科技技术如 VR 等加强客人与酒店名人的互动，给客人带来沉浸式体验。凡是入住的客人都可以免费参观展馆，并获得纪念品或者小礼物。这样不但使客人能够更容易地接受酒店名人文化，还能在游览的过程中，增加对酒店名人文化的了解，提升文化认同感，从而宣扬酒店文化，影响对酒店的选择及推介意愿，提升顾客忠诚度。

五、传播酒店名人文化，扩大品牌影响力

酒店名人文化传播要充分利用酒店名人文化的独特性和深厚的历史渊源，深入挖掘精神内涵并利用多种方法展示酒店名人文化。争取将无形的酒店名人文化得以有形展现，加深客人印象，打造经典品牌。酒店名人文化的传播方式有对外、对内两种。对内传播指的是对本酒店的内部员工传播酒店企业文化、价值观念、服务理念等。其目的是让广大酒店从业者能够了解并接受酒店名人文化，用酒店名人文化所倡导的价值观去指导具体工作。这样不仅可以促进酒店企业文化的形成，又可以使酒店名人文化得到传承和发扬，激发员工的热情与战斗力。对外传播是指通过酒店从业人员，全面准确地对外展示、传播酒店名人文化，塑造酒店的整体形象。具体来说，酒店文化对外传播方法包括教育培训、内部推介和媒体宣传等。

（1）教育培训。酒店人力资源部门应在员工入职前发放集团入职培训手册，制定详细的员工培训与成长计划，介绍酒店的背景、发展历史、旗下品牌、集团文化、核心价值观、服务理念等，提高员工对酒店文化的了解程度和认可度，使员工产生文化认同感并渗透到今后的服务当中。让每一位员工都成为酒店文化的传播者、塑造者。入职后，可利用各种线上线下平台督促员工学习酒店课程，并定期接受酒店考核。

（2）内部推介。内部推介也是促进酒店名人文化内部传播的重要途径之一，主要体现在酒店的标语、提示牌、口号、符号等方面，也可以通过酒店的年会、庆典、仪式等表现出来，具有浓厚的文化氛围。在一定程度上，可以宣传企业核心价值观、企业文化，增强员工文化认同感和内部凝聚力。

（3）媒体宣传。媒体宣传是将酒店名人文化面向大众宣传的最有效的途径，可通过报纸、电视、网络、新媒体等媒介将无形文化有形化展示，宣传酒店文化、历史，扩大酒店名人文化影响力，增加客人对本酒店的了解度，从而塑造酒店整体形象，为酒店带

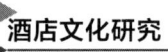
酒店文化研究

来更大的市场，增加顾客忠诚度，使酒店获得大众的认可与赞许。

第五节 酒店名人文化的案例分析

名人文化是酒店经营和发展不可或缺的酒店文化内容之一，也是酒店文化意识形态的重要表现形式。名人及其背后的文化力量是酒店发展必不可少的动力，同时也代表了一个酒店的精神信仰和企业文化。

一、假日酒店的名人文化

1952年第一家假日酒店在美国孟菲斯成立，不到20年，凯蒙斯·威尔逊便把酒店开到了1000家，并进行了世界范围内的扩张。假日酒店以舒适、安全、便捷为人们所熟知，受到了中产阶级的青睐。凯蒙斯·威尔逊十分注重酒店文化的塑造，假日酒店集团的承诺是"尽炫自我"，让每一位酒店员工都能体现个性、发挥自己的价值。主要包括以下五点。

（一）成功的开始（Room to have a great start）

假日集团十分注重员工的入职培训，旨在宣传假日酒店的文化、价值观、服务理念等，使员工对假日集团的了解更加深入，产生文化认同感，提升员工忠诚度，向新员工介绍一些服务理念和服务技能。针对已入职的员工，有专门的网络学习平台——Merlin，员工要定期接受线上培训，了解酒店经营理念和最新发展动向，包括品牌介绍、企业文化、优悦会、最新的酒店政策、管理条例、内部职业生涯规划、各部门的介绍及职责分工等，并对员工设有线下培训课程，定期接受考核，考核成绩也是未来酒店员工晋升的重要标准和依据。

（二）参与的机会（Room to be involved）

假日酒店每个人都能发挥个人的价值并融入整个团体之中。在团队的建设上，酒店会经常组织团队活动，如员工旅游、员工技能大赛、户外团建游戏等；在消防安全上，酒店会定期组织全员消防安全演习，明确各部门职责，教给大家如何使用灭火设备、如何快速逃生等；在工作中，酒店会定期进行部门团队会议和季度员工大会，总结工作中出现的问题及提出改进建议，群策群力，追求卓越。此外，酒店还设置了员工心语调查和融入度调查，积极鼓励员工表达心声，为酒店提出意见建议；对于提出好的意见建议的员工酒店还有专门的奖励，这样有利于提升员工满意度，减少员工流失。

（三）成长的空间（Room to grow）

假日酒店集团为员工提供职业发展、拓展自身能力的机会和自我价值的平台，鼓励员工加强理论知识的学习，考取相关的职业技能证书，并根据不同员工的需要和职业理想，帮助其制定不同的生涯规划，并明确员工和领导的职责，在不同培养阶段进行追踪、反思。酒店还十分注重管培生计划，旨在培养具有领导力的人才作为酒店的储备力量。同时集团还开办了假日英才学院，对于在工作中表现突出的员工进行嘉奖，极大提高了员工的工作积极性。

（四）自我的空间（Room to be yourself）

假日致力于打造一个"尽炫自我"的雇主品牌形象。不同于其他标准化的连锁酒店，假日集团在保持基本格调统一的基础上，鼓励员工展现个性、激发潜能，展现个人魅力，充分发挥每个员工的个性和专长。员工在各个方面不必完全循规蹈矩，只要在原则上不违反酒店统一规定都是被允许的。员工可以佩戴耳钉、手链，可以搭配自己喜欢的饰品，只要不过于夸张即可。员工的贡献会得到认可，做出贡献的员工将会得到奖励和表彰。酒店为员工提供具有竞争力的薪酬福利、帮助员工拥有工作和生活的平衡、实施弹性休假制度、关心员工以及员工工作环境、保护员工权益、员工积分免费住房、享受住房优惠和消夜补助等，充分体现假日集团以人为本的经营理念。

假日酒店发展至今，已经有100多年的历史了，其品牌已俨然成为出色的代名词。在世界各地，都可以看到假日酒店的商标，在统一格调的基础上，又根据不同国家特色、风土人情进行本土化改造，使之更好地满足当地人的需求。凯蒙斯·威尔逊给酒店业带来的不仅仅是造就了一个酒店帝国，更为重要的是他的经营理念、价值观及企业文化代表了酒店业的共同追求。无论你何时进入假日酒店，都可以看到工作人员热情洋溢的笑脸。总的说来，假日酒店无论是在其企业文化的塑造还是传承及传播上都做到了极致，值得整个酒店业借鉴、吸收。

二、维也纳酒店集团的名人文化

1993年，黄德满创立了第一家维也纳酒店。这是第一家以音乐为主题风格的精品连锁商务酒店，也是中国精品连锁酒店的领袖品牌。一进入维也纳酒店，映入眼帘的是金碧辉煌的大厅、欧式风格的喷泉、精巧绝伦的雕塑、生机勃勃的绿植，浪漫典雅的音乐让客人仿佛在金色维也纳大厅中漫步，感受着维也纳独特的风情，享受着一场音乐盛典。

健康、养生、环保、服务一直是维也纳酒店的特色。维也纳酒店首次将音乐助眠系统融入酒店设计当中，让人们在劳累的旅途结束后，可以安心入睡。很多顾客都反馈说，在维也纳酒店就如同在自己的家一般自在舒适。床品在选择上符合健康理念，严抓品质，并为客人提供多种选择，满足客人个性化需求。硬件设施符合甚至超越国际领先水准，并选用环保材料；公共区域及客房引入最先进的空气新净化系统，最大程度优化空气质量，并积极推广环保健康的理念。维也纳酒店相较经济型酒店更加体面与完善，比五星级酒店更实惠、环保、便捷，更加符合大众的需求。维也纳酒店每间客房的投入在25万到30万，在房间设计上，更加人性化，融入现代流行艺术元素，无论是在材质、光线还是装饰品上都凸显了前卫理念。酒店还设有数码E房、电话会议系统等配套服务，并致力于为客人提供"绅士般品位"和"淑女般亲切"的服务。酒店的"极速体验"，如VIP零停留、极速免押金入住、3秒速热，也是酒店获得良好口碑的重要来源。维也纳酒店真正做到了"五星体验、三星消费"。

维也纳酒店十分注重员工的形象。员工是企业的主体，一个员工的形象比如穿着打扮、行为举止、服务态度都代表着酒店，直接影响着客人的感知与满意程度。因此，每一位维也纳人都是酒店形象的代言人。同时，维也纳酒店致力于为员工打造一个充满爱的工作氛围。在这里，人人都应该受到尊重、被关爱；在这里，每个人都拥有学习、发展的机会。酒店会为员工制定清晰的职业发展规划，甚至可以入股，让员工参与酒店的管理，让每一位员工因为在维也纳酒店工作而感到自豪，从而充分提高员工的忠诚度和满意度。在酒店的核心价值观上，维也纳酒店始终坚持"谦和""诚实""高效""创新"；在经营理念上，坚持"客户第一，员工第二，投资回报第三"。维也纳酒店以客户的诉求和未来期望为中心。同时关注员工的生活、需求、想法，鼓励和欣赏员工，建设高素质、高水平、高责任感的卓越团队。

维也纳酒店凭借其高雅的气质、良好的音乐氛围、健康主题待人的风格以及鲜明的酒店文化形成了其品牌形象，体现着酒店文化的沉淀与传承。可以看出，特色主题酒店将是未来酒店业发展的一大趋势，如何凸显主题与特色，避免酒店同质化，为客人提供满意、物超所值的服务，满足客人深层次的需求是未来酒店业应着重思考的问题。

三、喜达屋酒店集团的名人文化

喜达屋酒店集团于1998年成立，是全球拥有最多高端酒店品牌的酒店集团之一，如艾美、喜来登、福朋等。喜达屋酒店集团之所以能取得今天的规模和成就，主要归功于酒店业大王——欧内斯特·亨德森。

企业文化是一家企业的精髓。企业家是企业发展的掌舵人，他们的思想和观念，决定了自己的酒店甚至是整个酒店行业的发展走向。欧内斯特·亨德森提出的"喜达屋关爱"是喜达屋集团的承诺，也是每一个喜达屋人的金科玉律。

（一）"喜达屋关爱"之关爱顾客

客人的满意度对于酒店至关重要，顾客能够带来多少利益直接决定着酒店寿命的长短。为此，在关爱顾客方面，集团特推出两种不同的策略来满足不同档次顾客的需要，即豪华高档品牌策略和常客计划。身份尊贵、较为富有的顾客，想利用手里的钱换得尊贵奢华的享受。豪华品牌策略就是尽最大的可能为客人提供个性化服务，让客人觉得被尊重。每位下榻的客人都拥有私人管家服务，并且配备"金钥匙"一把。让顾客觉得酒店的员工是无所不能的，服务是最贴心最完善的。此外，喜达屋还有"宾客优先计划""明星服务四大标准"等。在宾客服务方面,喜来登做出了"如果你不满意,我们同样不满意"的服务承诺,客房内设有意见簿,鼓励客人提出建议,对于提出好的意见或建议的顾客,还会有丰厚的奖励。

(二)"喜达屋关爱"之关爱同事

关爱同事是顾客满意、生意兴隆的起点。没有满意的员工就没有满意的顾客,员工是企业的躯体,只有每一位员工在自己的岗位上努力工作,才能使酒店得以正常运转。员工的服务意识、行为举止、外在形象、精神面貌等代表着酒店的形象文化。因此,对员工的关爱应作为"喜达屋关爱"的核心内容。酒店会为员工的职业生涯提供独树一帜的安排,并为员工创造一个充满关爱和支持的工作环境,这也是喜达屋企业文化的核心。喜达屋专门设有"关爱课程",旨在为员工提供教育和培训。为喜达屋员工进行培训的,有部门经理,有培训总监,甚至还有跨酒店的经理。喜达屋为每一位员工配备一名导师,一个普通员工的导师,有可能就是他的总经理、部门总监,让每一名员工感到自己是独特的,被理解的,拥有归属感,体现了酒店对员工发展的重视程度。喜达屋的员工培训主要有三大块:第一块是核心企业文化课程,即关爱课程;第二块是不同岗位员工的技能培训;第三块是个人成长计划,主要针对企业的储备领导人选进行特别培训。"关爱课程"是企业文化得以传播的中继站,让参加培训的员工在轻松的气氛当中通过个人的体验来掌握卓越服务的标准。在培训的过程中,喜达屋文化培训者以及员工的素质也在不断提高,他们的成长带动了"喜达屋关爱"乃至整个集团的长盛不衰。

关注员工的职业成长是"喜达屋关爱"的另一个重要组成部分。喜达屋注重创造机会去发掘员工的潜力以实现他们的梦想。每个喜达屋人都同时拥有横向、纵向的广阔发展空间。喜达屋尤其重视为具备潜力的员工提供异地管理培训。例如,每年都有大学毕业生作为储备人选,以管理培训生的身份赴海外深造。同时集团对预开酒店内部人力支持的方式,让能力适当的员工可以去各个部门轮岗,从而去选择自己喜欢且最适合自己的岗位和工作地点,并为员工提供丰厚的收入与物质保证,提高员工的满意度与忠诚度。喜达屋会通过多种方式进行宣传。比如,喜达屋职业关爱海报——个人梦想系列、职业成功故事系列、品牌雇主系列来使酒店员工产生自豪感并吸引更多的人才加入喜达屋。

喜达屋集团将喜达屋关爱文化深入到每一位喜达屋人的内心,让爱和真诚溢满喜达屋酒店的每一个角落。所有渴望爱与被爱的人纷纷慕名而来,最终成为喜达屋的忠实顾客。也正是这种爱的力量使喜达屋自始至终都保持着强大的竞争力,使全球的喜达屋酒店紧紧凝聚在一起,让企业文化得以不断传承与发展,在世界酒店业的激烈竞争中立于不败之地。

参考文献

[1] 章采烈.论历史名人级差及其效应——中国名人名胜资源的旅游价值[J].旅游学刊,1994(4):44-47.

[2] 王绍喜.广告代言中"名人"的法律认定[J].法律适用,2017(17):97-103.

[3] Holmes S. All You've Got to Worry About is the Task, Having a Cup of Tea, And Doing a Bit of Sunbathing: Approaching Celebrity in Big Brother' in Holmes[M]// Jermyn S D. Understanding Reality Television. London: Routledge, 2004.

[4] 韩茹,陈美瑛.关于名人及名人标准界定问题的研究[J].兰台内外,2001(3):43-45.

[5] Evans J, Hesmondhalgh D. Understanding Media: Inside Celebrity[M]. New York: Open University, 2005.

[6] 范红娟.七贤名人文化资源和文化旅游开发策略[J].焦作大学学报,2011(1).

[7] 沈艾娥.我国历史名人文化产业发展初探[J].三峡大学学报:人文社会科学版,2012(5):74-78.

[8] 杨艳,黄震方.名人文化旅游开发的品牌化与网络化[J].经营与管理,2006(6):18-19.

[9] 陶祝婉.温州历史名人文化资源开发探索[J].中国经贸导刊(中),2020(10):81-83.

[10] 熊文平.抚州历史名人文化旅游资源开发研究[J].边疆经济与文化,2019(3):13-16.

[11] 胡炎莉.临沂历史名人文化资源的产业化开发[D].济南:山东大学,2010.

[12] Weaver Adam. The Fragmentation of Markets, Neo-Tribes, Nostalgia, and the Culture of Celebrity: The Rise of Themed Cruises[J].Journal of Hospitality and Tourism Management, 2011(1).

[13] Suwan Juntiwasarakij. Framing emerging behaviors influenced by internet celebrity[J]. Kasetsart Journal of Social Sciences, 2018.

[14] Elizabeth Currid-Halkett, Allen J Scott. The geography of celebrity and glamour: Reflections on economy, culture, and desire in the city[J]. City, Culture and Society, 2013(1).

[15] 王彩琴.河南名人文化与旅游开发[J].河南科技大学学报:社会科学版,2011(3):80-82.

[16] 赵心宪.基于历史认同的"名人文化"概念界定问题——巴渝文化名人研究

学术思考之二［J］.重庆第二师范学院学报,2016(1):38-44.

［17］崔新建.文化认同及其根源［J］.北京师范大学学报:社会科学版(4):102-104.

［18］韩震.论国家认同、民族认同及文化认同——一种基于历史哲学的分析与思考［J］.新华文摘,2010(7):58-62.

［19］陈世联.文化认同、文化和谐与社会和谐［J］.西南民族大学学报:人文社科版,2006(3):117-121.

［20］符婕.海南M连锁酒店员工流失问题研究［D］.海口:海南大学,2016.

后 记

为了促进旅游管理类学科和专业的发展，辽宁师范大学历史文化旅游学院于2010年前后在旅游管理专业下设置酒店管理专业方向。2016年旅游管理（酒店管理方向），正式获批为酒店管理专业，并招收了2017、2018、2019三届本科生（后因专业调整，酒店管理专业于2020年停止招生）。为了支持酒店管理专业的建设和发展，作为旅游管理专业的一名教师，我便于2010年起在酒店管理专业开了"酒店文化"课程。在多年教学积累的基础上，我和渤海大学邹本涛教授于2019年在北京理工大学出版社出版了《酒店文化》教材。《酒店文化》作为少有的酒店文化课程的专门教材，自出版起便被多家高校采用并指定为授课教材，受到众多学者和用书者的好评。业界实践方面，除了多年参加酒店经营管理培训方面的授课以外，本人于2016年和2018年先后两次被聘任为辽宁省旅游星级饭店省级星评员，多次参与辽宁省四星级酒店和大连市三星级酒店的评审和复核工作。上述教学工作的理论知识的积淀和星评工作实践经验的积累，使我对酒店文化有了新的认识和提高。为此我和盘锦职业技术学院的胡文静老师撰写了这本《酒店文化研究》。

原本的想法是采用文献综述式的写法，通过全方位梳理酒店文化研究的文献和成果，经过精心提炼，整合出一个个主题，然后再围绕每一个主题进行深入的理论分析和观点提炼，以形成理论色彩和学术味道浓厚的酒店文化研究著作。但经过一段时间的文献收集和整理之后发现，这项工作的前景虽然美妙，但操作起来难度却非常大。原因在于，现有的酒店文化研究的学术论文和普通文章的数量虽多，但过于零碎和分散，即使生硬拼凑在一起也难以整合成系统的酒店文化研究主题。此外，采取这种研究主题的方式撰写《酒店文化研究》，虽然可体现理论性和学术性的特点，但实践性和应用性的效果却体现出较大的不足，因为酒店文化的各个组成部分在实践中多具体体现在酒店建筑、餐饮、康乐、服务、礼仪、管理、营销、品牌和名人等层面，而不会按照学者们的研究主题来排列。如此一来，所谓"酒店文化研究"可能是一种"屠龙术"，因远离酒店运用和酒店文化建设的实践，而难以对酒店的经营运作和发展起到有效的理论引导和学术支撑的作用。所以，我们最终决定还是按照文化的"四分法"，将酒店文化分为物质文化、行为文化、制度文化和精神文化四个层面，按照"发展现状—文献回顾—理论阐述—对策探讨—案例分析"的思路，逐一研究和探讨酒店文化下属的酒店建筑文化、酒店餐饮文化、酒店康乐文化、酒店服务文化、酒店礼仪文化、酒店管理文化、酒店营销文化、酒店品牌文化和酒店名人文化，以兼顾本书的理论性和对酒店实践的指导性。

在本书的编写过程中得到了众多酒店管理专业本科学生的支持和帮助，正是他们在课堂上对教学课件和《酒店文化》教材所提出的各项具体意见和建议，才促使我们在后续的酒店文化研究中不断精益求精、不断进步和完善。对此我们表示深深的谢意。同时，本书的编写也得到了我的研究生张金洋、廉荣悦、东野圣萍、徐淼、睢潮、刘鑫和冷庆深同学的大力支持和帮助。他们或者帮助收集资料，或者撰写初稿，或者修改和校订文字错误等，做了大量的工作。没有他们的艰苦努力和辛勤付出，本书注定难以顺利完成，在此我们也深表谢意。最后，真诚感谢旅游教育出版社，正是贵社的一路扶持，才使我们一直在旅游与酒店学术研究领域一路向前，并有所成就。

在本书即将付梓出版之际，我们深知书中存在许多问题与瑕疵，真诚地希望各位学界同仁、各位业界专家、各位读者给予批评指正，并向各位致以诚挚的敬意和谢意！

谢春山　胡文静
2022 年 7 月 22 日